芝加哥期权交易所经典培训教材

股票期权交易实务

（第二版）

［美］詹姆斯 B. 彼特曼（James B. Bittman） 著

蒋少华 译

地震出版社
Seismological Press

图书在版编目（CIP）数据

股票期权交易实务/（美）詹姆斯 B. 彼特曼著；蒋少华译 . —北京：地震出版社，2016. 12

书名原文：Options for the Stock Investor：How to Use Options Enhance and Protect Returns

ISBN 978-7-5028-4785-2

Ⅰ. ①股… Ⅱ. ①詹… ②蒋… Ⅲ. ①期权交易 Ⅳ. ①F830. 91

中国版本图书馆 CIP 数据核字（2016）第 257115 号

James B. Bittman
Options for the Stock Investor：How to Use Options to Enhance and Protect Returns
ISBN 0-07-144304-5

著作权合同登记 图字：01－2015－3247
地震版 XM3893

股票期权交易实务（第二版）
［美］詹姆斯 B. 彼特曼（James B. Bittman） 著
蒋少华 译
责任编辑：薛广盈 吴桂洪
责任校对：孔景宽

出版发行：地震出版社
北京市海淀区民族大学南路 9 号 邮编：100081
发行部：68423031 68467993 传真：88421706
门市部：68467991 传真：68467991
总编室：68462709 68423029 传真：68455221
证券图书事业部：68426052 68470332
http：//www. dzpress. com. cn
E-mail：zqbj68426052@163. com
经销：全国各地新华书店
印刷：廊坊市华北石油华星印务有限公司

版（印）次：2016 年 12 月第一版 2016 年 12 月第一次印刷
开本：787×1092 1/16
字数：354 千字
印张：19. 75
印数：0001～5000
书号：ISBN 978-7-5028-4785-2/F（5483）
定价：49. 80 元

本书第一版献给里曼和伊丽莎白·彼特曼，是她们教会我如何耐心地研究市场，让我学会乐观地应对市场，直到获得丰厚回报。

此第二版谨献给格蕾丝·伊丽莎白·彼特曼，祝愿你的每一选择会给你带来终身幸福。

信息披露和免责申明

本书中所采用的例子全为假定，这些例子不代表真人真事，不对特定股票提供实际操作建议。尽管这些案例具有真实背景，但在本书中只用于说明原理之用。

为了简化计算，本书样例中不包括佣金和其他交易费用。佣金会影响到股票和期权交易的结果，在实际操作中应给予考虑。

期权交易有一定风险，并不适合每一个人。在决定买入或卖出期权合约之前，投资者最好先买一本《标准化期权的特点及风险》一书看看。一般从你的经纪人处可以索取此书。另外，准备做期权交易的投资者还需咨询一下你的税务顾问，了解税收对你所要做的期权交易结果有何影响。投资者还可以向芝加哥期权清算公司免费函索公司介绍，其中有对期权清算公司作用的详细说明。

目　　录

译者序

詹姆斯 B. 彼特曼所著的《股票期权交易实务》同另一本《股指期权交易实务》是芝加哥期权交易所期权学院的经典培训教材，彼特曼先生本人就是期权学院的高级讲师，同时也是美国期权协会的资深顾问。彼特曼先生有 20 多年丰富的期权交易实战成功经验，他的著作深入浅出，没有枯燥的数学推导，完全用平实的语言娓娓道来，操作性强。全书图文并茂，事例形象，条理清晰，对于初涉期权市场的投资者和交易者具有很好的指导作用。

全书分为五个部分。第一部分期权基础主要介绍了相关的期权概念，剖析了期权的运行机理，解析了期权价值的构成与计算，并分析了影响期权价值变动的因素。

第二部分从把期权作为一种投资辅助工具的角度介绍了几种常见的期权交易策略。投资者手头无足够资金又看好后市时可买入看涨期权分享股票上涨的收益，手中有股票又担心下跌时可卖出看跌期权，另外还有配对看跌期权、衣领策略等，来为投资者锁定风险或增加收益。

第三部分和第四部分作者在 Op-Eval4 软件应用的基础上介绍了期权的交易型策略，包括风险较低的基本交易策略，如垂直价差交易、跨式组合和勒式组合，以及相对风险较高的高级交易策略，如比例套利、有保护组合及现金结算指数期权与 ETFs 期权等。

第五部分在投资与交易心理层面作者对期权投资与交易做了进一步区分，为具有不同投资目标的交易者设计了策略选择四步法，并为期权新手提出了许多合理的建议。

正如书中所说，“交易是一条通往安逸生活的艰难之路”，不论是股票交易还是期权交易，看似点点鼠标就能轻松赚钱，但其中包含的酸甜苦辣只有交易者自已知道。想在交易市场获得成功，就必须学习该市场的游戏规则，锤炼自己的心理承受能力，提高交易技巧，并严格遵守交易纪律。牢记这些原则，不断获取经验、培育耐心，并通过合理的方式选择股票和交易策略，投资者就会在期权的世界里获得成功。

我国资本市场目前股票期权产品才刚刚开始，但随着我国资本市场的进一步发展，在不久的将来必然会出现大的发展。作为投资者和交易者，未雨绸缪地学习相关知识就可以快人一步，掌握先机。同时也期待本书的出版能推动期权类产品在我国资本市场的蓬勃发展，诚如此，则甚慰。

全书由安徽财经大学金融学院教师蒋少华翻译。在翻译过程中，参阅了陈建瑜、于延超、邢精平和孙培源于2008年合作出版的译本，在此谨表谢意。由于译者水平有限，本书仍然难免存在错误和疏漏之处，敬请读者批评指正。

蒋少华

2016年5月于安徽蚌埠

前　　言

回首过去 30 年，金融行业和全球市场都已经发生了巨大的变化。当 30 多年前一些谷物交易商在芝加哥创立芝加哥期权交易所并于 1973 年 4 月 26 日正式推出期权交易的时候，很少有人能明白他们到底在干什么。在 1973 年的开盘当天，芝加哥期权交易所（CBOE）的总成交量仅为针对 16 只股票的 900 份期权合约，当时谁会想到现在芝加哥期权交易所的日均成交量超过 100 万份合约。30 年后的今天，上市交易的期权合约已成为全球的一大产业，期权交易已遍及全球几大洲的 55 家交易所，每年成交的期权合约超过 50 亿份。

事实上，目前还看不到期权业的增长尽头。仅去年一年（指 2004 年，译者注），美国期权交易量就增长了 16%，全球增长了 33%。全球针对个股的期权成交量上涨 15%，而指数期权成交量增长了 44%。期权交易量这种爆炸性增长是期权的实用性和通用性的最好证明。

今天，期权作为一种风险管理工具的价值已得到普遍认同并得以广泛应用。主要原因在于人们越来越意识到投资组合风险管理的必要性，事实也证明投资风险是可以进行有效管理的。

投资者越来越青睐期权交易的部分原因在于文化方面的因素，这是因为人们越来越意识到地缘政治、灾难性事件、经济增长和衰退的波动都有可能对他们的投资组合造成严重影响。以上原因的确存在，但美国国内尖锐的安全问题、悬而未决的经济问题，以及由互联网推动的各种信息的广泛传播对期权的火热也起到了推波助澜的作用。此外，近年来频频爆发的公司丑闻极大地动摇了公众对企业机构的信心，也使公众意识到——在涉及财务问题时——加强自力更生（或至少是自我教育）是多么的重要。那种任凭投资组合资产自行波动，一点点地巧取豪夺公众的储蓄而沾沾自喜的好日子，已经一去不复返了。

特别是我们这一代婴儿潮时期出生的人行将退休，而我们的预期寿命又在增加，我们更应该积极地管理我们的投资。一方面就业市场竞争越来越激烈，另一方面医疗费用持续上升，我们所知道的社保体系似乎越来越难以为继，而孩子的教育也需要我们支付额外的费用。

幸运的是，投资者现在有许多机会学习。现代通信技术允许他们“点击”访问几乎所有主要市场，获取海量信息进行研究。今天，新生代的期权使用者更加独立，熟知互联网，并且善于不断学习。股票投资者想要而且也需要接受各种有助于他们管理风险的教育，以帮助他们迎接选择和保护他们投资的挑战。

市场上有很多这方面不错的工具书，我认为其中最有用的一本是由詹姆斯 B. 彼特曼所著的《股票期权交易实务》。彼特曼先生是一位知名的期权专家和国际导师，他十分关注交易策略的实际应用，本书揭开了期权作为股票投资风险管理工具的神秘面纱。

随着婴儿潮人口迅速临近退休年龄，越来越多的个人和家庭将会发现期权是保护他们工作几十年积蓄的有力工具。而年轻的职业投资者，在他们开始构建可持续一生的投资组合的时候，也会发现本书中许多指导价值是不可估量的。《股票期权交易实务》现在已经出了第二版，对于以上人群都可以起到极大的帮助作用。

《股票期权交易实务》第一版在 1996 年首发时就销售了 5000 多册，至今总共销售 35000 册。尽管本书对经验丰富的投资者也十分有用，但本书主要是针对新手。彼特曼先生耐心而又不辞辛劳地为读者清晰解释了期权的基本词汇、期权投资的基本原理，以及如何谨慎地选择交易策略。

随着行业的发展，基于股权产品的基本期权的创新产品也逐渐被开发出来，其中芝加哥期权交易所（CBOE）在 1990 年推出的长期股权预期证券（LEAPS，Long-term Equity Anticipation Securities）特别有用。LEAPS 是一种到期日长达 3 年的股票期权。彼特曼先生已经添加了一个新的篇章，详细解释了如何谨慎使用 LEAPS。

还有一个全新的章节讨论指数期权的使用，这类期权因其可以在熊市中对冲市场波动而在近年来引起了市场的关注。此外，指数期权还有许多其他用途。随着世界几乎所有主要股指都推出了指数期权，无论是股票投资者，还是长期共同基金、指数基金和交易所交易基金的管理者，都可以运用指数期权对冲风险或者管理头寸。

《股票期权交易实务》为读者提供了一种非常实用的学习体验，书中提供的期权定价软件 Op-Eval4，有助于潜在的期权投资者对期权价格变动形成比较直观的印象，该软件还支持价差分析和多部分分析策略。

在大多数新投资者看来，积累财富可能是首要的，但有经验的投资者知道，精明的资产配置和风险管理对投资组合价值的增长才是最关键的。熟悉期权，并在接受指导后运用期权，将对股票投资者起到很好的帮助作用。本书提供了弥足珍贵的指导。

芝加哥期权交易所董事长兼首席执行官

威廉 J. 布罗斯基

致　　谢

我要感谢很多人。安东·卡拉达科夫编写了本书中的 Op-Eval4 程序，该程序新颖易用，无论是新手还是老练的交易者都将发现此程序在期权分析方面实用有效。如果你需要软件开发方面的援助，安东有惊人的能力将你的想法转变为现实的计算机程序。

在写作过程中，期权研究院的同事给了我很多支持。马蒂·提尔尼、弗兰克·泰拉多、格里格·史蒂文思以及凯尔·格拉汉姆都对本书的大纲、案例及故事做出过贡献。芝加哥期权交易所的副总裁兼期权研究院董事德伯拉·比特斯出色地带领我们完成了我们的使命，即教授什么是期权、期权如何操作以及为何期权是有价值的投资交易工具。她鼓励我们编制高质量的课程，并且使这个过程变得有趣。

芝加哥期权交易所合规部的巴里·尤格特和戴夫·卡尔森多年来一直编辑和修改我的手稿。他们仔细阅读每一个章节并提出了许多宝贵的建议，他们的贡献不是我这里发个致谢就能说清的。

我的编辑，麦格劳·希尔的史蒂夫·艾萨克，面对我递交手稿的延迟，再次体现了他的沉着与热情，而我延迟交稿的唯一原因是我坚持撰写出高质量的作品。

最后，感谢我的妻子劳拉，她是一个圣人。很多个周末，当我在办公室处理各种事务并为本书绞尽脑汁时，都是她独自默默照顾着我们的女儿。

不管是通过意见反馈还是道义支持，下列人员也以不同方式对本书做出了贡献：

William Brodsky	Laura Johnson
Ed Joyce	Floyd Fulkerson

Ed Provost
Richard Dufour
Martha McGregor
Linda Boland
Marc Allaire
Brian Overby
Felecia Tatum
Michelle Kaufman
Lisa Harms
James Karls
John Rusin
Shelly Natenberg
Gary Trennepohl
Amit Bansal
Britton Smith

引　言

目标设定

● 投机者和投资者有什么不同?

本书编写的目的，是为了帮助股票投资者了解如何运用期权来实现投资目标。投资者与短期投机者不同，他们往往会设定一些具体目标以提高长期投资绩效。期权可以帮助投资者实现以下目标：

➢以“好的价格”买入“好的股票”;

➢以“好的价格”卖出股票;

➢降低买入股票的成本;

➢提高收益;

➢市场下跌时对股票进行套保;

➢错失市场上涨机会时对现金（或短期投资）进行套保;

➢不增加风险的情况下降低亏损头寸的盈亏点。

● 投资者应该具有什么样的预期?

上述目标对许多投资者充满了诱惑力，但注意不要高兴得过早。每一个成功的投资者都需要期权的运用做出现实的预期，包括期权能做到什么、使用期权的成本，以及同样重要的是，哪些是期权做不到的。此外，设定和实现投资目标涉及很多主观因素，而期权的使用并不会降低主观性。本书的设计首先就是帮助投资者理解怎样用期权来实现设定目标，其次就是让他们了解使用期权的优缺点。理解了这些以后，投资者应该就能够将期权用于他们的投资决策过程中。

● 为什么杠杆不是目标?

期权的一个常被吹捧的特性——杠杆效应——并不在投资者的目标清单当中，这是因为大多数投资者并不把“加杠杆”作为其投资目标。尽管在特定条件下杠杆效应可能对短期投机者有一定作用，但杠杆的存在确实会增加风险，这对主要致力于降低风险的保守型长期投资者而言并不是正面因素。

为了理解期权的作用，投资者必须理解市场是如何运作的。关于市场运行方式的一个著名理论就是有效市场理论。有效市场理论认为众多竞争性的市场参与者都已获得所有现有信息（包括公司盈利状况、行业趋势、宏观经济发展状况，等等），并且这些信息已经反映到当前公司股票市场价格上了，市场已经有效地确定了每只证券的“有效价格”。

许多投资专家对有效市场理论提出了挑战，认为他们的研究（进而他们提出的建议）发现了未反映在当前市场价格上的“隐藏的”或“没有被发现”的市场机会。实际上，有效市场理论的一般假设与研究、筛选、投资个股的过程之间并不存在必然的矛盾。竞争性市场参与者通过研究投资机会、做出主观判断，试图获取竞争优势的行为，可以看作是市场正常运行的必要组成部分。

● 期权给投资者带来了什么？

如果市场就像有效市场理论所宣称的那样，向投资者提供了基本上是“公平”的价格，那么投资的关键就是去研究所有可以获得的信息，并在投资选择方面做出主观预测，在此过程中能够产生增值的东西，是那些有助于增加投资选择的事物或方法，这正是期权所做的——它们给投资者提供了更多的选择机会。

选择更多并不一定最好，只能说更多的选择提供了不同的权衡——不同的风险收益的组合。“增长与收入的关系”是经典的投资权衡。考虑到投资者的特定条件和市场状况，某种期权交易可能对该投资者是最好的，但是并不能从绝对意义上说该期权交易策略就是最优策略。

每个期权交易策略都应该在这种“权衡风险收益”的意义下去理解。对于一个正在做出主观决策的投资者而言，有时候进行期权交易更可取，那他就应该选择该种期权交易策略。而在其他情况下，以当前市场价格买卖股票的交易可能更好，那他就应该选择直接买卖股票的策略。

● 期权能解决所有投资问题吗？

本书并不认为期权交易能够解决所有的投资问题，但是，有些时候期权的确还是很有用的，它们提供了好的投资选择，为投资者的投资组合增添了有趣的多样性。不过，要想有效而机智地运用期权，投资者必须充分了解期权的优缺点，知道如何在自己的主观投资决策过程中发挥其优点，规避其缺点。

本书概览

本书第二版共分五个部分：期权基础、基本投资策略、交易策略、高级话题和投资与交易心理。

第一部分“期权基础”在第一版的基础上做了更新，但大部分内容没有变化。这一部分全面介绍了期权词汇、期权交易机制以及期权价值的概念，这部分对期权新手是必需的。第 1 章“期权词汇”非常重要，因为期权词汇和我们日常使用的词汇含义有所不同。第 2 章“期权运行机理”可能对新手而言是最重要的章节，它详细介绍了如何制作损益图，而损益图是对不同交易策略下潜在收益和风险的最好描绘。第 2 章的后面部分论述了当我们在特定市场状况和投资目标下权衡不同投资策略时，收益和风险状况就变得特别重要。第 3 章“期权为什么具有价值”列举了期权具有价值的原因，并分析了期权价值的重要组成元素。第 4 章“期权价格行为”在前一版基础上进行了较大的修改，对到期日前期权价格的变动相关概念做了解释。至少可以这样说，期权价格行为似乎背离了许多期权交易新手的直觉，而这也正是学习使用新投资工具的部分乐趣所在，因而本章也是对后文交易策略部分的必要介绍。

第二部分是“基本投资策略”。与很多人的看法相反，从根本上来讲，期权并不是投机工具。应该说，很多期权交易策略具有投资倾向，第 5 章到第 10 章就是详细探讨这些基本的期权投资策略：看涨期权多头（第 5 章），旨在买入标的股票；有担保的期权空头（第 6 章），可能是最流行的期权策略；调整的有担保的期权空头（第 7 章）；配对看跌期权，防护性看跌期权和领式期权（第 8 章）；看跌期权空头（第 9 章），意在增加收入或获得股票；最后是关于长期股票期权（LEAPS）的新章节（第 10 章）。以上交易策略的重要特征是它们都是投资导向型的，传统股票投资者都可以成功运用。不过，股票投资者在运用期权交易时要学会新的思维方式。

第三部分“交易策略”谈的不是投资导向型的交易策略，而是转向探讨短期交易策略，此时理解到期日前期权价格变化行为就显得至关重要。第 11 章介绍了本书附带的计算机软件 Op-Eval4，该软件目前已经开发到第 4 代，它不仅可以计算期权价格，而且还可以计算隐含波动率和多重期权交易策略的价格，并对理论值制作图和表，这样在一定的市场价格波动范围内，很快就可以直观地看到交易策略的损益情况。第 12 章分步介绍了一些短期交易策略，并对一些重要决策进行了检验，展示了如何将 Op-Eval4 软件用于决策过程。当然，计算机程序不会为交易者做出决策，它们也不能确保交易成功。计算机程序的作用是获取更多相关信息，帮助投资者改进决策过程，形成切合实际的预期。第 13 章是一个新的章节，解释了垂直价差以及交易者在买/卖单个期权时应该在何时选择该种交易策略。第 14 章是“跨式和勒式组合”，也是一个新的章节，它对交易策略做了进一步的讨论，并揭示了跨式和勒式组合的奥秘。

第四部分“高级话题”，所谓“高级”并不一定意味着额外的风险。不过，该部分所谈的策略既涉及保守型的股票交易策略，也包括不同程度的杠杆的运用。最重要的是，它告诉投资者应该如何监控某一特定交易策略的风险水平，并用实例进行了解释。第 15 章“投资者和交易者的比率套利”，也是一个新的章节，描述了保守的投资者和激进的交易者从这些鲜为人知的策略中获利的方法。第 16 章“防护性组合——多头和空头”，还是一个新的章节，讲的是保守型投资者如何低风险地使用一个本来具有高风险特征的期权交易策略。他所要做的仅仅是改变思维方式及资本管理方式。第 17 章是“现金交割指数期权和 ETF 期权”，它以第一版关于指数期权的部分内容开始，随后解释了可能是 20 世纪 90 年代最大的创新：ETF（交易所交易基金）。

第五部分是“投资与交易心理”。第 18 章“期权投资和交易的区别”对本部分标题做了最好的诠释。第 19 章“新手入门”同第一版内容基本一致，它为期权的初次使用者提供了关于如何去做的实战建议。要求他们要仔细地研究股票市场，确立目标，然后选择股票导向型策略。第 20 章“边干边学”也是一个新的章节，为被交易吸引的人提供了一些实战建议。

第一篇　期权基础

这一部分在第一版的基础上做了更新，但大部分内容没有变化。这一部分全面介绍了期权词汇、期权交易机制以及期权价值的概念，这部分对期权新手是必需的。第 1 章“期权相关概念”非常重要，因为期权词汇和我们日常使用的词汇含义有所不同。第 2 章“期权运作机理”可能对新手而言是最重要的章节，它详细介绍了如何制作损益图，而损益图是对不同交易策略下潜在收益和风险的最好描绘。第 2 章的后面部分论述了当我们在特定市场状况和投资目标下权衡不同投资策略时，收益和风险状况就变得特别重要。第 3 章“期权的价值”列举了期权具有价值的原因，并分析了期权价值的重要组成元素。第 4 章“期权价格变动”在前一版基础上进行了较大的修改，对到期日前期权价格的变动相关概念做了解释。至少可以这样说，期权价格行为似乎背离了许多期权交易新手的直觉，而这也正是学习使用新投资工具的部分乐趣所在，因而本章也是对后文交易策略部分的必要介绍。

第 1 章 期权相关概念

1.1 引言

本章界定了投资者需要知道的所有通用期权专业术语。然而，有经验的期权交易者可能会发现，以下并没有罗列每一个与期权相关的术语。期权通常被人们想象的过于复杂，而又因各种行业术语的频繁误用使得其更显繁琐，往往与其实际含义大相径庭。本书将采用本章所界定的基本术语：

看涨期权	转让书（转让通知）
看跌期权	美式行权
买入看涨期权	欧式行权
卖出看涨期权	有效买入价
买入看跌期权	有效卖出价
卖出看跌期权	期权买方
多头	期权卖方
空头	有保护的
执行价格（或行权价格）	无保护的（或裸的）
到期日	价内，平价，价外
行权	保证金账户
期权费	保证金交易
内在价值	初始保证金
时间价值	维持保证金
现金账户	追加保证金通知
现货交易	

如果你对上述术语已经十分熟悉，可以直接从第 2 章开始阅读。如果你想回顾一下相关术语的含义，请记住这些定义都是按基本含义定义的。细微差别将在后面的章节做进一步解释。

本章首先介绍看涨期权，然后介绍看跌期权。结尾，附有一些思考题及参考答案，以加深你的理解。

1.2 看涨期权

看涨期权是看涨期权买方和卖方之间的一个合约。看涨期权赋予期权买方在特定日期以前以特定价格从期权卖方购买一定数量股票的权利。一份股票期权合约包含 100 股标的股票（通常称为 1 手）。执行价格（或行权价格）是指合约中规定的期权买方在行驶看涨期权时买入股票的价格。到期日指期权最后有效的日期，过了期权的到期日，期权中的权利失效。

小贴士 看涨期权买方有买入股票的权利；看涨期权卖方需履行卖出股票的义务。

1.2.1 权利和义务

买入 1 手执行价格为 50 美元、9 月份到期的 XYZ 看涨期权合约的买方，有权利在 9 月份到期日之前的任何时间以每股 50 美元的价格向期权卖方购买 100 股 XYZ 股票。相反，期权的卖方，有义务以每股 50 美元的价格交付 100 股该股票。如果期权买方执行买权，期权卖方必须交付股票。看涨期权买方持有多头头寸，而看涨期权卖方持有空头头寸。

当看涨期权的买方声明行使从期权卖方买入股票的权利，并履行必要的通知程序的时候，执行就发生了。期权买方要向卖方提交转让通知，表明期权买方决定行使买入权利。期权行权的过程如下：当期权买方决定行权时，第一步是通知其经纪公司，然后经纪公司再通知期权清算公司。期权清算公司是所有期权交易的清算中心和保证人。随后期权清算公司随机选择一家持有空头看涨头寸的经纪公司。接着，被选中的经纪公司再相应选择一个持有看涨空头的客户，并通知该客户其期权已被转让。经纪公司在选择客户时可以随机选择，也可以按照先进先出的原则来选。

> **小贴士** 看涨期权买方可以选择行权；看涨期权卖方在买方行权时必须履行卖出义务。

当转让通知发出时，期权进入执行阶段，将会发生股票的实际交易：期权买方买入股票，而期权卖方卖出股票。交易价格就是期权的执行价格（加上或减去佣金）。在股票交易的交割日，经纪公司会将相应的资金转入卖方账户，而将股票转给买方。

出现下列两种情况之一时，看涨期权将终止：第一，如果期权买方执行期权买入股票，那么期权卖方必须依约履行义务。执行以后，期权合约不再存在，此时股票已经买入，买方按照执行价格进行支付。比如，执行价格是 50 美元，买方必须按 50 美元/股，或者 5000 美元/100 股进行支付。第二，如果看涨期权在到期日前没有执行，合约将失效，权利将不再存在，此时期权被称为“过期作废”。

1.2.2 有保护和无保护（裸的）的看涨期权

如果看涨期权卖方在卖出期权时拥有标的股票现货，则期权执行时可以用自有股票进行交付，这种看涨期权空头被称为有保护的看涨期权空头。相反，若看涨期权卖方并没有该标的股票现货，则这种看涨期权空头被称为无保护的或裸看涨期权空头（裸卖空）。对无保护的看涨期权空头而言，收到执行通知意味着期权卖方必须获取标的股票以进行交付。由于获取股票的价格（有时甚至是否能够获取）是未知的，因此无保护的或裸看涨期权卖方承担的风险就明显比有保护的看涨期权卖方要大得多。

1.2.3 看涨期权行权和转让后的投资头寸

看涨期权执行后，期权买方和期权卖方的头寸状况都会发生变化，图 1-1 总结了买卖双方头寸变化情况。对于没有股票现货头寸的看涨期权买方而言，看涨期权的执行使期权多头变成了股票多头（每份期权含100股，图1-1中的(a)）。如果看涨期权买方持有该期权标的股票空头，且股票现货空头头寸与买入看涨期权所含标的股票头寸一致，则执行看涨期权时买入的股票刚好被股票现货空头头寸所抵消，使得投资者头寸持平，即没有头寸（图1-1中的(b)）。对期权卖方而言，无保护的看涨期权的转让将导致出现股票现货空头头寸（图1-1中的(c)），而有保护的看涨期权的转让则使期权卖方头寸持平，因为自有股票被卖掉了（图1-1中的(d)）。

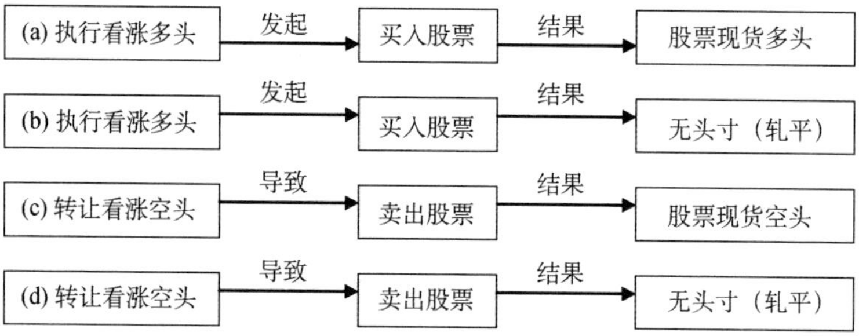

(a) 无现货头寸下执行看涨多头；

(b) 持有与期权所含股票头寸一致的现货空头头寸时执行看涨多头；

(c) 无现货头寸下转让看涨空头；

(d) 持有与期权所含股票头寸一致的现货多头头寸时转让看涨空头。

图1-1　看涨期权——行权和转让后期权买卖双方的头寸变化

1.2.4　看涨期权：有效买价和有效卖价

看涨期权的买卖价格十分重要，因为它是股票交易最终价格的重要因素。对于一个行权的看涨期权而言，有效买价是指包含看涨期权成本在内的买入股票的价格。转让看涨期权的有效卖价是指考虑了卖出看涨期权的收益后的股票卖出价格。下面举例说明这一点。

以300美元或每股3美元的成本买入执行价格为50美元的一份看涨期权，如果被执行，则股票的有效买入价格为53美元/股，此价格为每股股票相应期权价格和执行价格之和。对期权卖方而言，有效卖价也是53美元，其中3美元是卖出期权时得到的，而50美元是转让股票时得到的。一般化的公式是：执行价加上期权费，这既适用于作为期权买方的有效买入价格，也同样适用于作为期权卖方的有效卖出价格。

小贴士　看涨期权有效买入价格＝执行价加上期权费＝有效卖出价格。

1.2.5　执行方式

美式期权在到期日之前的任何时间都可以执行。欧式期权只能在确定的最终期限前的最后一个交易日执行。在美国，所有的股票期权和交易所交易基金（ETFs）期权都是美式期权。而且，广受欢迎的 OEX 指数期权（标准普尔 100 指数期权）也属于美式期权。然而，其他大多数指数期权，包括 SPX 指数期权（标准普尔 500 指数期权）、DJX 指数期权（道琼斯工业平均指数期权），都属于欧式期权。有关上述期权合约的具体内容，包括执行方式等内容，都可以在该期权所在交易所查询到。

小贴士　美式期权能否提前执行：可以。欧式期权能否提前执行：不可以。

1.2.6　看涨期权：价内、平价和价外

股票价格和执行价格之间的关系决定了一个期权是价内期权、平价期权还是价外期权。价内期权指执行价格低于股票现货价格。比如，股票成交价是 55 美元，那么执行价格为 50 美元的看涨期权就是价内看涨期权。准确地说，价内为 5 美元。不过，这个看涨期权不一定会以价内 5 美元而进行交易。实际上，它非常可能以高于 5 美元价内的价格成交。我们将在第 3 章讨论为什么期权会以高于价内的价格进行交易。

价外看涨期权指执行价格高于股票现货价格。比如，如果股票现货价格是 55 美元，那么执行价格为 60 美元的看涨期权就是价外期权。具体而言，该看涨期

权为价外 5 美元。

平价指执行价格等于股票现货价格。此术语虽有严格的定义，但实际应用中却要更宽泛、更普通一些。理论上讲，执行价为 55 美元的看涨期权仅当股票正以 55 美元交易时才是平价期权。其余情况，要么是价内期权，要么是价外期权。然而在实践中，当股票价格更加接近 55 美元执行价而非另外的执行价时，执行价格为 55 美元的看涨期权就被视为平价期权。例如，当一只股票以 54 美元或 56 美元成交时，实践中经常将执行价格为 55 美元的看涨期权视为平价期权。图 1-2 描述了股票价格和价内、平价及价外看涨期权之间的关系。

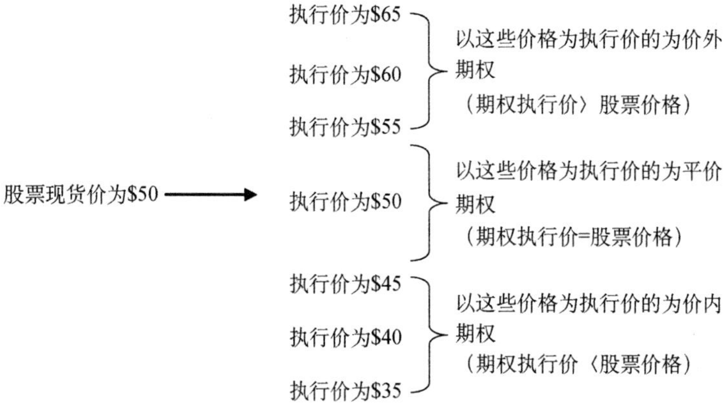

图 1-2　看涨期权：价内、平价和价外

价内、平价和价外是动态的概念。随着股票价格上涨，原本为价外期权就会变成平价期权乃至价内期权。而随着股票价格下跌，情况就刚好相反：价内期权会变成平价期权甚至价外期权。

1.2.7　看涨期权：期权费、内在价值和时间价值

期权费是指期权的价格。期权费或称为期权价格，包括两个部分：内在价值和时间价值。内在价值是指期权价格中的价内部分，时间价值是指期权价格超过内价值的部分。考虑下面的价格情形：

（每股）

股票价格　　57.00 美元

执行价格为 50 美元的看涨期权　　8.00 美元
执行价格为 55 美元的看涨期权　　4.00 美元
执行价格为 60 美元的看涨期权　　1.50 美元

通过对每一个期权费（或价格）进行分析，可以看出内在价值和时间价值的含义。首先，对于执行价格为 50 美元的看涨期权，股票现货价格 57 美元要比期权执行价高出 7 美元。因此，该看涨期权是价内期权，价内 7 美元即表示其内在价值为 7 美元。但期权费（或价格）却是 8 美元，其中 1 美元的价差就是时间价值。

执行价格为 55 美元的看涨期权期权费为 4 美元，其中内在价值为 2 美元，时间价值也为 2 美元。执行价格为 60 美元的价外看涨期权期权费为 1.50 美元，全部为时间价值。图 1 - 3 分别展示了价内、平价和价外期权的内在价值和时间价值。

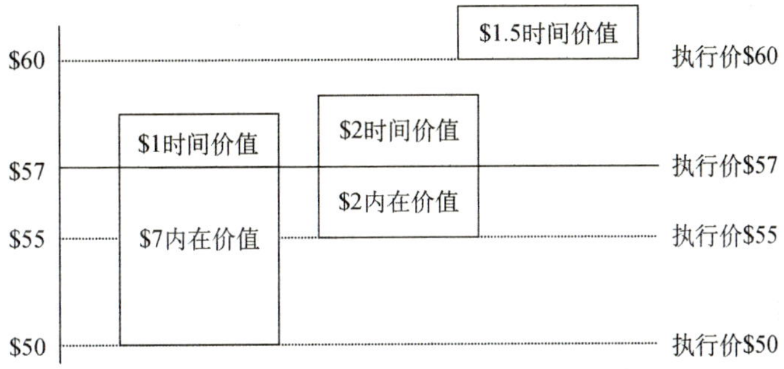

执行价$50看涨期权	执行价$55看涨期权	执行价$60看涨期权
期权费 $8	期权费 $4	期权费 $1.50
内在价值 $7	内在价值 $2	内在价值 $0
时间价值 $1	时间价值 $2	时间价值 $1.50

图 1 - 3　看涨期权：内在价值和时间价值

市场的竞争使得价内期权极有可能在不足以实现其内在价值的价格上交易。例如，假设某股票现货价格为 56 美元，而执行价格为 50 美元的看涨期权期权费为 5 美元，那么投资者则会买入看涨期权并立即执行。因为股票的有效买入价格为 55 美元，执行期权后，每股立即会获利 1 美元（不考虑交易成本）。这种无风险的获利机会将会吸引大量的专业交易者。专业交易者之间的竞争会迫使期权价格上涨或股票价格下跌，从而使得原来每股1美元的利润下降到仅仅略高于交易成本。不过，对于专业交易者来说，交易成本很小，因此也正是由于这个原因，美国市场上期权交易很少低于它们的内在价值。如果确实出现这种情况，那也是因为它们非常接近到期日，并且仅低于内在价值5～10美分左右。

1.3 保证金账户及其相关术语

许多保守的投资者认为保证金账户牵涉过多的风险。事实并非如此。如果有风险的话，那么风险水平一方面取决于保证金债务的金额，另一方面也与相关证券的“风险”和波动性有关。正如后面章节所述，一个特定策略的风险水平是由支持该策略的权益资本的数量决定的。用现金购买股票的风险最小，因为最大的潜在损失是已知的，并且已经提前全额支付了。如果股票价格下跌到零，投资者也不会被要求额外追加资金。相反，用“保证金”买股票涉及借入资金，而这是必须全额偿还的。如果股票市值下跌到低于借贷金额，投资者会被要求补足差额。这种潜在的负债就是“保证金交易有风险”说法的由来。

期权投资者和交易者必须了解保证金账户交易的程序，因为一些期权策略要求客户用保证金账户进行交易。下文就是为期权新手就保证金账户及其相关术语做一个总体介绍。

1.3.1 现金账户、保证金账户及保证金交易

现金账户指投资者在经纪公司开立的交易账户，所有的买入交易都用现金或足额存款全额支付所有的潜在负债。而在保证金账户下，经纪公司允许投资者进行保证金交易，即在客户账户没有足够现金满足全部潜在负债时也可以建立一定头寸。根据规则，不同种类的保证金交易要求客户提供不同数额的权益资本。这些权益资本被称为保证金存款，或者简称为保证金。

一种常见的保证金交易就是“用保证金”购买股票。当用保证金购买股票时，客户账户里的资金并不足以购买股票，也可能是账户里的权益资本余额小于股票价值。如果经纪公司同意股票的保证金交易，就借给客户买入股票的不足部分资金，这被称为保证金贷款。当然，投资者要为贷款支付利息。使用保证金贷款意味着同样的市场波动，与现金账户权益余额相比，将以更大的百分比改变保证金账户的权益余额。这就是杠杆。

另一种常见的保证金交易是卖空股票。在这类交易中，经纪公司代表投资者借入股票，投资者以当前市场价格卖出股票，以期日后在更低的价格买回。在卖空股票交易中，投资者在建立头寸时，实际上没有进行任何支付（除了佣金），但是要求客户有保证金存款以保证其能够弥补任何损失。

有些期权交易是保证金交易，有些不是。同样，有些期权交易要求用保证金账户管理，而另一些则既可以用现金账户也可以用保证金账户管理。在参与期权交易前，投资者应该全面了解交易要求的账户类型。记住这个简单的公式：账户权益＋保证金债务＝账户价值。账户价值是自有证券的市值总和。保证金债务是经纪公司借给投资者的资金，账户权益是投资者卖出股票并且偿还保证金债务以后剩余的部分。

1.3.2 初始保证金、维持保证金和追加保证金通知

初始保证金是建立一个保证金交易要求的最小账户权益资本。初始保证金通常以预设头寸或者标的证券市值的百分比来表示。比如，通过保证金购买股票，当前初始保证金要求为 50％：购买每股股价为 50 美元的股票 100 股，要求初始保证金为 50％的购买价格加上手续费，即 2500 美元加手续费，此时，股票买方等于从经纪公司贷款了 2500 美元。

如果保证金头寸出现亏损，账户权益无论是绝对数值还是占总账户价值的百分比都将下降。最低保证金指账户权益必须保持在这之上的一个保证金水平，通常用账户价值的百分比来表示。如果账户权益降到最低保证金水平之下，那么经纪公司就会发出追加保证金通知要求投资者将账户权益提高到维持保证金水平。接到追加保证金通知以后，可以追加资金、证券或者平仓。在上例中，如果股票价格从 50 美元跌至 35 美元，那么账户权益将会下降到 1000 美元，因为 2500 美元的保证金贷款是保持不变的。这样 1000 美元的账户权益只相当于账户价值的 28％（1000÷3500－0.28）。如果最低保证金要求是 35％，那么此时账户权益将低于最低要求，客户将收到追加保证金通知。

尽管许多期权交易都是可以用保证金交易的，但这里最关键的一点是，资本管理的关键因素是支撑头寸的权益资本数量，而且投资者管理资本的方式是决定确定交易策略风险水平的决定性因素——即投资者采取的是投机型还是保守型交易策略。在下一章将对此进行详细阐述。

1.4 看跌期权

看跌期权赋予了期权买方向期权卖方卖出股票的权利。在美式期权中，该权利可以在到期日前的任何时间执行，而在欧式期权中，期权买方只能在确定的最终期限前的最后一个交易日行使卖权。看跌期权买方被称为持有看跌期权多头头寸，期权卖方被称为持有看跌期权空头头寸。期权买方行权后必须交付股票；如果接到转让通知，看跌期权空头有义务买入股票。看跌期权行权及转让的整个过程和上文看涨期权是一样的。

小贴士 看跌期权买方有卖出的权利；看跌期权卖方有买入的义务。

1.4.1 有保护和无保护的看涨期权

看跌期权的“有保护”和“无保护”这两个概念并不像看涨期权的类似概念那样具有精确的含义。如果持有看涨期权空头的投资者实际持有股票，那么这个看涨期权空头就是有保护的。类似地，如果看跌期权空头有足够的现金买入股票，那么可以认为这个有现金保障的看跌期权空头就是有保护的。从实际意义来看，这无疑是正确的。然而，对于经纪公司来说，监控客户的现金可得性并非像监控股票头寸那么容易。许多证券交易账户的使用跟银行活期账户一样，现金余额的波动很大，而监控这一类交易客户几乎不用支付任何费用。相反，股票交易相对而言频率要低一些，而且能给经纪公司带来收益，这部分弥补了监控有保护的看涨期权的费用。因此，大部分经纪公司都要求所有的看跌期权空头头寸要用保证金账户进行交易。

1.4.2 看跌期权行权和转让后的投资头寸

同看涨期权一样，期权买方和期权卖方的头寸状况在行权后都会发生变化，图 1－4 总结了期权买卖双方头寸变化情况。对于没有股票现货头寸的看跌期权买方而言，看跌期权的执行使期权多头变成了股票空头（图 1-4 中的（a））。如果看跌期权买方持有该期权标的股票多头，且股票现货多头头寸与卖出看跌期权所含标的股票头寸一致，则执行看跌期权时卖出的股票刚好被股票现货多头头寸所抵消，使得投资者头寸持平，即没有头寸（图 1-4 中的（b））。

对期权卖方而言，看跌期权空头的转让要求期权卖方买入股票。如果期权卖方一开始手中并没有股票头寸，那么看跌期权空头的转让将使期权卖方变成股票多头（图 1-4 中的（c））。然而，如果看跌期权卖方持有股票空头头寸，且股票现货空头头寸与卖出看跌期权所含标的股票头寸一致，那么转让看跌期权将轧平投资者的头寸（图 1-4 中的（d））。

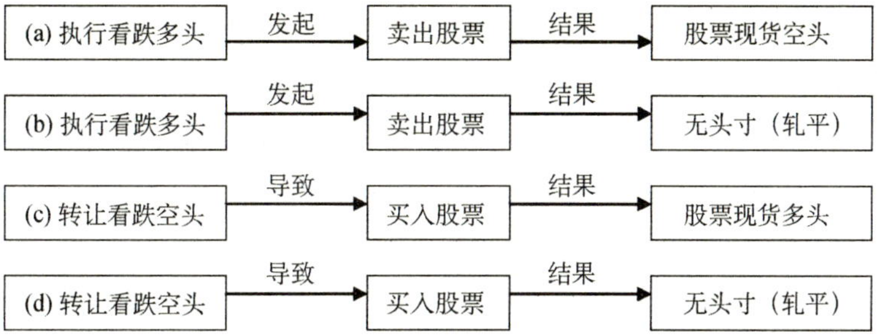

（e）无现货头寸下执行看跌多头；

（f）持有与期权所含股票头寸一致的现货多头头寸时执行看跌多头；

（g）无现货头寸下转让看跌空头；

（h）持有与期权所含股票头寸一致的现货空头头寸时转让看跌空头。

图 1-4　看跌期权——行权和转让后期权买卖双方的头寸变化

1.4.3　看涨期权：有效买价和有效卖价

看跌期权的买卖价格十分重要，因为它是股票交易最终价格的重要因素。以购买价格为 200 美元（或 2 美元/股）的一份执行价为 50 美元的看跌期权为例，如果期权买方选择行权并随后卖出股票，则有效卖出价格为 48 美元/股。股票是以看跌期权的行权价 50 美元卖出，但却需支付 2 美元的期权费，2 美元的成本使期权买方的净收入降低到 48 美元。同样，对于转让看跌期权的期权卖方而言，每股 2 美元的收入使其有效成交价格从 50 美元下降到 48 美元。一般化的公式是：执行价减去期权费，这既适用于作为期权卖方的有效买入价格，也同样适用于作为期权买方的有效卖出价格。

> **小贴士** 看跌期权有效买入价格＝执行价减去期权费＝有效卖出价格。

1.4.4 看跌期权：价内、平价和价外

看跌期权的价内期权和价外期权中的标的证券价格和执行价格之间的关系与看涨期权是相反的。价内看跌期权指执行价高于股票现货价格，而价外看跌期权指执行价低于股票现货价格。考虑股票以 55 美元/股成交的情形。执行价为 60 美元的看跌期权就是价内期权，准确地说，价内为 5 美元。执行价为 50 美元的看跌期权则为具有 5 美元价外的价外期权。执行价为 55 美元的看跌期权是平价期权。平价看跌期权这一概念在使用上同平价看涨期权一样，如果股票价格与执行价格相同或非常接近，那么就把期权称为平价期权。图 1－5 描述了股票价格和价内、平价及价外看跌期权之间的关系。

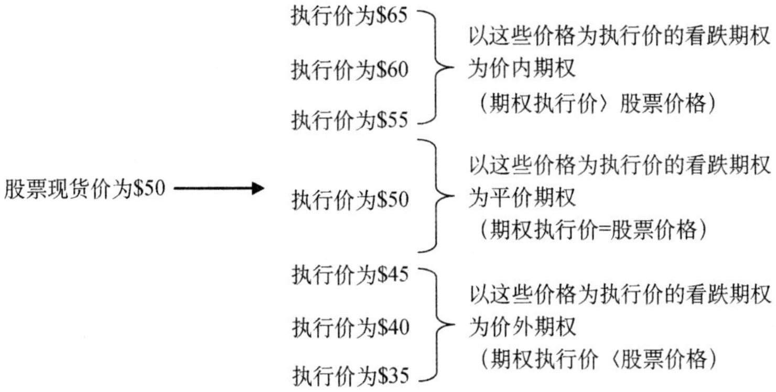

图 1－5　看跌期权：价内、平价和价外

价内、平价和价外是动态的概念。随着股票价格上涨，原本为价外期权就会变成平价期权乃至价内期权。而随着股票价格下跌，情况就刚好相反：价内期权会变成平价期权甚至价外期权。

1.4.5 看跌期权：期权费、内在价值和时间价值

同看涨期权一样，期权费指的是看跌期权的价格，它包括两个部分：内在价值和时间价值。考虑下面的价格情形：

	（每股）
股票价格	57.00 美元
执行价格为 60 美元的看跌期权	5.00 美元
执行价格为 55 美元的看涨期权	3.00 美元
执行价格为 50 美元的看涨期权	1.00 美元

执行价格为 60 美元的看跌期权具有 3 美元价内，因此该期权具有 3 美元的内在价值和 2 美元的时间价值。执行价格为 55 美元的看跌期权其期权费的 3 美元全部为时间价值。同样，执行价为 50 美元的价外期权其 1 美元期权费也完全由时间价值构成。图 1－6 分别展示了价内、平价和价外期权的内在价值和时间价值。

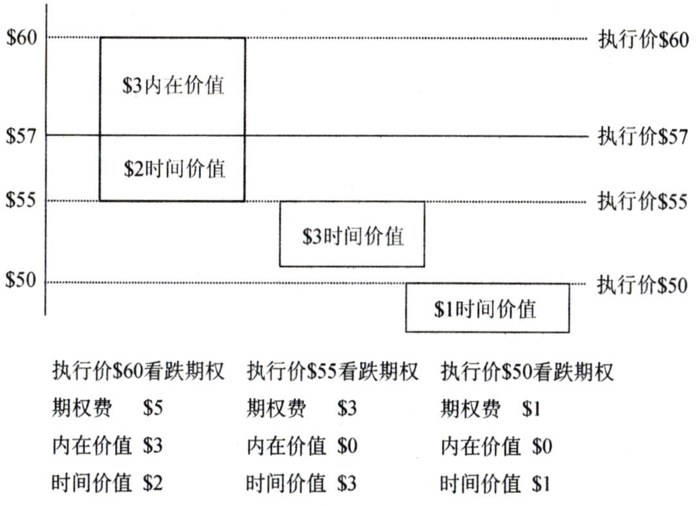

图 1－6 看跌期权：内在价值和时间价值

1.5 多头与空头

许多初学者对多头和空头这两个词感到很困惑，因为这两个词用在两个不同的情境中。多头意味着交易者拥有某种东西或者持有看涨的市场头寸。同样，空头意味着交易者负有某种义务或者持有看跌的市场头寸。

例如，如果某交易者持有看涨期权，则称该交易者为“看涨期权多头”，类似地，交易者也可以成为“股票多头”或“看跌期权多头”。如果某交易者为“看涨期权空头”，那么他在接到转让通知时就有义务交付标的证券。持有“看跌期权空头”的交易者在接到转让通知时有义务买入标的证券，而“股票空头”有义务偿还股票贷款。

不过，如果一个交易者“做多市场”，就意味着其持有看涨的头寸。该交易者可能持有看涨期权多头、看跌期权空头或股票多头，因为这些都属于看涨头寸，即当市场上涨时就会获利。同样，“做空市场”的交易者通常持有看跌头寸，可以是看涨期权空头，也可以是看跌期权多头，或者是股票空头，这类看跌头寸在市场下跌时就可能获利。

交易新手应该仔细了解这些词汇的使用环境，以避免理解错误。

1.6 相关术语总结——小测验

本章以下面的小测验作为总结。请将下列术语与其正确定义进行匹配（某些定义可以用两次）。正确答案附于本测验后。

术语

看涨期权多头（ ）	平价看涨期权（ ）
看涨期权空头（ ）	价外看涨期权（ ）
看跌期权多头（ ）	价内看跌期权（ ）
看跌期权空头（ ）	平价看跌期权（ ）
执行价（ ）	价外看跌期权（ ）
行权价（ ）	期权费（ ）
到期日（ ）	内在价值（ ）
执行（ ）	时间价值（ ）

执行通知（　　）　现金账户（　　）
转让（　　）　保证金账户（　　）
欧式期权（　　）　现金交易（　　）
美式期权（　　）　保证金交易（　　）
有保护的（　　）　有效买价——看涨期权多头（　　）
无保护的（　　）　有效卖价——看涨期权空头（　　）
裸的（　　）　有效买价——看跌期权空头（　　）
价内看涨期权（　　）　有效卖价——看跌期权多头（　　）

定义

(1) 向期权清算公司提交的要求履行期权合约条款的申请表格。

(2) 一种期权空头头寸，若是看涨期权空头，投资者另外持有标的股票；若是看跌期权空头，投资者另外拥有购买股票的现金。

(3) 执行价高于股票现货价格的看跌期权。

(4) 选择期权空头头寸以匹配或有义务的程序。

(5) 执行价等于股票现货价格的看跌期权。

(6) 期权的总价格。

(7) 期权总价格中超过内在价值的部分。

(8) 执行价减去期权费的部分。

(9) 现金额不足以满足全部潜在债务的交易。

(10) 执行价低于股票现货价格的看涨期权。

(11) 向投资者提供诸如贷款、促成做空股票交易和处理无保护期权交易等特殊服务的经纪公司账户。

(12) 执行价等于股票现货价格的看涨期权。

(13) 执行价高于股票现货价格的看涨期权。

(14) 所有交易用现金全额支付的账户。

(15) 执行价加上期权费。

(16) 同“无保护的”。

(17) 一种期权空头头寸，若是看涨期权空头，投资者并不持有标的股票现货；若是看跌期权空头，投资者也没有购买股票的现金。

(18) 只能在到期日前最后一个交易日执行的期权。

(19) 期权总价值中与价内部分相等的部分。

(20) 执行价低于股票现货价格的看跌期权。

(21) 向投资者现金账户全额转入或从账户中全额转出现金的交易。

(22) 享有买入的权利。

(23) 期权合约中载明的价格。

(24) 要求履行期权合约条款。

(25) 承担买入的未定义务。

(26) 在期权到期日之前（包含到期日）任何时候都可以执行的期权。

(27) 承担卖出的未定义务。

(28) 一个特定日期，在此日之后，期权失效。

(29) 享有卖出的权利。

答案

看涨期权多头（22）	平价看涨期权（12）
看涨期权空头（27）	价外看涨期权（13）
看跌期权多头（29）	价内看跌期权（3）
看跌期权空头（25）	平价看跌期权（5）
执行价（23）	价外看跌期权（20）
行权价（23）	期权费（6）
到期日（28）	内在价值（19）
执行（24）	时间价值（7）
执行通知（1）	现金账户（14）
转让（4）	保证金账户（11）
欧式期权（18）	现金交易（21）
美式期权（26）	保证金交易（9）
有保护的（2）	有效买入价——看涨期权多头（15）
无保护的（17）	有效卖出价——看涨期权空头（15）
裸的（16）	有效买入价——看跌期权空头（8）
价内看涨期权（10）	有效卖出价——看跌期权多头（8）

第 2 章　期权运作机理

理解并成功使用期权的一个基本要求是能够画出交易策略在到期日的损益图表。虽然很多读者将会在本章看到标准期权损益图及其详细说明，但看到并不意味着能够完全理解。如果你不确信自己能够画出这些图表，那么你最好花点儿时间认真学习本章。一个能够准确画出期权策略到期日损益图的投资者，可以说已经对期权理解了 90%。牢牢掌握这些概念，将大大提高你匹配期权策略与投资目标的能力。本章获得的技能将会伴随你整个投资和交易生涯。

期权投资和交易与股票投资存在几个方面的不同。首先，是否建立期权交易头寸的决策与到期日标的股票的价格变动有关（假设在到期日之前期权没有平仓），而买入股票则不存在这个问题。第二，期权策略包含很多风险与收益之间的权衡，而买股票只包含一种权衡。事实上，期权提供了一系列投资选择方案，这些方案的优缺点将在本书中进行全面探讨。第三，期权存续的时间范围由到期日规定，而股票则没有到期日。第四，期权策略的盈亏平衡点与股票策略不同。

2.1　损益特征和重要价位的识别

让我们从最基本的交易策略开始分析。一幅完整的到期日损益图会揭示交易策略的三个重要方面：盈亏平衡点、最大风险和潜在利润。投资者还需知道到期日为价内的期权将产生什么样的股票头寸。例如，一个到期日为价内的看涨期权多头头寸，如果被执行将变成一只股票多头头寸。知道这些很重要，因为从总体上看它们描述了策略提供的投资权衡状况。投资权衡包括风险和收益之间的权衡，理解投资权衡结果将有助于进行交易策略的比较，而这将帮助我们分析投资机会，以便改进决策过程。

2.2 损益图——基本步骤

描画损益图可以分为六个基本步骤。

步骤一：完整描述即将开始的交易。把你想做图表的交易用语句写下来，例如“以2美元买入9月份到期，执行价格为50美元的看涨期权”，或“以4.50美元卖出5月份到期，执行价格为75美元的看跌期权”。不要仅仅写成“买入一个看涨期权”或“卖出一个看跌期权”，这样你将没有足够的信息完成图表。

步骤二：开始画格子。损益图画在格子上，描述一定价格区间内期权策略在到期日的盈亏情况。纵向的格子线表示盈利（+）或损失（-）。横向的格子线表示股票价格区间。在画格子线时，先将执行价画在横向格子线的中间位置，然后向两边展开。图2-1为一个格子图表示例。

步骤三：选择一只股票价格并计算在到期日的期权价值。在到期日，期权价值要么等于内在价值（价内部分），要么等于零。内在价值已在第一章讨论过。例如，如果股票价格为56美元，那么执行价格为50美元的看涨期权到期时价值为6美元。而如果股票价格为49美元，则看涨期权到期时价值为零。

步骤四：计算盈利或亏损。要计算你的盈亏情况，首先需要在价格区间内选择一只股票价格并确定期权价值。

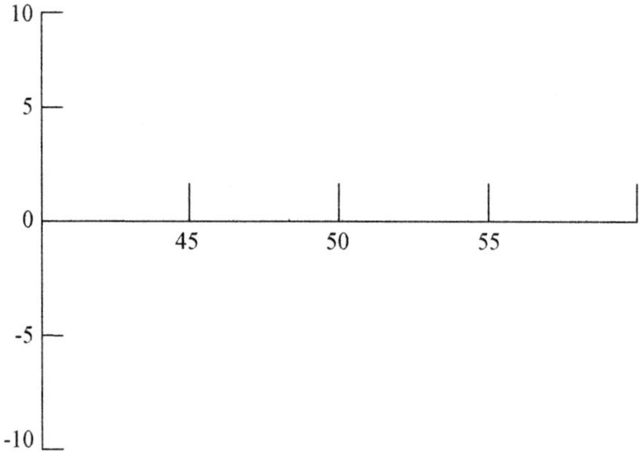

图2-1 损益图示例

对于买入期权而言，在计算期权的盈利或亏损时，要从步骤三确定的到期日期权价值中减去期权的购买价格。一份期权费为 2 美元，执行价格为 50 美元的看涨期权，到期日价值为 6 美元，则其盈利为 4 美元（到期日价值 6 美元减去期权购买价格 2 美元等于 4 美元）。而同样的期权，若到期日价值为零，则期权交易将亏损 2 美元（到期日价值 0 美元减去期权购买价格 2 美元等于损失 2 美元）。

对于卖出期权而言，在计算期权的盈利或亏损时，要从卖出价格中减去由步骤三确定的到期日价值。一份期权价格为 4.25 美元，执行价格为 75 美元的看跌期权，若到期日股票现货价格高于 75 美元，则此期权价值为 0，给期权卖方带来的收益为 4.25 美元。而同样的看跌期权，如果到期日股票价格为 68 美元，则期权价值为 7 美元，给期权卖方带来 2.75 美元的亏损。

如果把表 2-1 和图 2-1 结合起来使用，则期权的盈亏可以很容易计算出来，而且可以很清楚地展示在图表中。最左边一列表示格子图中的股票价格波动范围。每种期权交易策略占一栏，显示到期日时在每只股票价格下的盈亏情况。更复杂些的交易策略的图表会显示每种构成策略的盈亏情况以及该策略总体盈亏情况。表 2-1 就是包含两种策略在内的复合策略的盈亏情况。

表 2-1　两种头寸期权交易策略盈亏情况简表

到期日股票价格	期权头寸＃1 盈利/（亏损）	期权头寸＃2 盈利/（亏损）	总策略 盈利/（亏损）
58 美元			
53 美元			
52 美元			
51 美元			
50 美元			
49 美元			

步骤五：制作损益图。根据步骤四计算出来的盈利或亏损，在格子内相应股票价格上方（盈利）或下方（亏损）描点。图 2-2 显示了表 2-2 中获利 4 美元的位置。执行价格为 50 美元，期权价格为 2 美元的看涨期权，到期日价值为 6 美元，则最终盈利 4 美元。

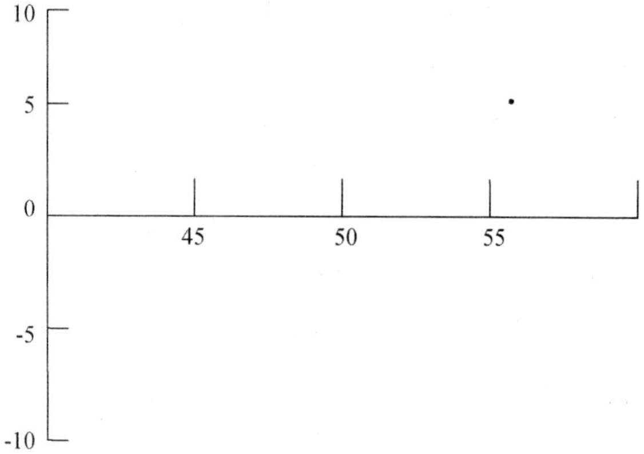

注：以 2 美元的价格购买执行价为 50 美元的看涨期权，
到期日股票价格为 56 美元时，盈利 4 美元。

图 2－2 期权损益示意图

表 2－2 图示中盈利点在表中情况

到期日股票价格	期权费 2 美元，执行价 50 美元的看涨期权多头盈利/（亏损）
58 美元	
57 美元	
56 美元	＋4
55 美元	
54 美元	
53 美元	

步骤六：重复步骤三、四、五直至完成图表。重复步骤三、四、五直至格子图上价格区间内各价格对应的损益情况全部描出。随着各个盈亏点在格子图上描出，一幅完整的损益图就将展现在我们眼前。将这些点连接起来就会形成一条直线，而且一定会是直线，尽管有时候直线的斜率会不尽相同。

2.3 股票多头与空头

这里描绘不带期权的简单股票头寸损益图的原因主要有两个。首先，从熟悉的地方起步总是不错的。其次，本章后面将把股票头寸与期权头寸结合起来组合成更加复杂的交易策略。

图 2－3 显示的是以 50 美元买入股票的交易策略。表 2－3 列出了该交易策略每股的盈亏情况。潜在的结果非常直观：买入股票后，如果股价上涨则会盈利，如果股价下跌则会亏损。图 2－3 中直线上的两点对应着表 2－3 中的 53 美元和 46 美元这两行。如果股票以 53 美元出售会获利 3 美元，而如果股票以 47 美元出售则会出现 3 美元的亏损。图 2－3 中直线的斜率是 1×1——股票价格每变动 1 美元，损益也将变动 1 美元。

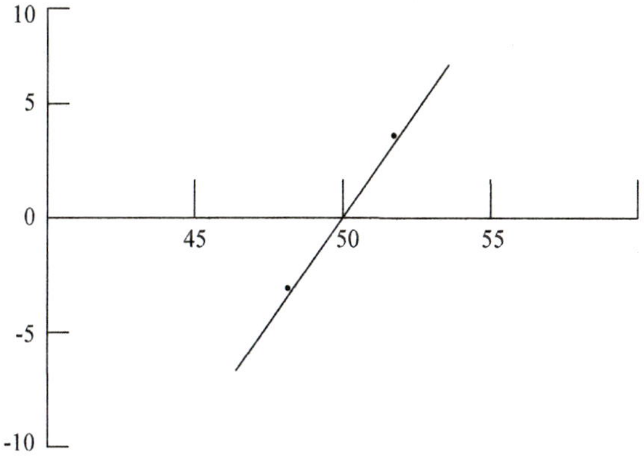

图 2－3　以 50 美元买入的股票头寸

表 2－3　以 50 美元买入的股票头寸的盈亏情况

到期日股票价格	以 50 美元价格建立的股票头寸 盈利/（亏损）
55 美元	＋5
54 美元	＋4
53 美元	＋3

续表

到期日股票价格	以 50 美元价格建立的股票头寸 盈利/（亏损）
52 美元	＋2
51 美元	＋1
50 美元	0
49 美元	－1
48 美元	－2
47 美元	－3
46 美元	－4
45 美元	－5

图 2－4 显示了以 50 美元卖空股票的交易策略。如果股票价格下跌，卖空将获利，而如果股票价格上涨，卖空就会亏损。图 2－4 中直线斜率为－1×1——股票价格每变动 1 美元，损益将反方向变动 1 美元。表 2－4 列出了在一定价格区间内各价格下卖空一只股票的损益情况。

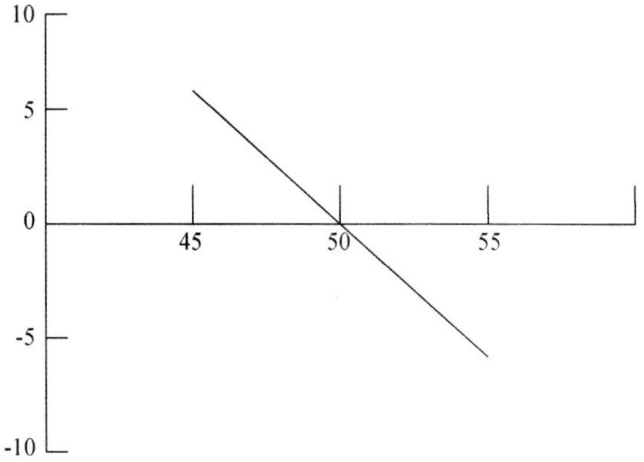

图 2－4　以 50 美元的价格卖空股票

表 2-4 以 50 美元价格卖空股票的盈亏情况

到期日股票价格	以 50 美元价格卖空股票 盈利/（亏损）
55 美元	−5
54 美元	−4
53 美元	−3
52 美元	−2
51 美元	−1
50 美元	0
49 美元	+1
48 美元	+2
47 美元	+3
46 美元	+4
45 美元	+5

2.4 基本期权交易策略图

我们现在开始探讨期权交易策略。我们将详细介绍四种基本期权交易策略的损益情况。在解释了每一种损益图之后，我们将讨论每种策略的重要价位点和策略特征。在建立每种期权头寸时我们都假定股票价格为 50 美元。

2.4.1 看涨期权多头分析

● 交易策略：看涨期权多头

例子：买入看涨期权，执行价格为 50 美元，期权费为 3 美元。

（1）完整描述即将开始的交易，以 3 美元的价格买入执行价为 50 美元的看涨期权。

（2）开始画格子，如图 2-1 所示。

（3）选择一只股票价格并计算在到期日的期权价值。如果在到期日股票价格还是 50 美元，则执行价格为 50 美元的看涨期权价值为 0。

期望的价格行为：看涨。只有到期日时股票价格高于53美元才能获利。

2.4.2 看涨期权空头分析

● 交易策略：看涨期权空头

例子：卖出看涨期权，执行价格为50美元，期权费为3美元。

（1）完整描述即将开始的交易。以3美元的价格卖出执行价为50美元的看涨期权。

（2）开始画格子。如图2－1所示。

（3）选择一只股票价格并计算在到期日的期权价值。如果在到期日股票价格还是50美元，则执行价格为50美元的看涨期权价值为0。

（4）计算盈利或亏损。盈利3美元（期权价格3美元减去期权价值0美元等于盈利3美元）。

（5）制作损益图。图2－6A用点表示了股票价格为50美元时，盈利3美元的位置。

（6）重复步骤三、四、五直至完成图表。表2－6显示了一定价格区间内（44～55美元）各价格下期权交易对应的盈亏情况。图2－6B中描出了另外一个点，该点表示股票价格在55美元时亏损为2美元。在图2－6C中又另外描出了股票价格分别为53美元、49美元和48美元时，期权盈亏情况所对应的点。图2－6D展示了完整的损益图。

表2－6 期权费3美元、执行价50美元的看涨期权空头盈亏情况表

到期日股票价格	期权费3美元、执行价50美元的看涨期权空头盈利/（亏损）	到期日股票价格	期权费3美元、执行价50美元的看涨期权空头盈利/（亏损）
55美元	－2	49美元	＋3
54美元	－1	48美元	＋3
53美元	0	47美元	＋3
52美元	＋1	46美元	＋3
51美元	＋2	45美元	＋3
50美元	＋3	44美元	＋3

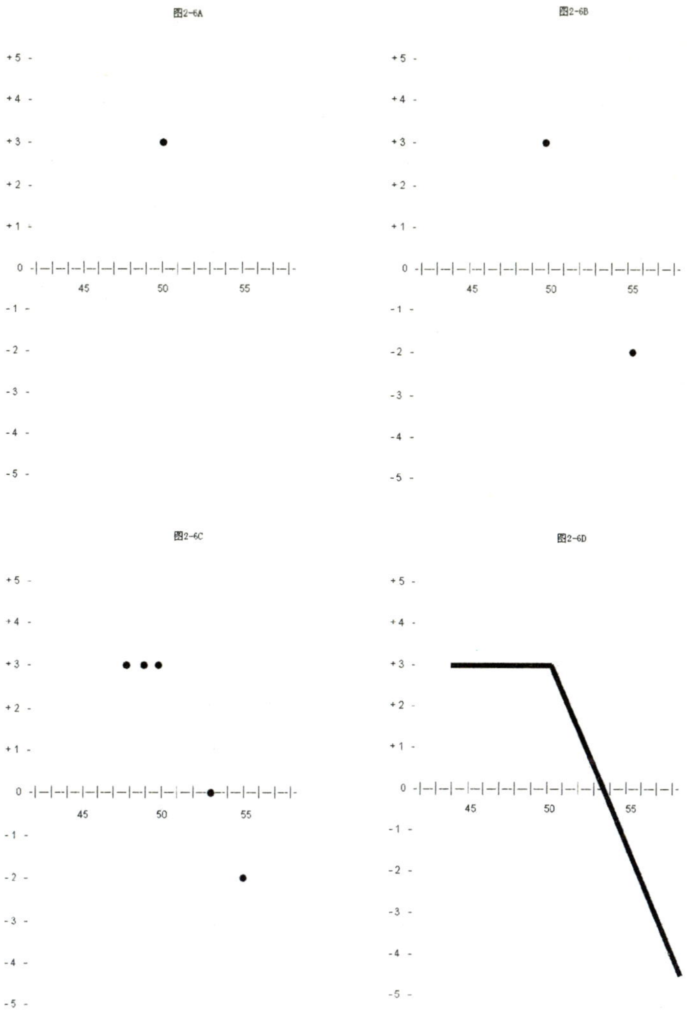

图 2－6　期权费 3 美元、执行价 50 美元的看涨期权空头

● 看涨期权空头的特征

盈亏平衡点：53 美元是卖出期权的期权费与执行价之和。本例中为 50＋3＝53 美元。

最大风险：理论上，看涨期权卖方的风险无限大。随着股票价格上涨，执行价为 50 美元的看涨期权价值也上涨，而看涨期权空头的损失也相应增加。

潜在收益：获利潜力有限，最大盈利为 3 美元/股。无论股票价格下跌多少，在到期日期权价值也只会下跌到 0，这样期权卖方只能每股盈利 3 美元或每张期权合约盈利 300 美元。

价内期权时创建的头寸：如果到期日股票价格高于执行价格，则看涨期权空头变为股票空头（在到期日损益图中，假定所有价内看涨期权空头都会转让）。

投资风险收益权衡：此类期权有两个优点。首先，期权的盈亏平衡点是 53 美元，比股票的盈亏平衡点 50 美元要高。其次，期权有到期时间，而股票空头在理论上可以永远存在下去，并随时可能导致亏损。但此类期权的缺点是其潜在最大盈利仅为每股 3 美元，而若做空股票，当股票价格下跌为 0 时，投资者在理论上可以获取所有下跌段的利润。

期望的价格行为：从看平到看跌。在中性市场上获利潜力比较明显，因为这种期权交易策略的盈利不能单独通过股票实现。

2.4.3 看跌期权多头分析

- 交易策略：看跌期权多头

例子：买入看跌期权，执行价格为 50 美元，期权费为 3 美元。

（1）完整描述即将开始的交易。以 2 美元的价格买入执行价为 50 美元的看跌期权。

（2）开始画格子。如图 2-1 所示。

（3）选择一只股票价格并计算在到期日的期权价值。如果在到期日股票价格还是 50 美元，则执行价格为 50 美元的看跌期权价值为 0。

（4）计算盈利或亏损。亏损 2 美元（期权价值 0 减去期权价格 2 美元等于亏损 2 美元）。

（5）制作损益图。图 2-7A 用点表示了股票价格为 50 美元时，亏损 2 美元的位置。

（6）重复步骤三、四、五直至完成图表。表 2-7 显示了一定价格区间内（44～55 美元）各价格下期权交易对应的盈亏情况。图 2-7B 中描出了另外一个点，该点表示股票价格在 46 美元时盈利为 2 美元。在图 2-7C 中又另外描出了股票价格分别为 53 美元、49 美元和 48 美元时，期权盈亏情况所对应的点。图 2-7D 展示了完整的损益图。

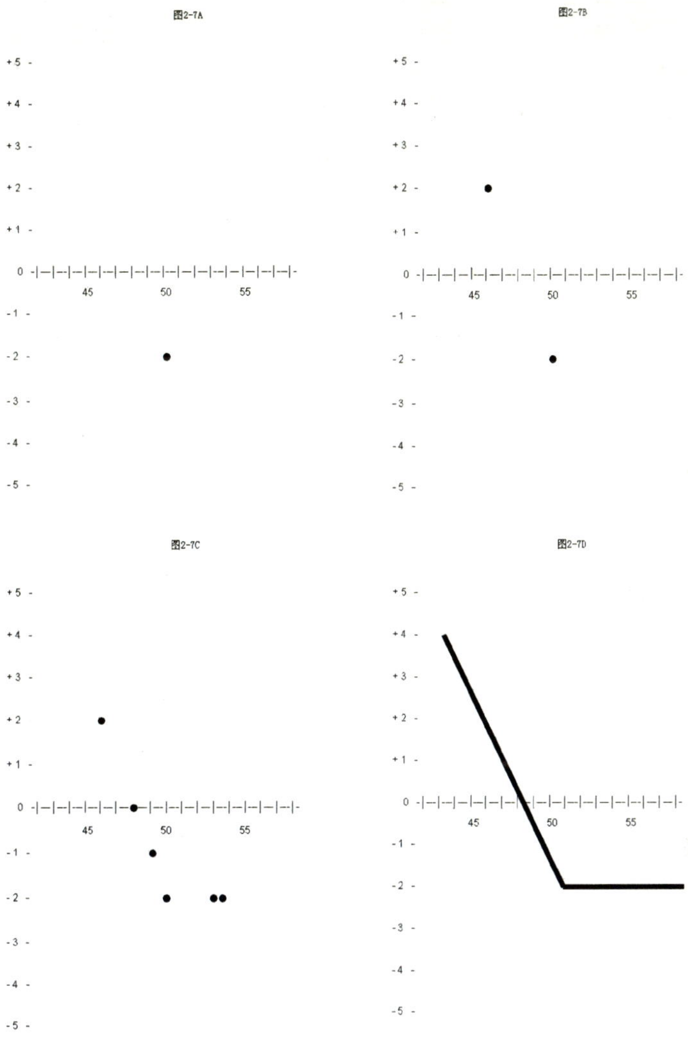

图 2-7 期权费 2 美元、执行价 50 美元的看跌期权多头

表 2-7　期权费 2 美元、执行价 50 美元的看跌期权多头盈亏情况表

到期日股票价格	期权费 2 美元、执行价 50 美元的看跌期权多头盈利/（亏损）	到期日股票价格	期权费 2 美元、执行价 50 美元的看跌期权多头盈利/（亏损）
55 美元	－2	49 美元	－1
54 美元	－2	48 美元	0
53 美元	－2	47 美元	＋1
52 美元	－2	46 美元	＋2
51 美元	－2	45 美元	＋3
50 美元	－2	44 美元	＋4

● 看跌期权多头的特征

盈亏平衡点：48 美元是执行价减去买入期权的期权费之差。本例中为 50－2＝48 美元。

最大风险：最大风险为 2 美元/股，不管股票价格上涨多少，买入执行价格为 50 美元的看跌期权的最大损失就是买入期权所支付的期权费。

潜在收益：理论上最大潜在收益为 48 美元，因为股票价格不可能跌到 0 以下。

价内期权时创建的头寸：如果到期日股票价格低于执行价格，则看跌期权多头变为股票空头（在到期日损益图中，假定所有价内看跌期权多头都会行权）。

投资风险收益权衡：此类期权的优点是风险锁定在每股股票的最大风险不超过 2 美元。这比直接做空股票好，因为做空股票风险无限。但此类期权也存在两个缺点：①期权的盈亏平衡点是 48 美元，而做空股票的盈亏平衡点是 50 美元；②期权仅在有限时间内有效，而股票空头则无到期日限制。

期望的价格行为：看跌。只有到期日时股票价格低于 48 美元才能获利。

2.4.4　看跌期权空头分析

● 交易策略：看跌期权空头

例子：卖出看跌期权，执行价格为 50 美元，期权费为 2 美元。

（1）完整描述即将开始的交易。以 2 美元的价格卖出执行价为 50 美元的看跌

期权。

（2）开始画格子。如图 2－1 所示。

（3）选择一只股票价格并计算在到期日的期权价值。如果在到期日股票价格还是 50 美元，则执行价格为 50 美元的看跌期权价值为 0。

（4）计算盈利或亏损。盈利 2 美元（期权价格 2 美元减去期权价值 0 美元等于盈利 2 美元）。

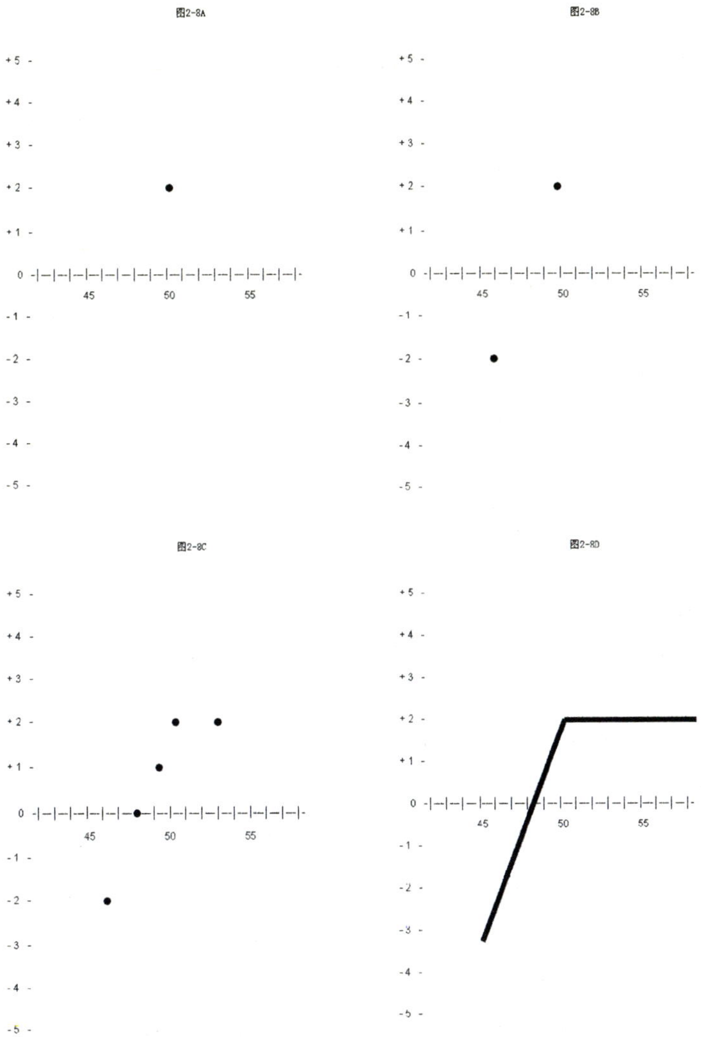

图 2－8　期权费 2 美元、执行价 50 美元的看跌期权空头

（5）制作损益图。图 2－8A 用点表示了股票价格为 50 美元时，盈利 2 美元的位置。

（6）重复步骤三、四、五直至完成图表。表 2－8 显示了一定价格区间内（44～55 美元）各价格下期权交易对应的盈亏情况。图 2－8B 中描出了另外一个点，该点表示股票价格在 46 美元时亏损为 2 美元。在图 2－8C 中又另外描出了股票价格分别为 53 美元、49 美元和 48 美元时，期权盈亏情况所对应的点。图 2－8D 展示了完整的损益图。

表 2－8　期权费 2 美元、执行价 50 美元的看跌期权空头盈亏情况表

到期日股票价格	期权费 2 美元、执行价 50 美元的看跌期权空头盈利/（亏损）	到期日股票价格	期权费 2 美元、执行价 50 美元的看跌期权空头盈利/（亏损）
55 美元	＋2	49 美元	＋1
54 美元	＋2	48 美元	0
53 美元	＋2	47 美元	－1
52 美元	＋2	46 美元	－2
51 美元	＋2	45 美元	－3
50 美元	＋2	44 美元	－4

● 看跌期权空头的特征

盈亏平衡点：48 美元是执行价减去卖出期权的期权费之差。本例中为 50－2＝48 美元。

最大风险：理论上，看跌期权卖方的最大风险限于 48 美元，因为股票价格不可能跌到 0 以下。

潜在收益：获利潜力有限，最大盈利为 2 美元/股。无论股票价格上涨多少，在到期日期权价值也只会下跌到 0，这样期权卖方只能每股盈利 2 美元或每张期权合约盈利 200 美元。

价内期权时创建的头寸：如果到期日股票价格低于执行价格，则看跌期权空头变为股票多头（在到期日损益图中，假定所有价内看跌期权空头都会转让）。

投资风险收益权衡：此类期权有两个优点。48 美元的盈亏平衡点比做空股票要低，而且期权的存续期有限。不利之处在于其获利潜力有限。这一缺点只是相对于直接买入股票而言，因为直接买入股票的获利潜力是无限的。

期望的价格行为：从看平到看涨。这是又一例在中性市场上也能赚钱的期权交易策略（头一例指的是看涨期权空头）。

2.5 复合交易策略介绍

能够熟练画出上述六种交易策略的损益图，即股票多头或空头、看涨期权多头或空头以及看跌期权多头或空头，对于理解下面的内容是非常必要的。下一步我们将把两种基本的交易策略结合起来以创造更加高级的交易策略，这样既增加了我们的投资选择，也扩大了可达到的投资目标范围。

首先介绍看涨期权和看跌期权构成的组合：多头跨式期权交易，然后介绍两种由股票和期权混合构成的组合：股票多头加看跌期权多头，这种组合也被称为"配对看跌期权策略"，以及股票多头加看涨期权空头，这种组合也被称为"有保护的看涨期权"。以上三种交易策略将会像前面分析六种基本策略一样进行画图分析。

2.5.1 多头跨式期权交易分析

● 交易策略：多头跨式期权交易

例子：买入1手看涨期权，执行价格为50美元，期权费为3美元；同时，买入1手看跌期权，执行价格为50美元，期权费为2美元。

(1) 完整描述即将开始的交易。以3美元的期权价格买入1手执行价为50美元的看涨期权，同时以2美元的期权价格买入1手执行价为50美元的看跌期权。

(2) 开始画格子。为复合交易策略画格子的过程与单个期权交易策略相同。如图2-1所示。

(3) 选择一只股票价格并计算每个期权在到期日的期权价值。如果在到期日股票价格还是50美元，则执行价格为50美元的看涨期权和看跌期权的价值均为0。

(4) 计算每个期权的盈利或亏损并加总。

总亏损为5美元：

看涨期权：期权价值0减去期权价格3美元等于亏损3美元；

看跌期权：期权价值 0 减去期权价格 2 美元等于亏损 2 美元；

总盈亏：看涨期权亏损 3 美元加上看跌期权亏损 2 美元等于总亏损 5 美元。

（5）制作损益图。图 2－9A 用点表示了股票价格为 50 美元时，亏损 5 美元的位置。

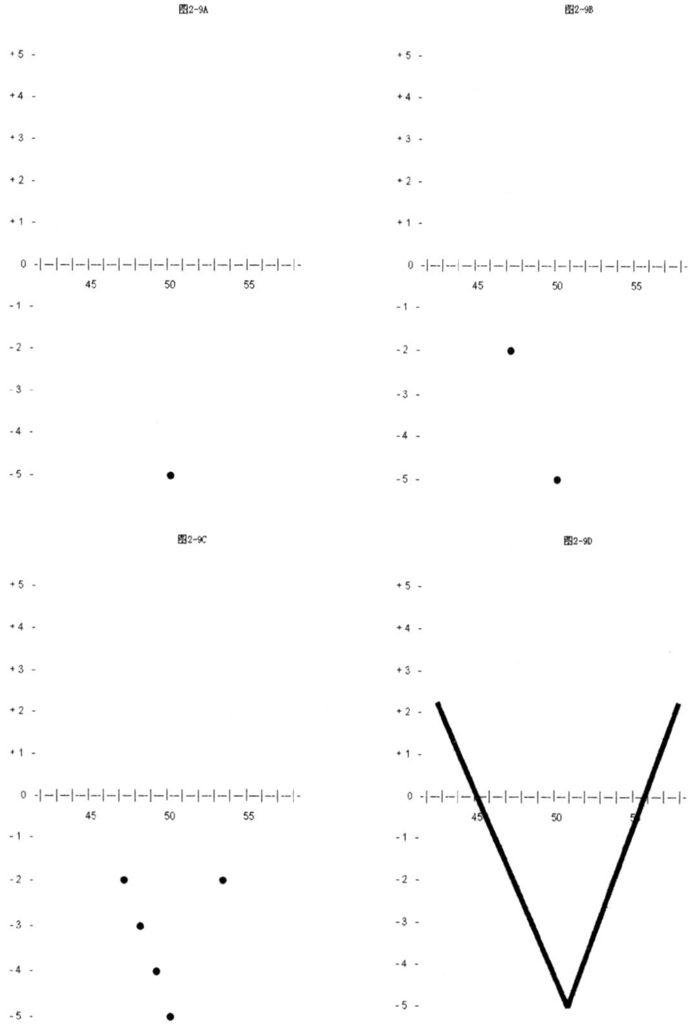

图 2－9　期权费 5 美元、执行价 50 美元的多头跨式期权

（6）重复步骤三、四、五直至完成损益图。表 2－9 显示了一定价格区间内

(44～55 美元) 各价格下期权交易对应的盈亏情况。图 2-9B 中描出了另外一个点，该点表示股票价格在 47 美元时亏损为 2 美元。在图 2-9C 中又另外描出了股票价格分别为 53 美元、49 美元和 48 美元时，期权盈亏情况所对应的点。图 2-9D 展示了完整的损益图。

表 2-9　期权费 5 美元、执行价 50 美元的多头跨式期权交易盈亏情况表

到期日股票价格	看涨多头执行价 50 美元盈利/(亏损)	看跌多头执行价 50 美元盈利/(亏损)	总盈利/(亏损)	到期日股票价格	看涨多头执行价 50 美元盈利/(亏损)	看跌多头执行价 50 美元盈利/(亏损)	总盈利/(亏损)
55 美元	+2	−2	0	49 美元	−3	−1	−4
54 美元	+1	−2	−1	48 美元	−3	0	−3
53 美元	0	−2	−2	47 美元	−3	+1	−2
52 美元	−1	−2	−3	46 美元	−3	+2	−1
51 美元	−2	−2	−4	45 美元	−3	+3	0
50 美元	−3	−2	−5	44 美元	−3	+4	+1

● 多头跨式期权的特征

盈亏平衡点：45 美元和 55 美元这是第一个含有两个盈亏平衡点的例子。在此例中，较高平衡点等于执行价与总期权费之和，而较低平衡点等于执行价减去总期权费。

最大风险：最大风险仅限于所支付的总期权费 5 美元。如果在到期日股票价格等于执行价格，那么两个期权的到期日价值均为 0。

潜在收益：获利潜力无限。如果在到期日股票价格高于 55 美元或低于 45 美元，则投资者都会获利。

价内期权时创建的头寸：根据到期日时股价的变动情况，投资者可能变成股票多头，也可能变成股票空头。如果股票价格高于执行价格，执行看涨期权多头，此时投资者成为股票多头；如果到期日股票价格低于执行价格，则执行看跌期权多头，此时投资者成为股票空头。

投资风险收益权衡：该期权交易的优点是，无论股票向哪个方向变动投资者都有可能获利，当然，此优点只是相对于单纯买入看涨期权或看跌期权而言。但此交易策略也有两个缺点：①成本包括两个期权费；②与单个期权交易策略相比，盈亏平衡点离执行价较远。

期望的价格行为：股价向上或向下大幅波动。该策略也被称为“高波动策略”，因为投资者希望股票大幅波动，而不论波动的方向如何。

2.5.2 配对看跌期权交易分析

● 交易策略：股票多头加看跌期权多头组合（配对看跌期权）

例子：以 50 美元买入股票，同时买入看跌期权，执行价格为 50 美元，期权费为 2 美元。

（1）完整描述即将开始的交易。以 50 美元的价格买入股票，同时买入期权费为 2 美元、执行价为 50 美元的看跌期权。

（2）开始画格子，如图 2－1 所示。

（3）选择一只股票价格并计算每种证券在到期日的价值。如果在到期日股票价格还是 50 美元，则股票价值为 50 美元，执行价格为 50 美元的看跌期权价值为 0。

（4）计算每种证券的盈利或亏损并加总。

总亏损为 2 美元：

股票：股票价值 50 美元减去购买价格 50 美元等于盈利 0 美元；

看跌期权：期权价值 0 减去期权价格 2 美元等于亏损 2 美元；

总盈亏：股票盈利 0 美元加上看跌期权亏损 2 美元等于总亏损 2 美元。

（5）制作损益图。图 2－10A 用点表示了股票价格为 50 美元时，亏损 2 美元的位置。

（6）重复步骤三、四、五直至完成损益图。表 2－10 显示了一定价格区间内（44～55 美元）各价格下该交易策略对应的盈亏情况。图 2－10B 中描出了另外一个点，该点表示股票价格在 53 美元时盈利为 1 美元。在图 2－10C 中又另外描出了股票价格分别为 54 美元、49 美元和 48 美元时，该交易策略盈亏情况所对应的点。图 2－10D 展示了完整的损益图。

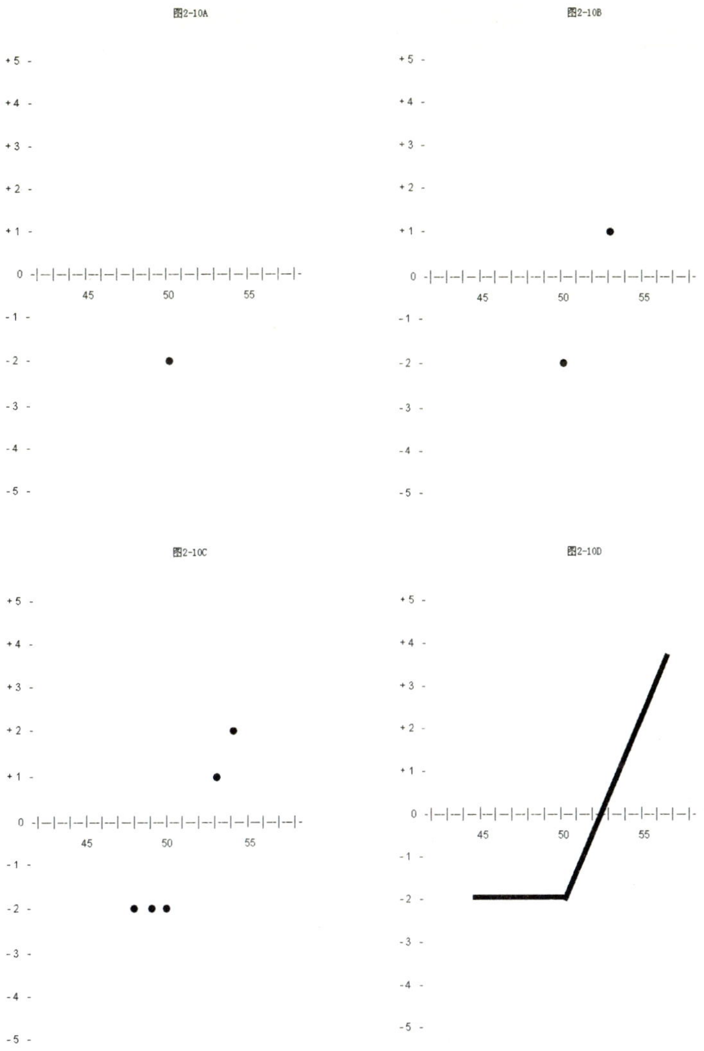

图 2-10　成交价 50 美元的股票多头与期权费 2 美元、执行价 50 美元的看跌期权多头组合（配对看跌期权）

表 2-10 成交价 50 美元的股票多头与期权费 2 美元、执行价 50 美元的看跌期权多头组合交易盈亏情况表

到期日股票价格	股票多头盈利/（亏损）	看跌多头执行价 50 美元盈利/（亏损）	总盈利/（亏损）	到期日股票价格	股票多头盈利/（亏损）	看跌多头执行价 50 美元盈利/（亏损）	总盈利/（亏损）
55 美元	+5	−2	+3	49 美元	−1	−1	−2
54 美元	+4	−2	+2	48 美元	−2	0	−2
53 美元	+3	−2	+1	47 美元	−3	+1	−2
52 美元	+2	−2	0	46 美元	−4	+2	−2
51 美元	+1	−2	−1	45 美元	−5	+3	−2
50 美元	0	−2	−2	44 美元	−6	+4	−2

● 配对看跌期权交易的特征

盈亏平衡点：52 美元是买入看跌期权的期权费与股票购买价格之和。在此例中，盈亏平衡点为 50+2=52 美元。

最大风险：每股 2 美元。本例中最大可能损失就是所支付的期权费。如果股票价格等于或低于执行价格，本例为 50 美元，则会执行看跌期权而卖出股票，其结果是股票交易盈亏平衡而只损失看跌期权的期权费 2 美元。

潜在收益：获利潜力无限。如果在到期日股票价格高于 52 美元，则投资者就会获利。

价内期权时创建的头寸：无头寸。如果股票价格在到期日低于执行价格，那么看跌期权就会被行权，而股票会被卖出。

投资风险收益权衡：该交易策略的优点是风险仅限于每股 2 美元。当然，此优点是相对于单纯买入股票而言，因为单纯做多股票在理论上要面临股票价格下降为 0 的风险。但此交易策略也有两个缺点：①盈亏平衡点 52 美元要高于股票多头 50 美元的盈亏平衡点；②看跌期权提供的保护期相对有限。

期望的价格行为：看涨。如果在到期日股票价格高于 52 美元，该交易策略就能获利。该价格等于股票购买价格加上看跌期权的期权费。

2.5.3 有保护的看涨期权交易分析

● 交易策略：股票多头加看涨期权空头组合（有保护的看涨期权）

例子：以 50 美元买入股票，同时卖出看涨期权，执行价格为 50 美元，期权费为 3 美元。

（1）完整描述即将开始的交易。以 50 美元的价格买入股票，同时卖出期权费为 3 美元、执行价为 50 美元的看涨期权。

（2）开始画格子，如图 2－1 所示。

（3）选择一只股票价格并计算每种证券在到期日的价值。如果在到期日股票价格还是 50 美元，则股票价值为 50 美元，执行价格为 50 美元的看涨期权价值为 0。

（4）计算每种证券的盈利或亏损并加总。

总盈利为 3 美元：

股票：股票价值 50 美元减去购买价格 50 美元等于盈利 0 美元；

看涨期权：卖出期权价格 3 美元减去期权价值 0 美元等于盈利 3 美元；

总盈亏：股票盈利 0 美元加上看涨期权盈利 3 美元等于总盈利 3 美元。

（5）制作损益图。图 2－11A 用点表示了股票价格为 50 美元时，盈利 3 美元的位置。

（6）重复步骤三、四、五直至完成损益图。表 2－11 显示了一定价格区间内（44～55 美元）各价格下该交易策略对应的盈亏情况。图 2－11B 中描出了另外一个点，该点表示股票价格在 48 美元时盈利为 1 美元。在图 2－11C 中又另外描出了股票价格分别为 53 美元、49 美元和 46 美元时，该交易策略盈亏情况所对应的点。图 2－11D 展示了完整的损益图。

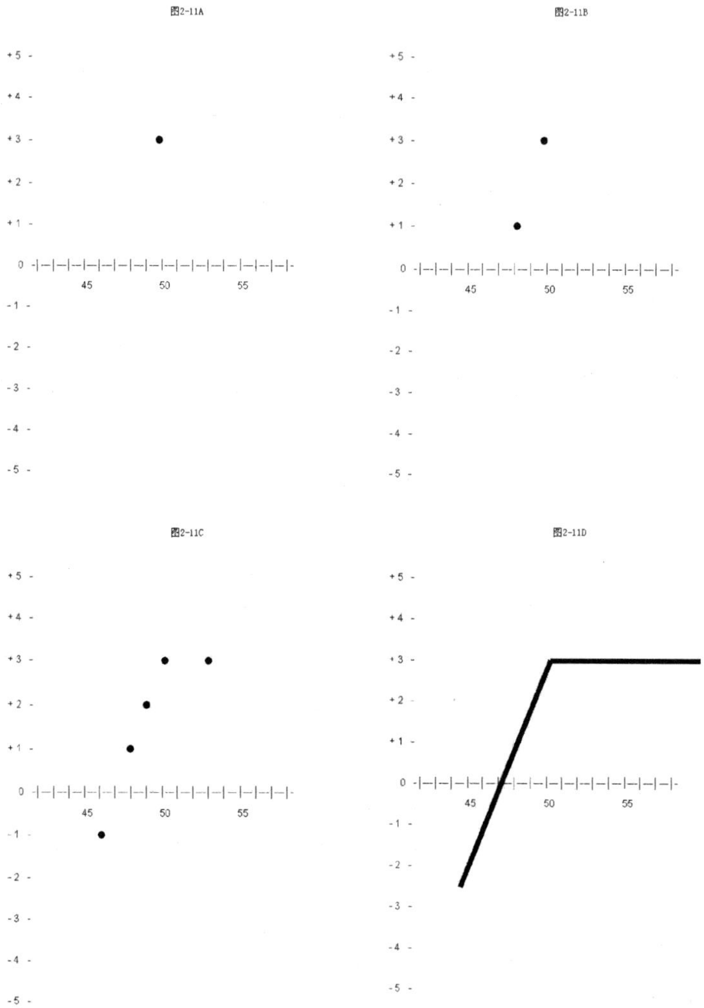

图 2－11　成交价 50 美元的股票多头与期权费 3 美元、执行价 50 美元的看涨期权空头组合（有保护的看涨期权空头）

表 2-11 成交价 50 美元的股票多头与期权费 3 美元、执行价 50 美元的看涨期权空头组合交易盈亏情况表

到期日股票价格	股票多头盈利/（亏损）	看涨空头执行价 50 美元盈利/（亏损）	总盈利/（亏损）	到期日股票价格	股票多头盈利/（亏损）	看涨空头执行价 50 美元盈利/（亏损）	总盈利/（亏损）
55 美元	+5	−2	+3	49 美元	−1	+3	+2
54 美元	+4	−1	+3	48 美元	−2	+3	+1
53 美元	+3	0	+3	47 美元	−3	+3	0
52 美元	+2	+1	+3	46 美元	−4	+3	−1
51 美元	+1	+2	+3	45 美元	−5	+3	−2
50 美元	0	+3	+3	44 美元	−6	+3	−3

● 有保护的看涨期权交易的特征

盈亏平衡点：47 美元，即股票购买价格减去卖出看涨期权获得的期权费之差。在此例中，盈亏平衡点为 50－3＝47 美元。

最大风险：最大风险限于 47 美元，因为股票价格不可能跌到 0 以下。

潜在收益：潜在最大收益为 3 美元。如果在到期日股票价格高于执行价格，则看涨期权空头将被转让，股票被卖出。有保护的看涨期权空头的最大潜在盈利等于股票的购买价格与看涨期权的执行价加上期权费之差。

价内期权时创建的头寸：无头寸。如果股票价格在到期日高于执行价格，那么看涨期权空头就会被行权，而股票会被卖出。

投资风险收益权衡：该交易策略具有两个优点：①盈亏平衡点 47 美元低于股票多头盈亏平衡点 50 美元；②看涨期权空头存续期有限。该交易策略的不利之处在于潜在最大盈利不超过 3 美元，而直接做股票多头交易的潜在盈利是无限的。

期望的价格行为：从看平到看涨。如果股票价格高于 47 美元都可给投资者带来盈利。

2.6 本章小结

熟练制作到期日损益图的能力很重要，因为它能帮助投资者理解期权投资和交易的潜在风险和收益。损益图的制作可以分为六个步骤：完整描述将要开始的交易，开始画格子，选择一只股票价格并计算在到期日每个期权的价值，计算盈利或亏损，选择股票价格并根据价格对应的盈利或亏损，在格子内相应价格上描点，最后重复步骤三、四、五至价格区间内各价格对应的损益点全部描出。

六个基本交易策略是：股票多头与空头[①]，看涨期权多头与空头，看跌期权多头与空头。这些基本策略可组合成更复杂的交易策略。

当期权损益图制作完成，投资者需从如下几个方面分析期权交易策略：到期日盈亏平衡点；策略的最大风险，风险可能有限，也可能无限；潜在盈利，同样，盈利可能有限，也可能无限；到期日价内期权时创建的头寸；最后，投资策略风险收益权衡。投资风险收益权衡是指对每一种交易策略而言，总是具有相对的优点和缺点的。理解每种交易策略的优缺点，就可以对不同策略进行比较，从而有助于做出投资决策。

① 卖空伴随着借入股票卖出；“空头头寸”需买入股票进行平仓并将股票归还借出者。做空机制由经纪公司提供。

第3章　期权的价值

3.1　引言

期权的价值是显而易见的。它和另一个几乎人人都会购买的金融产品有很多相似之处。本章我们将对期权的估值及其决定因素进行总述，下一章将详细分析为什么期权的价格会发生变化及其变化特征。

3.2　概念化方法

看个简单的股票市场的例子就可以清楚了解期权的价值，并简单地阐明期权具有正价值。考虑这样一种情形，某只股票当前价格为 100 美元，有 50%的可能上涨到 105 美元，但也有 50%的可能下跌到 95 美元。同时假设利率为 0，因此时间变得不重要了。基于以上假设，那么问题来了：执行价为 100 美元的看涨期权的“期望价值”是多少？图 3－1 对此情形进行了描绘。

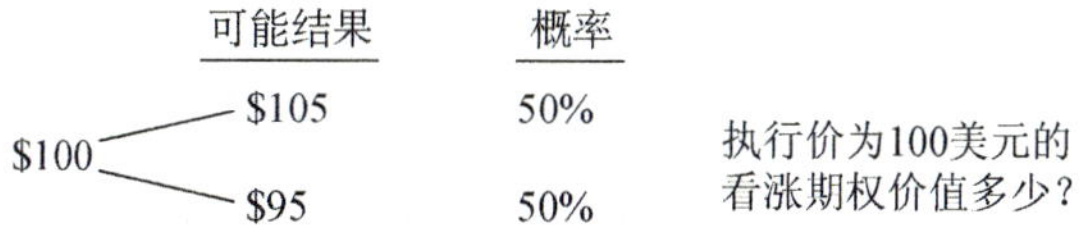

图 3－1　简化的结果范围

期权的期望价值是这两种可能结果的均值，其结果可能会令读者感到吃惊。如图 3－2 所示，可以分两步计算出结果：首先，用每种结果与其对应的概率相乘，得出这种结果的期望值；其次，把每一种期望结果的值相加得到总的期望结果，即为此例中的期权期望价值。

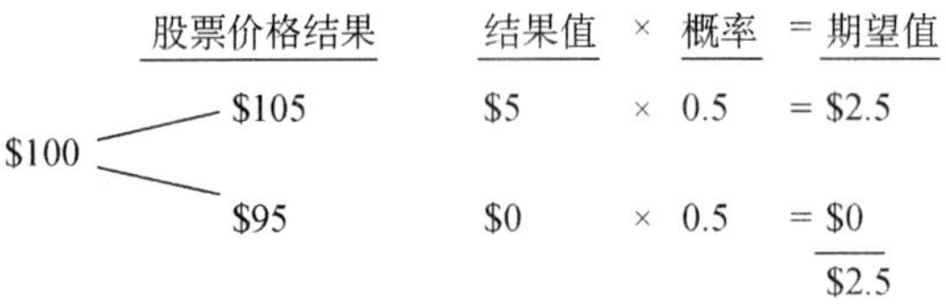

图 3－2　执行价为 100 美元的看涨期权的期望价值

如果股票价格上涨到 105 美元，执行价为 100 美元的看涨期权的价值就为 5 美元；如果股票价格下跌到 95 美元，则执行价为 100 美元的看涨期权的价值就为 0，到期终止。因此，执行价为 100 美元的看涨期权有 50％的概率价值为 5 美元，还有 50％的概率其价值为 0。这样，如图 3－2 所示，执行价为 100 美元的看涨期权的期望价值就为 2.5 美元（（0.5×5）＋（0.5×0））。

上述过程与保险精算师确定保单保费的过程类似。举个最简单的例子，如果一间房屋被烧毁的可能性为 1％，则保险公司向房主以房屋价值的 1％收取年度保费，外加费用补偿和一定利润加成。实际上，股票期权就像保单一样！一份保单的主要构成要素包括资产价值、免赔额、时间、利率和风险。

小贴士　期权类似于保单。

保险标的的价值直接影响保单价格。在其他条件相同的情况下，保险标的价值越高，保险费就越高。然而，免赔额对保险费的影响是相反的——免赔额越大，保险费越低。时间也直接影响保险费的大小：保险时间越长，保险成本越大。利率也是影响保单价格的一个因素，因为保险公司要将其收到的保费进行投资。理论上讲，如果利率上升，则保费下降，因为投资增加的收入会以降低保费的形式返还给保单持有人。因此，利率对保险费的影响也是反向的。影响保险费的最后一个因素是风险，风险对保险费的影响十分直接：风险越高，保险费也越高。

期权价值的构成要素与影响保险费的因素是直接对应的。表 3－1 把期权价格和保险费的对应情况进行了总结。

表 3-1 期权价格与保险费的构成要素

保单	期权
资产价值	股票价格
免赔额	执行价
时间	时间
利率	利率和红利
风险	波动性
=保费	=期权费

3.2.1 股票价格（资产价值）

股票价格对应保险的资产价值。同等条件下，资产越贵，保险成本越高。同样，股票价格越高，该股票期权的价格越高。

3.2.2 执行价格（免赔额）

股票价格与执行价格之间的差额与保单中的免赔额相对应。免赔额很小或者没有免赔额的保单比有较大免赔额的保单贵很多。平价期权就类似于没有免赔额的保单（股票价格－执行价格=0）。而价外期权则类似于有免赔额的保单：损失的第一部分由被保险人自己承担（在期权策略下，指股票持有者）。当损失超过免赔额时，保险单才开始起作用。在期权中，“承保范围”或“保障”是期权的内在价值，当股票价格远离期权执行价时，其内在价值也会增长。

3.2.3 时间（时间）

时间对期权价值有直接影响，这跟时间对保单的影响是一样的：到期时间越长，期权价值越高。

3.2.4 利率和红利（利率）

由于资金时间价值的作用，利率和红利也是影响期权价值的重要因素。例如，如果看涨期权的价格低于股票购买成本的利息，那么对于股票投资者而言，买国债和看涨期权比买股票还更加有利。因此，随着利率和红利的变化，期权市场也会调整期权价格。

红利也影响期权价格，但期权新手经常难以理解这种影响。从本质上看，红利相当于股票支付的利息。同等条件下，支付红利的股票比不支付红利的股票对投资者更有吸引力。因此，同等条件下，支付红利的股票看涨期权比不支付红利的股票看涨期权的价值要低些。因为随着红利的上升，看涨期权的价值下降，而看跌期权的价值上升。当学习了第 11 章的计算机程序 Op-Eval4 后，这个概念会更加容易理解。

3.2.5 波动性（风险）

"风险"在股票市场被称为"波动性"。在正常的交易过程中，股票价格总是在上下波动的。股票价格波动越大，股票风险越大，因此，这种股票的期权越贵。

波动性是一个很重要的概念，需要做进一步解释。股票价格的波动程度可以从两个方面进行度量：价格变动的方向和价格变动的幅度。波动性只度量股票价格的变动幅度而不考虑其变动方向。换句话说，波动性关心的是价格波动多少，而不考虑其是上涨还是下跌。在计算期权价格的数学公式中，波动性通常用百分比来表示，如 15％或 20％。在风险管理术语中，这个百分比是股票日收益的年化标准差。虽然此定义可能会吓到一些没有什么数学基础的人，但我们也可只对波动性做直观理解。对大多数投资者而言，考虑波动性的目的是为了直观地理解股票的波动程度并将自己的理解融入投资决策当中。

3.2.6 波动率的改变

现在，我们再次回顾一下图 3－1 和图 3－2 中简单的两种结果模型。不过，这次我们将把可能的结果变为 110 美元和 90 美元，并重新计算执行价格为 100 美元的看涨期权的期望价值（图 3－3）。

如图 3－3 所示，可能结果间差额的扩大使得看涨期权的期望价值从图 3－2 中的 2.5 美元增加到 5 美元。股票价格变动范围的扩大就是波动性增加的最简单表现，而这会导致期权价值上升。

当然，证券市场远比图 3－2 和图 3－3 的例子要复杂得多。虽然股票价格间的差可能是无限的，但我们可以运用一个通常被称为"钟形曲线"的统计工具来进行分析。期权波动率一般用百分比表示，如 10％、20％等。这些数据就描述了

	股票价格结果	结果值	×	概率	=	期望值
$100	$110	$0	×	0.5	=	$5
	$90	$10	×	0.5	=	$0
						$5

图 3-3　扩大的结果范围

钟形曲线的形状。本书不对数学计算进行深入详细地讨论，投资者只需知道波动率百分比是股票日收益的年化标准差就可以了。波动率百分比较低意味着股价波动较小，用统计术语来说就是大多数结果都比较靠近均值。而较高的波动率百分比意味着更多的结果离均值较远。

虽然这并非一个完美的类比，但期权价格的波动因素有时会与股票的市盈率（P/E）进行比较。为什么有些股票在高市盈率交易，而另一些股票的市盈率较低？典型回答是：“市场认为高市盈率股票有更高的增长潜力”。那么为什么市盈率会发生变化呢？“因为市场改变了看法”。在期权市场上，期权价格的波动因素就是关于股价大幅变动的可能性的“市场看法”——可能上涨也可能下跌。如果期权价格的波动率较低，那么就说明“市场认为”股价发生大幅波动的可能性较小。而如果期权波动率较高，那么说明“市场认为”股价可能会出现大幅波动。

期权价格的波动率所反映的“市场看法”能保证股价是大幅波动还是小幅波动吗？当然不能！市场不仅会“改变看法”，而且市场还会出错。就拿市盈率来说，市场所确定的某只股票的市盈率并一定能够准确反映该公司的盈利增长情况。同样，期权价格的波动率肯定不能明确显示股票价格是否会将大幅变动。

波动率这个概念需要投资者花时间去理解和适应。期权新手应该有耐心，也应该提醒自己不要被懂得波动率的有经验的期权交易者所吓倒。知道自己哪儿不懂而又能不耻下问，任何人都能够理解波动率这个概念。

3.3　对保险类比的总结

本章将期权价值的构成要素与保险费的决定因素做了类比。波动率这一复杂的概念与保单的风险相对应。作为保险类比的总结，可能有人会问：“如果期权就是保单，那么它们保障什么？”对看跌期权而言，答案是明显的：看跌期权对股票进行保险。给股票买一个看跌期权就好比给你的房子买一份保险。

小贴士 看跌期权的保险标的是股票。

那么，看涨期权的保险标的又是什么呢？答案是现金。看涨期权保证现金积蓄不错失市场上涨的机会。当投资对象是国库券（或其他类似于现金的投资品），资本没有损失的风险。但是这里有机会风险，即错失市场上涨的风险。投资者用总资本中很小的一部分买入看涨期权，并将剩下的资本投资于国库券，当股票价格超过盈亏平衡点时，将分享股票价格的上涨。这里潜在的损失是买入看涨期权的期权费，但与将全部资金投资到市场中相比，这只是总资本中很有限的一部分。

小贴士 看涨期权的保险标的是现金。

当将期权视为同保险类似的产品时，投资者可能就会对期权有了不同的认识。他们会以全新的视野来审视期权。当然，在房地产市场，个人还是只能购买保险。但在股票市场，个人可以像买保险（买入期权）那样容易地去卖保险（卖出期权）。对个人股票投资者而言，买保险和卖保险都有充足的理由。而具体选择哪种策略则取决于投资者对市场的看法、投资目标和风险偏好程度。这些问题将在后面解释投资交易策略的章节中进行详细讨论。

3.4 期权价格构成要素总结

表 3-2 列出了影响期权价格的因素并总结了它们的变化是如何影响期权价格的。第 4 章“期权价格行为”与解释计算机程序的第 11 章将对这一主题进行更深入地探讨，因此在这里只需知道概念上的关系就足够了。

表 3-2 影响因素变化对期权价格的影响

影响因素	对看涨期权价格的影响	对看跌期权价格的影响
股票价格	同向	反向
执行价格	反向	同向
时间	同向	同向
利率	同向	反向
红利	反向	同向
波动性	同向	同向

3.5 本章小结

通过与保险类比，我们可以更容易理解期权价值：当事件发生的统计概率已知，保单的理论价值就是事件发生的期望价值。期权价值的构成要素与保险费的构成要素直接对应。对期权而言，股票价格对应保险的资产价值；期权的执行价格对应保险的免赔额——平价期权与无免赔额的保单类似，而价外期权与有免赔额的保单类似；时间对期权价格和保单价格都有影响；利率是保险费的影响因素，而红利对利率的影响会影响到期权价格；最后，保险中叫作风险的因素在期权中称为波动性。

波动率衡量变动程度而不考虑变动方向。尽管这是一个不易于被没有什么数学基础的人理解的统计学上的概念，但人们可以从直观上加以理解，并直接用于投资决策。

当把期权看作与保险类似的产品，期权则为投资者开辟了广阔的选择空间。在随后的章节我们会谈到为股票买卖保险（期权）具有十分充足的理由。

第 4 章　期权价格变动

到期日前期权价格的变动方式是短期交易者最关心的问题。因此，投资者与交易者不同，不需要对本章的内容进行深入探究。投资导向的交易策略将在第二部分探讨，主要关注交易策略在到期日的结果，而不太关注期权存续期内价格的波动情况。不过，对短期期权价格预期行为的研究对期权交易是十分重要的。

正如我们在第 3 章所讨论的那样，期权价值的决定依赖于六个因素：股票价格、执行价、距离到期日的剩余时间、利率、红利和波动率。第 3 章对这些概念做了静态的解释，但在现实中，这些因素却呈现出动态的变化特征。本章首先讨论在其他因素不变的情况下，单一因素变化将产生的影响。在讨论中，我们将特别强调波动率因素，因为在任何关于期权价格的讨论中，它总是最重要的话题。随后，我们还将讨论一个以上因素同时变化时，期权价格的变动情况。

下面的讨论具有一定的技术性，投资者不需要理解本章的每一个细节，但是短期交易者确实需要掌握这些内容。不熟悉期权的人可能更喜欢跳过本章，待熟悉第二部分介绍的投资策略之后，再回过头来学习这些内容。

表 4－1 举例说明了如何运用上一章介绍的期权价值的六个构成要素计算看涨期权和看跌期权的理论价值。理论价值的计算运用的是一个被称为“二叉树期权定价模型”的数学公式。这个公式涉及高级数学，而对它的解释超过了本书的讨论范围。期权价值以小数表示，只保留小数点后两位数字，这是为了方便解释几个概念。美国上市交易的期权如果期权价格低于 3 美元/股，则交易价格的变动单位为 5 美分；而如果期权价格高于 3 美元/股，那么交易价格的变动单位则为 10 美分。在本例中，股票价格为 50 美元，执行价格为 50 美元，无分红，波动率是 50%，利率是 4%，距到期日为 90 天，所以执行价为 50 美元的看涨期权的理论价值为 3.19 美元，而看跌期权的理论价值为 2.74 美元。

表 4－1　期权价格公式的输入和输出结果

	输入
股票价格	50
执行价格	50
红利收益	0%
波动率	30%
利率	4%
到期时间	90
	输出
执行价为 50 美元的看涨期权价值	3.19
执行价为 50 美元的看跌期权价值	2.74

从表 4－1 中可以观察到一个重要特征，即当股票价格刚好等于期权执行价格时，看涨期权的价值就高于看跌期权的价值，本例中表现为 3.19 高于 2.74。发生这种差异的原因在于看涨期权中包含利率因素而看跌期权并不包含。下文将讨论单个因素变化如何影响期权价值的变动。

4.1　股票价格变动的影响

表 4－2 描述了看涨期权和看跌期权的价值是如何随标的股票价格的变动而变动。股票价格从 50 美元上涨到 51 美元对执行价为 50 美元的看涨期权价值具有正向影响，期权价值上升到 3.80 美元。而对执行价为 50 美元的看跌期权价值的影响却是反向的，期权价值下降到 2.34 美元。从这些变化中可以观察到两个重要的特征。

表 4－2　股票价格上涨的影响

	初始投入	投入变动	
股票价格	50	51	←只有股票价格上涨
执行价格	50	50	

续表

	初始投入	投入变动	
红利收益	0%	0%	
波动率	30%	30%	
利率	4%	4%	
距到期日天数	90	90	
	初始结果	结果变化	
执行价为50美元的看涨期权	3.19	3.8	←看涨期权价值上升
执行价为50美元的看跌期权	2.74	2.34	←看跌期权价值下降

首先，无论是看涨期权还是看跌期权，它们价值的变化幅度都不及股票价格的变化幅度。也就是说，在其他因素保持不变的情况下，如果仅标的股票价格发生变化，那么期权价值随标的股票价格变化，而变化的幅度会小于股票价格的变化幅度。在表4－2中，股票价格上涨了1美元（＋1.00），而看涨期权价值只上升了0.61美元，看跌期权价值下降了0.40美元。期权价格随标的证券价格变化之间的关系被称为delta，本章后面部分将对此进行讨论。

其次，股票价格发生1美元的变化后，看涨期权与看跌期权时间价值之间的关系保持不变。股票价格为50美元时，看涨期权的时间价值是3.19美元，比看跌期权的时间价值2.74美元高出0.45美元。在其他因素不变的情况下，股票价格为51美元时看涨期权的时间价值2.80美元（总价值3.80美元减去内在价值1.00美元）仍然比看跌期权的时间价值2.34美元高出0.45美元左右。注意实际差额为0.46美元，其中0.01美元的误差是四舍五入导致的结果。

小贴士 期权价格的变动小于标的股票价格的变动幅度。

表4－3在表4－2的基础上进行了扩展，涵盖了在不同的标的股票价格和不同的到期时间下，执行价格为50美元的看涨期权的理论价值。表4－3包括11行和7列。行表示不同的股票价格，列表示不同的到期天数。通过从上到下观察不同的列和从左到右观察不同的行，投资者可以清楚看出股票价格、到期时间的变

化是如何引起期权理论价值的变动的。例如，当股票价格为 48 美元、距到期日还剩 75 天时（列 2、行 8），执行价为 50 美元的看涨期权的理论价值为 1.92 美元。如果股票价格上涨 1 美元，看涨期权的价值上升到 2.40 美元。而如果股票价格下跌 1 美元，则看涨期权的价值下降到 1.53 美元。不管哪种情况，看涨期权价值的波动都小于股票价格的变动。观察图表中其他位置，可以得出同样的结论。期权理论价值的变动总是比相应的股票价格的变动幅度小。而且，期权价格相对于股票价格的比率也是变动的。例如，当股票价格上涨 1 美元，即从 47 美元上涨到 48 美元时，到期时间还有 45 天的看涨期权价值从 0.94 美元上涨到 1.30 美元，相当于股票价格价格变化的 35%。而在另一种情形下，股票价格从 52 美元上涨到 53 美元时，离到期日还有 60 天的看涨期权价值从 3.80 美元上涨到 4.50 美元，约为股票价格变化的 70%。

表 4－3　执行价为 50 美元的看涨期权在不同的标的股票价格及到期天数下的理论价值
（利率 4%；波动率 30%；无红利）

		列 1	列 2	列 3	列 4	列 5	列 6	列 7
	股票价格	90 天	75 天	60 天	45 天	30 天	15 天	0 天
行 1	55 美元	6.59	6.33	6.04	5.75	5.44	5.16	5.00
行 2	54 美元	5.83	5.53	5.25	4.93	4.58	4.23	4.00
行 3	53 美元	5.11	4.82	4.50	4.15	3.78	3.35	3.00
行 4	52 美元	4.41	4.11	3.80	3.45	3.04	2.55	2.00
行 5	51 美元	3.80	3.50	3.17	2.80	2.37	1.84	1.00
行 6	50 美元	3.19	2.90	2.58	2.21	1.79	1.25	0.00
行 7	49 美元	2.69	2.40	2.08	1.72	1.31	0.80	0.00
行 8	48 美元	2.19	1.92	1.62	1.30	0.92	0.47	0.00
行 9	47 美元	1.80	1.53	1.25	0.94	0.62	0.25	0.00
行 10	46 美元	1.40	1.18	0.94	0.67	0.39	0.12	0.00
行 11	45 美元	1.11	0.90	0.67	0.46	0.23	0.05	0.00

图 4－1 显示了看涨期权价格随股票价格的变化而变化的情况。图中期权价值曲线数值取自于表 4－3 中的第 1 列。从图 4－1 中期权价值曲线的斜率也可看出

期权价格的变动小于对应标的股票价格的变动。

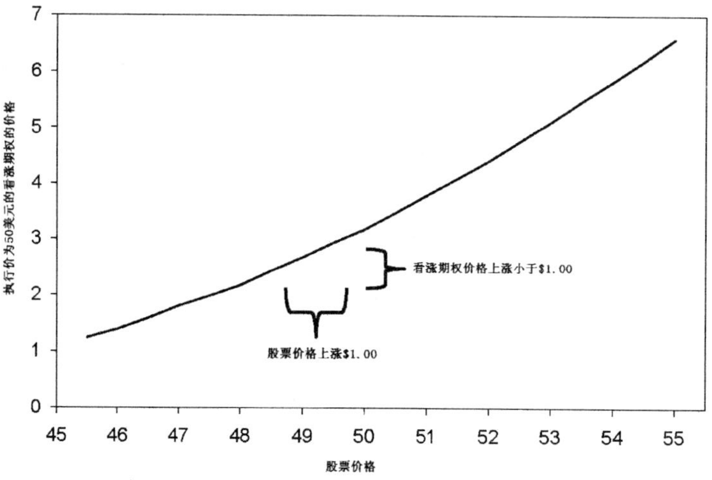

图 4-1　Delta 示意图——股票价格上涨＄1，而看涨期权价格上涨小于＄1

4.1.1　Delta

期权价格变动与股票价格变动之间的比率关系是期权价格变动行为中的一个重要方面，在期权中，这个比率被称作 Delta。具体而言，Delta 表示标的股票价格每变化 1 个单位所带来的期权理论价值的变化。表 4-4 展示了在不同股票价格和不同到期天数下，执行价格为 50 美元的看涨期权的 Delta 值。表 4-4 中的 Delta 值与表 4-3 中的期权价值是相对应的。例如，表 4-4 中第 1 列、第 6 行的 Delta 值 0.55（距离到期日还有 90 天，执行价格为 50 美元），就对应着表 4-3 中同一位置的期权价格 3.19 美元。这意味着执行价格为 50 美元的看涨期权理论价值为 3.19 美元，Delta 是 0.55（股票价格 50 美元，执行价格 50 美元，到期天数 90 天，利率 4%，波动率 30%，无红利）。在 Delta 定义中用的是“1 个单位”，而不是“1 美元”，是因为 Delta 是图 4-1 中曲线上在各给定价格点的一阶导数或斜率。曲线上每一点的斜率都是变化的。因此，Delta 也是动态变化的：随着股票价格的变化而变化。例如，Delta 为 0.55 时，如果标的股票价格上涨 1 美元，执行价为 50 美元的看涨期权理论价值将从 3.19 美元上涨到 3.80 美元，上涨幅度稍大于 0.55。Delta 是对期权理论价值的即时度量，随标的证券的价格变化而变化。

表 4-4 执行价为 50 美元的看涨期权在不同的标的股票价格及到期天数下的 Delta 值
(利率 4%；波动率 30%；无红利)

		列 1	列 2	列 3	列 4	列 5	列 6	列 7
	股票价格	90 天	75 天	60 天	45 天	30 天	15 天	0 天
行 1	55 美元	0.78	0.80	0.82	0.84	0.88	0.95	1.00
行 2	54 美元	0.74	0.75	0.77	0.80	0.84	0.91	1.00
行 3	53 美元	0.70	0.71	0.72	0.74	0.78	0.84	1.00
行 4	52 美元	0.66	0.66	0.67	0.68	0.70	0.76	1.00
行 5	51 美元	0.60	0.61	0.61	0.61	0.62	0.65	1.00
行 6	50 美元	0.55	0.55	0.54	0.54	0.53	0.52	0.00
行 7	49 美元	0.50	0.49	0.48	0.46	0.44	0.39	0.00
行 8	48 美元	0.44	0.43	0.41	0.38	0.34	0.27	0.00
行 9	47 美元	0.39	0.37	0.34	0.31	0.26	0.25	0.00
行 10	46 美元	0.32	0.31	0.28	0.24	0.19	0.09	0.00
行 11	45 美元	0.28	0.25	0.22	0.18	0.12	0.04	0.00

Delta 被用来度量期权的“股票平价”，通常以 1 手股票即 100 股为基准。假如其他条件不变，对于股票价格的较小变动，Delta 为 0.55 的期权理论价值的变化幅度约等于 55 股股票的变化幅度。上述例子就表明了这种情况。股票价格上涨 1 美元，执行价为 50 美元的看涨期权价值上涨约 0.55（实际为 0.61）。100 股股票上涨 100 美元，而执行价为 50 美元的看涨期权价值上升约 55 美元。

看涨期权的 Delta 为正数，波动范围为 0.00～+1.00。价外看涨期权的 Delta 范围是 0.00～+0.50，平价看涨期权的 Delta 约为+0.50，而价内看涨期权的 Delta 范围是 0.50～+1.00。看跌期权的 Delta 为负数，波动范围为－1.00～0.00。这意味着当股票价格下跌时，看跌期权的 Delta 会向－1.00 靠近。价外看跌期权的 Delta 范围是－0.50～0.00，平价看跌期权的 Delta 约为－0.50，而价内看跌期权的 Delta 范围是－1.00～－0.50。表 4-5 和表 4-6 分别显示了在不同股票价格和不同到期天数下，执行价格为 50 美元的看跌期权的理论价值和 Delta 值。

表 4-5 执行价为 50 美元的看跌期权在不同的标的股票价格及到期天数下的理论价值
(利率 4%；波动率 30%；无红利)

		列 1	列 2	列 3	列 4	列 5	列 6	列 7
	股票价格	90 天	75 天	60 天	45 天	30 天	15 天	0 天
行 1	55 美元	1.11	0.93	0.72	0.50	0.28	0.07	0.00
行 2	54 美元	1.35	1.13	0.93	0.69	0.42	0.15	0.00
行 3	53 美元	1.64	1.43	1.19	0.91	0.62	0.27	0.00
行 4	52 美元	1.95	1.72	1.49	1.21	0.88	0.47	0.00
行 5	51 美元	2.34	2.12	1.86	1.57	1.22	0.76	0.00
行 6	50 美元	2.74	2.52	2.27	1.98	1.63	1.17	0.00
行 7	49 美元	3.25	3.03	2.78	2.50	2.16	1.72	1.00
行 8	48 美元	3.76	3.56	3.34	3.09	2.78	2.40	2.00
行 9	47 美元	4.38	4.19	3.97	3.74	3.49	3.19	3.00
行 10	46 美元	5.01	4.85	4.68	4.48	4.27	4.07	4.00
行 11	45 美元	5.74	5.59	5.43	5.28	5.13	5.01	5.00

表 4-6 执行价为 50 美元的看跌期权在不同的标的股票价格及到期天数下的 Delta 值
(利率 4%；波动率 30%；无红利)

		列 1	列 2	列 3	列 4	列 5	列 6	列 7
	股票价格	90 天	75 天	60 天	45 天	30 天	15 天	0 天
行 1	55 美元	−0.22	−0.20	−0.18	−0.16	−0.12	−0.05	0.00
行 2	54 美元	−0.26	−0.25	−0.23	−0.20	−0.16	−0.09	0.00
行 3	53 美元	−0.30	−0.29	−0.28	−0.26	−0.22	−0.16	0.00
行 4	52 美元	−0.34	−0.34	−0.33	−0.32	−0.30	−0.24	0.00
行 5	51 美元	−0.40	−0.40	−0.39	−0.39	−0.38	−0.35	0.00
行 6	50 美元	−0.45	−0.45	−0.46	−0.46	−0.47	−0.48	0.00
行 7	49 美元	−0.50	−0.51	−0.52	−0.54	−0.57	−0.61	−1.00
行 8	48 美元	−0.56	−0.58	−0.59	−0.62	−0.66	−0.74	−1.00
行 9	47 美元	−0.61	−0.64	−0.66	−0.70	−0.74	−0.84	−1.00
行 10	46 美元	−0.68	−0.70	−0.73	−0.77	−0.82	−0.92	−1.00
行 11	45 美元	−0.73	−0.76	−0.80	−0.83	−0.89	−0.97	−1.00

4.1.2 看涨期权价值与看跌期权价值之间的关系

很多投资者对看涨期权和看跌期权价值之间的关系感到很困惑。期权新手可能认为如果股票价格等于执行价格，有着同样执行价格和到期期限的看涨期权和看跌期权的价格应该相同。实际上，情况并非如此。假设没有分红，由于利率因素，看涨期权的价格也会高于看跌期权。通过对比表 4-3 和表 4-5，就可以看到这种现象。上述两表中的第 6 行都显示了股票价格为 50 美元时的期权价值。执行价为 50 美元，距到期日还有 90 天的看涨期权价值是 3.19 美元，而看跌期权价值是 2.74 美元。对于第 6 行中任意一个单元格，看涨期权价值都大于看跌期权价值。这种差异应归因于看涨期权中含有利率因素，而看跌期权中则没有。

看涨期权价值大于看跌期权价值的这种关系一般用“看涨—看跌期权平价”这一概念进行解释。本书不对这一概念进行深入分析，读者只需知道“看涨—看跌期权平价”指出，股票价格、看涨期权价格和看跌期权价格彼此之间存在一定的稳定关系，否则的话，就会存在某种套利机会，从而让专业交易者获取无风险利润。事实上，交易所场内专业交易商采取的一种交易策略就叫作寻找“市场无效率”——指市场变量价格间的关系不合理——并利用机会进行套利。由于专业交易商之间的竞争异常激烈，使得这种套利机会只会存在很短的时间，而且这种市场“无效率”通常只有 5 美分到 10 美分的偏离。有兴趣深入研究“看涨—看跌期权平价”的读者，可以参阅谢尔顿·那顿伯格的书，另外期权研究院也对此话题有详细的论述。

4.1.3 看涨期权 Delta 与看跌期权 Delta 之间的关系

尽管看涨期权 Delta 是正的，而看跌期权 Delta 是负的，投资者可能会想，同等条件下，看涨期权和看跌期权 Delta 的绝对值应该相等。事实并非如此。比较表 4-4 和表 4-6 中的结果可知，看涨期权和看跌期权的 Delta 绝对值之和等于 1，这种现象是“看涨—看跌期权平价”关系的又一体现。非专业交易者必须知道这种差别，因为不同的 Delta 会导致不同的价格变动。

4.2 时间的影响

众所周知，期权价值会随着时间的流逝而下降（其他因素保持不变）。表 4-7 显示，当到期时间从 90 天缩短到 45 天时，执行价格为 50 美元的看涨期权和看跌期权价值分别下降到 2.21 美元和 1.98 美元。有两种图示的方法可用来描绘时间流逝对期权价值产生的影响。图 4-2 展示了期权价格在到期日和三个不同到期时间的表现，其数据来源于表 4-3 的第 1、3、5、7 行，分别表示距到期日还有 90 天、60 天、30 天和 0 天。如图 4-2 所示，随着时间的流逝，看涨期权的价值线如何向第 2 章（图 2-5）中看涨期权到期日的损益线靠近。

表 4-7　到期时间减少的影响

	初始投入	投入变动	
股票价格	50	50	
执行价格	50	50	
红利收益	0%	0%	
波动率	30%	30%	
利率	4%	4%	
距到期日天数	90	45	←只有天数减少
	初始结果	结果变化	
执行价为 50 美元的看涨期权	3.19	2.21	←看涨期权价值下降
执行价为 50 美元的看跌期权	2.74	1.98	←看跌期权价值下降

表 4-3 中的期权价值在图 4-3 中以不同的形式展现出来，用以表明假定股票价格不变的情况下，随着到期日临近，看涨期权价格的变动情况。考察第 6 行股票价格为 50 美元时的情形。执行价格为 50 美元的看涨期权的价值由距到期日 90 天时的 3.19 下降到 75 天时的 2.90 再到 60 天时的 2.58，等等。通过观察可以发现一个重要的现象，对于平价期权，时间流逝对期权价值的影响起初较小，但随着到期日的临近，影响开始变大。表 4-3 显示，随着到期时间流逝一半，比如从 90 天缩短到 45 天，执行价为 50 美元的看涨期权的价值将会损失 1/3。同样的

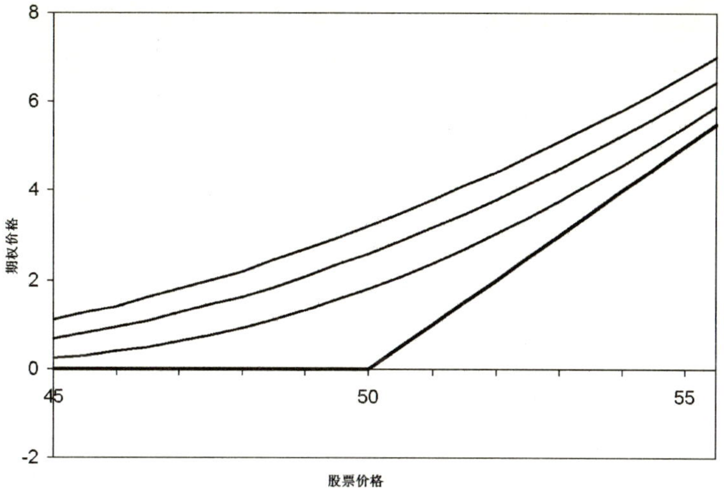

图 4-2　时间对平价看涨期权的价值侵蚀示意图：执行价格为 50 美元的看涨期权，到期天数为 90 天、60 天、30 天和 0 天

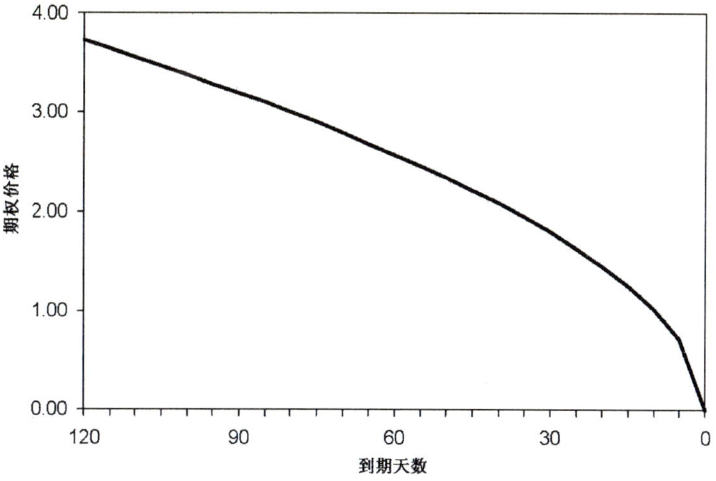

图 4-3　时间对平价看涨期权的价值侵蚀示意图：执行价格为 50 美元的看涨期权，到期天数为 90 天、60 天、30 天和 0 天

价格与时间关系也存在于到期时间从 60 天减少到 30 天以及从 30 天减少到 15 天的情况中，相应地，执行价格为 50 美元的看涨期权的价格从 2.58 美元下降到 1.79 美元以及从 1.79 美元下降到 1.25 美元。图 4－3 展示了股票价格保持 50 美元不变时，时间流逝对执行价格为 50 美元的看涨期权价值的影响。表 4－5 揭示了看跌期权价值类似的时间损耗率。

期权价值的时间损耗用 Theta 表示。Theta 是时间变动 1 个单位时期权价格所发生的变动。“1 个时间单位”这一概念并不固定，它可以指 1 天、1 周或者其他时间单位。在 Op-Eval4 期权定价程序中，如果到期时间大于 7 天那么 Theta 的时间单位就是 7，而如果到期时间等于或小于 7 天，则 Theta 以 1 天为 1 个单位。

小贴士 Theta 单位时间内期权价格的变动。

- 时间损耗是变化的

对于期权新手而言，不幸的是，时间损耗对期权价值的影响并不像它起初显示的那么简单。尽管时间流逝对平价期权初期影响相对较小，而接近到期日影响逐渐增大，但时间流逝对价内期权和价外期权的影响却不相同。请记住，时间流逝损耗的仅仅是期权的时间价值。因此，对于股票价格为 53 美元、执行价格为 50 美元，距到期日还有 90 天，期权价值为 5.11 美元的看涨期权，时间流逝最多损耗期权价值中的 2.11 美元。在第一个 15 天，时间损耗为 0.29；而在从 30 天缩短为 15 天的这段时间里，时间损耗增加到 0.43。但是，在到期日前的最后 15 天中，期权价值仅下降 0.35。股票价格为 47 美元，执行价格为 50 美元的看涨期权价值的时间损耗也与上述情况类似，从 90 天缩短为 75 天时，价值减少 0.27；而从 30 天缩短为 15 天时，价值也减少 0.27。但在最后 15 天中，价值仅减少 0.25。时间流逝对看跌期权价值也有同样的影响。平价看跌期权价值随时间流逝加速减少，而价内看跌期权和价外看跌期权的价值在临近到期日的最后一段时间的时间损耗却最小。

4.3 利率变化的影响

利率变化对看涨期权产生正向影响，而对看跌期权产生反向影响。表 4－8 显示，利率上升1%，执行价格为50美元的看涨期权价值相应上涨0.06美元，而执行价格为50美元的看跌期权价值下降0.05美元。虽然短时间内利率有可能变化1%，但一般不会经常发生。因此，股票期权的短期交易者需要意识到利率变化的影响，但却不需要将其当作主要的关注点。但是，利率的长期影响是显著的，期权的长期交易者应该密切关注利率的影响。

表4-8 利率上升的影响

	初始投入	投入变动	
股票价格	50	50	
执行价格	50	50	
红利收益	0%	0%	
波动率	30%	30%	
利率	4%	5%	←只有利率上升
距到期日天数	90	90	
	初始结果	结果变化	
执行价为50美元的看涨期权	3.19	3.25	←看涨期权价值上升
执行价为50美元的看跌期权	2.74	2.69	←看跌期权价值下降

4.4 红利的影响

红利对期权价值的影响与利率相反。在没有红利的情况下，由于资金成本（利息）的缘故，看涨期权价格要高于看跌期权价格，但在支付红利的情况下，资金成本被有效降低了——分红收益可被用来支付部分或全部利息。此外，分红的标的证券比不分红的标的证券对投资者更加具有吸引力。因此，持有以支付红利的股票为标的股票的看涨期权吸引力不大，而持有同样标的的看跌期权却相对更加具有吸引力。表4-9显示，随着红利的上升，看涨期权的价格会下降而看跌期权的价格会上升。而当红利收益等于利率时看涨期权和看跌期权的价格相等。

表 4-9 分红收益上升的影响

	初始投入	投入变动	
股票价格	50	50	
执行价格	50	50	
红利收益	0%	1%	←只有红利上升
波动率	30%	30%	
利率	4%	4%	
距到期日天数	90	90	
	初始结果	结果变化	
执行价为 50 美元的看涨期权	3.19	3.13	←看涨期权价值下降
执行价为 50 美元的看跌期权	2.74	2.77	←看跌期权价值上升

4.5 波动率的影响

期权波动率的影响因素与保险的风险因素类似。高风险意味着高保险费，相应地，高波动率意味着高期权价格。表 4-10 证实了这一点。当波动率从 30%上升到 31%时，执行价格为 50 美元的看涨期权和看跌期权的价格都上涨了。波动率的变化对期权价格的影响是正向的。

同样需要注意的是，当看涨期权和看跌期权价值随波动率变化而变化时，它们的时间价值之间的关系并不发生改变。在表 4-10 中，执行价格为 50 美元的看涨期权的新时间价值比看跌期权的新时间价值高 0.45，这与波动率变化之前相同。

表 4-10 波动率上升的影响

	初始投入	投入变动	
股票价格	50	50	
执行价格	50	50	
红利收益	0%	0%	

续表

	初始投入	投入变动	
波动率	30%	31%	←只有波动率上升
利率	4%	4%	
距到期日天数	90	90	
	初始结果	结果变化	
执行价为 50 美元的看涨期权	3.19	3.29	←看涨期权价值上升
执行价为 50 美元的看跌期权	2.74	2.84	←看跌期权价值上升

如第 3 章描述的那样，波动率幅度量是期权价格的变动幅度，而不考虑变动的方向。波动率越高，期权价格越高。波动率用百分比表示。例如，某只特定股票的过去价格变动行为被描述为“在 25%的波动率上进行的交易”，或者某份期权的理论价值被描述为“在 30%的波动率上计算的”。

由于波动率是关于期权的任何讨论的一个重要主题，因此，有必要做如下观察。虽然解释起来有点儿复杂，但我们不要忘记自己的主要目标。投资者要学会从概念上理解波动率，并把它作为主观决策过程的一部分。在反复多次实践熟悉后，任何期权使用者都能够掌握波动率这一概念。

表 4－10 显示的波动率和期权价值之间的直接关系只不过是几个重要的观察结果之一。有关波动率的其他三个重要观察结果是：①波动率是与 Beta 完全不同的概念；②每只股票都有自己的波动率特征；③个股的波动率特征可以而且实际上经常是变化的。

4.5.1 波动率与 Beta

波动率是度量价格波动幅度而不考虑其波动方向的指标。波动率回答了这样一个问题：在不考虑波动方向及整个市场的相关性的情况下，未来一段时间内股票价格相对于期权价格会以一个较大的百分比波动呢，还是以一个较小的百分比波动？相反，Beta 度量的是股票价格与整个市场的相关性。Beta 回答这样的问题：如果市场上涨了 1%，那么个股会上涨 1%，还是高于 1%或低于 1%？

> **小贴士** Beta：股票价格与市场波动的相关性。

Beta 和波动率的任何组合都有可能：高，高；高，低；低，高；低，低。低 Beta 和高波动率组合的一个例子是具有收购传闻的股票。市场每一次出现某个股新的消息时，个股价格会向上或向下急剧波动（高波动率）；但与此同时，整个市场正一直稳定地向一个方向运动。因此，该股票与市场整体趋势的相关性较低（低 Beta 值）。

> **小贴士** 波动率：对股票价格变动幅度的统计度量，而不考虑变动方向。

高 Beta 值、高波动率组合可以用科技股为例，此时市场可能在一定时段内由科技股这个版块领涨。低 Beta 值、低波动率的股票可能是利率敏感性行业股，比如公用事业股，由于利率保持不变或提高很慢，这类股票往往跟不上大盘的涨幅。

4.5.2 每只股票都有自己的波动率特征

人们似乎直观地认为每只股票都有自己的波动率特征，并且似乎也相信相同行业的股票往往具有类似的价格变动。显然，这些看法似乎有点儿自相矛盾，那么到底哪个是正确的呢?

相同行业的股票因为个股的不同，其波动率特征往往存在较大差异。因此，做股票期权交易，在进行股票和期权间的比较时，需要仔细判断它们的波动率特征。有这样一个例子，桑迪是旧金山的一位医生，对医疗科技公司进行了广泛的研究，并对标的股票价格为 50 美元、执行价为 50 美元、90 天到期的看涨期权的成交价格为 4 美元已经习以为常了，但某天桑迪突然发现某家新的医药技术公司（股价也为 50 美元）股票的看涨期权（执行价 50 美元、90 天到期）成交价仅为 2 美元，他很自然地认为这个期权要更加“便宜”。如果不对这家新公司及其期权做任何调查，那么桑迪就有可能做出错误的判断，因为这两只股票的波动特征可能事实上是完全不同的。

4.5.3 波动特征可能发生变化

投资者经常忽略的重要一点是，个股的波动特征也具有变化的性质。这些特征经常变化，有时变动幅度还会很大。有这样一个比较经典的例子，某家古老、平凡的公司突然变成了一次收购战的标的。收购战打响前，该公司股票价格为40美元，每天波动0.50美元（日价格波动率为1.25%）。在首次公布收购要约后，紧跟着又发布了新的要约及拒绝收购的消息，导致股票价格在60美元附近每天以2美元左右进行波动（日价格波动率3.5%）。尽管这是一个戏剧性的例子，但是即使是再小的戏剧性事件都有可能改变股票的波动率特征。任何新闻事件，比如出乎意料的盈利情况、重组、新产品开发、有关竞争对手的消息等，都会影响个股的价格波动。就像整个市场有波动较大和波动较小的阶段，个股也会经历同样的波动。对个股过去波动特征的了解有助于投资交易该股的期权。这些信息可以从期权时事通讯和数据销售商那里获得。

4.5.4 波动率的四个含义

在期权业内，波动率或许是被谈及最多却最不被人理解的话题，这是可以理解的，因为波动率是一个复杂的统计学概念。由于投资者把大部分的时间花在预测的市场方向上，所以波动率的无方向性特征特别令众多投资者感到困惑。此外，波动率还具有四种不同的应用：历史波动率、未来波动率、预期波动率和隐含波动率，这些因素更加剧了投资者的困惑。

股价的实际波动率可以通过统计方法进行计算。研究期间可以为最近的10天到200天之间，一般是90天。历史波动率幅度是过去一段时间内股票价格的实际波动率。它具有两个重要的特征：首先，历史波动率的计算结果依赖于时间周期选择，不同的周期具有不同的波动率；其次，并不能保证未来波动率和计算的历史波动率相同。虽然历史信息给预测提供了一个较好的起点，但却有很多因素导致股价波动率随时间变化而变化。可以说，预测波动率是一门艺术，而不是一门科学。

未来波动率是未知的，而且也是期权真实理论价值的决定因素，这是最让期权新手感到困惑的地方。这是因为期权的理论价值依赖于某个未知的变量，而事实确实如此。那么该怎么计算期权的理论价值呢？很显然，是计算不了的。不过，未来波动率却是可以估计出来的，所以可以用这个估计值来计算期权理论价值。因此，任何期权理论价值实际上仅仅是对其理论价值的一个估计值。

预期波动率是个人未来波动率的预测值，并将其运用于期权理论价值的计算中。通常，交易者用历史波动率代替预期波动率以对期权理论价值进行计算，只要交易者对历史波动率的相关信息有更多了解。比如，年度高点和低点以及最近的变化等，那么这样使用也无不可。对这些信息的了解有助于交易者解释理论价值并进行策略选择决策。然而，“理论价值”往往建议交易者不要高买低卖，而这种建议往往比较短视，放在更大的决策框架里来看是不合适的。

隐含波动率是衡量期权市场价格的波动率。换句话说，期权定价公式中需要隐含波动率这个数字来计算期权当前的市场价格，并将其作为期权的理论价值。在第 11 章，将介绍运用计算机程序 Op-Eval4 来确定隐含波动率的过程。

4.5.5 波动率差别的总结

我们可以用个例子很好地说明波动率的四种应用之间的区别。有这样一家公司，经统计师计算，该公司股票在过去 90 天里的波动率为 24%，而关于公司的近期的报道有好有坏：一方面，公司成功推出了一款新产品，但另一方面，有大量谣言说公司因为某家工厂的关闭可能使其账面价值一次性大幅缩水，同时，公司的财报将在三周内公布。一位知名的期权策略师建议客户采用基于预测的 30% 的波动率来计算的期权理论价值，而当前市场似乎是基于 35%的预测波动率来进行期权交易。

波动率几种不同的应用都可以从本例中找到对应。该股的历史波动率是 24%。然而，因为最近发生的事件及行将发布的财报，未来波动率（未知的）可能有所不同。那位期权策略师预测的波动率是 30%，但市场的隐含波动率却是 35%。哪一个才是“正确”的波动率呢？不幸的是，这个问题却没有答案——只有信息。期权交易者应该把对信息的解读与具体市场预测结合起来，再选择一个自己认为最有可能获得成功的交易策略。

上述例子的目的并不是为了让期权新手感到困惑。事实上，这里是想提醒投资者，期权行业的某些词汇与日常生活中使用的意思并不相同。许多期权术语有特定的含义，因为期权这个领域对于全职的专业交易商来说也是具有很高技术性的。然而，有长期投资目标的个人投资者也不必被这些技术性说法所吓倒，因而感觉期权难以捉摸。正如在第二部分“基本投资策略”中将要谈到的，投资者应该关心的是所选期权类型及其价格是否符合自己的投资目标。长期投资者没有必要纠缠于有关波动率的计算及讨论之中。

4.6 动态市场

直到目前为止的讨论中，我们都假设只有一种影响期权价值的因素发生变化，而保持其他因素不变。当然，在现实世界中，多个因素会同时发生变化。当波动率保持不变时，市场预测并不要求单日股票上涨或下跌。确切地说，股票价格和波动率通常会在一段时间内发生变动。所有这些因素——股价、到期时间和波动率——都会影响期权价格。因此，投资者的预测必须把这三个因素都考虑进去。再看表4-3，假设利率和波动率保持不变，如果预测标的股票价格会从距到期日90天时的47美元上涨到距到期日75天时的51美元，则预期看涨期权价格会从1.80美元上升到3.50美元。如果利率和波动率其中一个发生变化或同时发生变化，则会导致不同的期权价格。

因此，交易者必须考虑市场的动态特征。像本章所展示的期权理论价值表，有助于投资者对期权价格变动形成合理的预期。这些表格是通过本书所附的计算机程序制作的。关于计算机程序的应用将在第11章进行介绍。这些程序的好处是，在对期权价格有一定合理预期的前提下，通过运用这些程序，交易者可以更容易地选择与市场预测相匹配的交易策略。任何交易者经过练习都能掌握这些程序。

4.7 本章小结

期权的短期价格变动是交易者而不是投资者关注的对象。正如第二部分解释的那样，投资者关注的是交易策略在到期日的结果。在到期日前，期权价格的变动总是小于标的股票相应价格的变化。Delta是股票价格单位变化引起的期权价格的变动。在其他因素不变的情况下，时间流逝会引起期权价格的下降。平价期权价格随时间流逝的变动是非线性的：起初较小，随到期日临近变大。价内期权和价外期权价值的时间损耗是不同的，初期时间损耗增加，而随着到期日临近，时间损耗减少。利率的变化对看涨期权价格具有正向影响，而对看跌期权价格产生反向影响。红利变化的影响与利率变动的影响相反：红利增加时，看涨期权价格下降，而看跌期权价格上升。

波动率的变化对期权价格变动产生同向的影响：波动率越高，看涨期权和看跌期权的价格越高。波动率度量的是期权价格的变动幅度，而不考虑变动的方向。尽管波动率对于没有数学基础的人是一个不太容易理解的统计概念，但投资者可以只从直观上加以理解，并直接运用到自己的交易决策当中。

波动率具有四种不同应用：历史波动率、未来波动率、预期波动率和隐含波动率。历史波动率度量在过去一段时间内股票价格的实际波动。时间范围的选择带有一定的主观性，不过通常的选择是6个月。未来波动率是指从当前至期权到期日这段时间内，标的股票价格的实际波动情况。未来波动率是未知的，也是期权使用者试图去预测的变量。预期波动率是交易者对未来波动率的预测，常被用于数学公式中以计算期权理论价值。隐含波动率是衡量期权当前市场价格的波动率。

波动率意味着变动，而期权交易者所面临的挑战就是要用30%、40%等这些数值去主观地理解期权价格的波动情况。期权交易者的目标就是要对如下问题形成自己独特的判断：对于某只个股其“正常”的波动率是多少？其最近的波动率是多少？当前又是多少？以及预计将来会是多少？

市场是动态的，而非静止的。尽管本章前面所列举的影响期权价格的因素一开始会让投资者感到无所适从，但是对期权使用者而言，无论是将其当作投资工具还是交易工具，对期权价格变动特征有个较好的理解，并在此基础上形成合理的预期都是很有必要的。

第二篇　基本投资策略

这一部分与很多人的看法相反，从根本上来讲，期权并不是投机工具。应该说，很多期权交易策略具有投资倾向，第5章到第10章就是详细探讨这些基本的期权投资策略：看涨期权多头（第5章），旨在买入标的股票；有担保的期权空头（第6章），可能是最流行的期权策略；调整的有担保的期权空头（第7章）；配对看跌期权，防护性看跌期权和领式期权（第8章）；看跌期权空头（第9章），意在增加收入或获得股票；最后是关于长期股票期权（LEAPS）的新章节（第10章）。以上交易策略的重要特征是它们都是投资导向型的，传统股票投资者都可以成功运用。不过，股票投资者在运用期权交易时要学会新的思维方式。

第 5 章 买入看涨期权——投资者的方法

5.1 引言

买入看涨期权有很多不同的原因。短期交易，或者叫作投机，也许是最常见的原因。这种策略将在本书的第 12 章进行讨论。本章从投资者的角度解释买入看涨期权的原因。在本书的引言中就提到，与投机者相反，投资者指的是对获得长期股票投资收益感兴趣的人，而期权的一种投资性应用就是帮助投资者以“好的价格”买入或卖出“好的股票”。看涨期权当然包含的是买入股票的权利，因此本章将解释如何购买看涨期权，以便更好地买入股票。

在第 3 章，我们将期权合约与保险单进行了类比。从本质上讲，因为保险事件存在一定的发生概率，因此保险单的价值等于保险事故带来的财务损失乘以发生概率。看涨期权也可以看作一种保险单，即对以短期流动性资金形式持有的投资资本进行保障，防止错过股价上涨的机会。持有看涨期权的投资者可以在股价达到某一价格水平上时参与股价上涨的机会。如果股价低于某一价格水平，看涨期权将会失效，但是投资资本不会缩水。当然，看涨期权的持有者无权享有公司的投票权，而且如果标的股票分红的话，也不能分享红利。

那么问题来了：投资者应该在何种情况下持有看涨期权以应对股价的上涨而不是直接购买股票？对于该问题的答案，就像进行任何其他投资决策的选择一样，在很大程度上是相当主观的，但本章将描述和展现一些历史上的例子。尽管其中某些例子从事后来看是显而易见的，但是它们对于探究出于投资目的购买看涨期权的心理还是很有帮助的，而且也能够帮助读者在面临相同情境时审视自己的投资活动。

5.2 不同的策略提供不同的权衡

当投资者面对投资策略选择的时候，判断“哪个是最好的”是一种不错的策略。可是只关注这个问题却会遗漏期权的一个重要之处。如果参与者信息充分，并且市场是有效的（在引言部分对市场有效理论做了介绍），那么从理论上来讲，所有的投资策略应该是相同的。不同的策略之间的差异不在于某个比另外的“更好”，而在于它们提供了不同的权衡。权衡的意思，是指每一个策略相对于其他策略，都具有自身的相对优势和相对劣势。图 5－1 对直接花 50 美元购买股票和花 3 美元购买执行价格为 50 美元的看涨期权这两种投资策略进行了比较。以 50

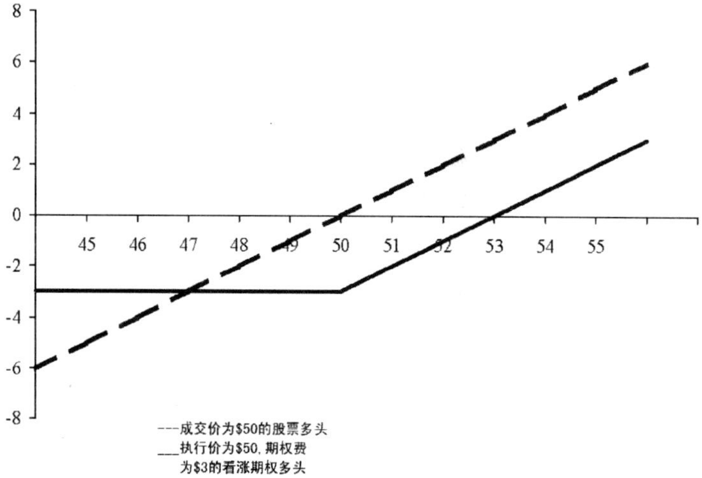

	买入股票	买入看涨期权
相对优势	盈亏平衡点较低	风险仅为看涨期权费
	无时间限制	
	如果分红，可享有	
相对劣势	风险为股票价格	盈亏平衡点较高
		有时间限制
		不能享受分红

图 5－1　股票多头与看涨期权多头

美元购买股票的盈亏平衡点为 50 美元（积极的），但是风险也为 50 美元（消极的）。然而，购买执行价格为 50 美元的看涨期权，具有的有效期是有限的，而盈亏平衡点为 53 美元（消极的），但是风险仅仅为 3 美元（积极的）。

5.3 不同的看涨期权有不同的权衡

正如在第 1 章所定义的那样，看涨期权可以划分为价内、平价和价外三种类型。图 5－2 显示了每种类型看涨期权所提供的权衡。假设股票价格为 50 美元，三种看涨期权的执行价分别为 45 美元、50 美元和 55 美元，期权费分别为 6 美元、3 美元和 1 美元。这些看涨期权的期权费和有效购买价格各不相同。如前所述，期权费是期权的总价格；有效购买价格是包含期权费在内的买入标的股票的价格。例如，执行价格为 45 美元的看涨期权，期权费为 6 美元，而有效购买价格为 51 美元。如果执行价为 45 美元的看涨期权被行权，则股票的有效成交价格就为 51 美元/股（不包括交易成本）。有效购买价格等于看涨期权费加上执行价格。

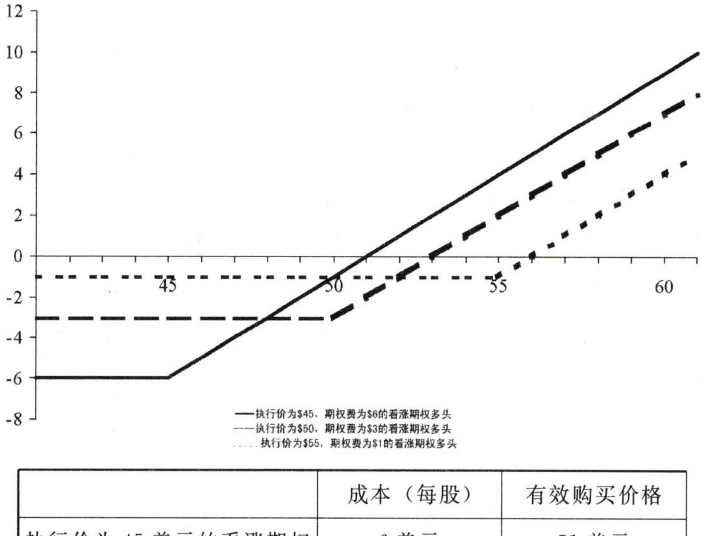

	成本（每股）	有效购买价格
执行价为 45 美元的看涨期权	6 美元	51 美元
执行价为 50 美元的看涨期权	3 美元	53 美元
执行价为 55 美元的看涨期权	1 美元	56 美元

图 5－2　三种看涨期权多头的比较

如果对看涨期权行权，行权者需支付执行价以获得股票，但总价格（或有效价格）包括买入看涨期权的价格。

相对于执行价格为 50 美元和 55 美元的看涨期权，执行价格为 45 美元的看涨期权的盈亏平衡点为 51 美元（积极的），但是风险是每股 6 美元（消极的）。

执行价格为 50 美元和 55 美元的看涨期权相对于股票多头和执行价格为 45 美元的看涨期权而言具有不同的权衡。执行价格为 50 美元的看涨期权的期权费即风险为 3 美元/股，其有效购买价格为 53 美元。相对于执行价为 45 美元的看涨期权，执行价为 50 美元的看涨期权的期权费要低些，但有效购买价格要高些。执行价为 55 美元的看涨期权的期权费和风险最低，仅为 1 美元/股，但其有效购买价格也最高，为 56 美元。

因此，以上四种投资策略中买入股票和买入三种看涨期权之一，从绝对意义上而言没有哪一种“更好”，每种策略只不过是提供了一种不同的权衡。有效购买价格最低的策略具有最高的风险，而风险最低的策略其有效购买价格却最高。

5.4 作为保险保障的看涨期权

苏珊是一位在芝加哥做市场研究的分析师，她一直在关注西雅图的某软饮料瓶公司（以下称为软饮料，Soft Drink）的股票，打算买入该股做长线投资。可是她对该公司即将发布的盈利报告及市场有关其新产品开发的传闻有点儿担心。苏珊想现在正是购买该股票的时候，特别是如果新产品能成功上市的话，但是她还是想控制一下风险。每个有经验的投资者都清楚购买股票的风险——收益状况：存在巨大的潜在收益和巨大的风险。如果苏珊认为新产品开发的成功与否将会导致该股票上涨或下跌 10 美元，那么购买软饮料股票就涉及到 10 美元的风险——收益状况。看涨期权是如何改变这种状况的呢？请往下看。

为简便起见，假设苏珊有 5300 美元可用来投资软饮料股票，而该标的股票执行价为 50 美元的看涨期权的价格为 300 美元（每股 3 美元）。同样，如果苏珊认为在期权有效期内该标的股票的价格会上下波动 10 美元，那么执行价为 50 美元的看涨期权的风险或收益结构就与直接购买股票完全不同。购买看涨期权的风险为每股 3 美元，而潜在收益，在苏珊来看，如果股价上涨 10 美元则为每股 7 美元。除了不同的风险或回报率之外，执行价为 50 美元的看涨期权还为苏珊的投资组合中加入软饮料股票提供了一种非常重要的不同方式。

● 看涨期权的另类组合——买入看涨期权和国债

购买执行价为50美元的看涨期权的交易策略包括两个步骤。第一步是以300美元（即每股3美元）的价格买入看涨期权，并且同时往生息账户存入5000美元。第二步存在两种可能性。

第一种可能性是，软饮料股票价格在期权有效期内上涨到50美元以上。在这种情况下，苏珊可以行使期权买入股票，即用存款账户的资金买入股票。这时软饮料股票将以53美元的有效购买价格进入苏珊的投资组合。如果软饮料股价涨到60美元，则苏珊的股票每股可获利7美元。然后苏珊就可以像对待她所持有的其他股票一样来对该股进行操作，而且她也不必再为该股进行期权操作了。

第二种可能是，软饮料的股价低于50美元，这种结果可能是由于盈利报告低于预期或者市场对新产品的反应不热烈。如果股价在期权到期日时低于50美元，苏珊可以放弃执行看涨期权而让其自行失效。她的最大风险是为了购买看涨期权所支付的每股3美元期权费。在这种情况下，她可以重新考虑是否需要继续购买该股。如果新的信息使她选择放弃该股，那么她应该因为损失仅为每股3美元而感到庆幸。另外，如果她判断现在购买软饮料股票是更好的选择，那么她就可以以现行的市场价格购买该股。

在上述软饮料的例子中，看涨期权有助于长线投资者买入好的股票，并且可以在初始建仓的关键时期锁定风险。该策略的权衡是较高的有效购买价格（消极的）与有限的风险（积极的）。

小贴士 买入股票的风险与收益状况是怎样的？买入看涨期权的风险与收益状况是怎样的？

苏珊还有一种选择，就是等待软饮料公司公布其新产品研发情况后再决定是否买入股票。在这种情况下，将有10美元的潜在利益或者10美元的潜在损失。如果她没有买入股票而股价下跌了10美元，那么她将具有每股10美元的优势，因为此时她可以以40美元而不是50美元买入股票。不过，如果股价上涨到60美元，她将错失以50美元买入股票的机会，致使自己潜在成本上升了10美元，因为如果她还想买入该股的话，此时只能以60美元/股的价格买入了。不管在公司研发消息公布之前或公布之后苏珊是否买入股票，按上述假设，她都面临 10 美元的潜在利益或者 10 美元的潜在损失。

如上所述，股票购买者面临的风险与收益结构同为 10 美元，而与之不同的是，期权购买者面临的风险与收益结构则为 3 美元和 7 美元。尽管这个本身就很重要，但却不是期权交易的唯一优势。

在现实世界中，股价的波动有多种可能，而不仅仅是上下波动 10 美元。首先，如果公布的消息是负面的，那么可能导致股价的下跌比 10 美元多得多。其次，负面报告可能会改变投资者对于该股的基本看法，导致他可能根本不会再买入该股。在以上两种情形下，买入看涨期权，尽管也会带来一点儿损失，却比直接买入股票的损失要小得多。

另外一种情况是，股价上涨可能使得投资者认为他已经错过了买入股票的时机，因而不会再投资该股了。只有时间才能告诉我们这种情景如何发展，但许多投资者往往与这类股票失之交臂。在此情况下，看涨期权也许可以改变投资标的的风险和收益结构，使之向投资者有利的方向发展。

小贴士 止损订单：取决于股价。看涨期权：取决于时间和股价。

还有一种情形，也就是令人沮丧的“止损”，即股票买方在买入价格之下设置一个止损卖出订单，其目的是限制风险。但最糟糕的情况是，股价下跌到止损价格从而触发了止损订单，然后股价又急剧拉升——这可能是许多投资者都经历过的最令人懊恼的情形。而看涨期权，尽管存续时间有限且损失有限，却没有止损价格。如果在期权有效期内标的股票价格大幅下跌然后又大幅拉升，则期权买方仍然可以在期权盈亏平衡点上方参与分享股价上涨的收益。尽管这是期权交易的一个巨大优势，但其好处并不是免费的。买入看涨期权需要支付期权费，导致股票实际购买价格要比直接买入股票稍高一些。

请记住，期权提供了更多的权衡，而不是绝对“更好”的另外选择。更高的有效买价就是获得锁定风险好处所付出的成本。如果股价上涨则直接买入股票的投资者要比期权买方获得更高的收益。然而，股票投资者却要承担比期权买方更高的风险。从这个角度来看，看涨期权所提供的不同选择需要投资者具有与典型的股票投资所不同的思维方式。

5.5 现实世界例子

让我们从假设回到现实世界中，回顾历史上一些期权确确实实给长期投资者带来好处的案例。在以下所提出的两种情景中，市场观点在某些时候是正确的，而在另外一些时候就是错误的。

第一个案例发生在 2004 年 1 月，当时某家名为 H&R Bolck（HRB）的税务服务公司的股票价格接近每股 60 美元，达到历史新高。在此价位上，对于 HRB 公司的股票是否仍然存在投资机会这一问题是存在争议的。一些投资顾问大肆宣扬该公司已介入抵押贷款行业，业务趋向多元化，而且其红利稳步增长也是一大亮点。然而，HRB 公司面临着激烈的市场竞争，一些分析师认为该行业已趋于饱和。关注该股的投资者需要对这类相互冲突的观点保持谨慎态度。如果认为该股的当前价格“有风险，但仍是好的投资机会”，那么看涨期权就提供了一种既抓住机会同时又限制风险的途径。

在 2004 年 1 月 22 日，HRB 收盘价为 59.42 美元，2004 年 6 月份到期的执行价为 60 美元的看涨期权的收盘价为 5.40 美元。持有大约 6000 美元现金的投资者可以去购买 100 股 HRB 股票，也可以选择花 540 美元去购买一份 6 月份到期执行价为 60 美元的看涨期权，而将剩余的 5460 美元存到生息账户，直到 6 月份的第三个星期五，看涨期权的优势在于限制投资风险仅为 540 美元，而且还要减去利息收入。相应的不利之处在于其有效购买价格为每股 65.40 美元，比当时的市场价格 59.20 美元高出大约 6 美元。

2004 年关注 HRB 公司股票的人士都知道，该股价格在这一年的上半年一直表现不佳。到 2004 年 6 月 18 日，即 6 月份期权到期日，HRB 公司股票的价格下跌到每股 47.66 美元，以 59.42 美元买进的股票将会每股损失约 12 美元。买入执行价为 60 美元的 6 月份看涨期权的投资者对于 HRB 公司股票的价格变动方向同样看错了，但其损失仅为每股 5.40 美元。

然而，在期权到期日故事还远没有结束。购买看涨期权的投资者看着期权到期失效，但其货币市场账户中仍然有 5460 美元资金。该投资者面临的问题是，用这笔钱去干什么？可供选择的方案有很多，包括以现行价格购买 HRB 公司股票，或者再买入一份 HRB 股票的看涨期权，或者把资金投资到其他方面。相反，股票买方却面临着是否继续持有该股还是卖出该股的艰难选择。在本例中，无论股票买方做出何种抉择，他的股本都只剩下 4700 美元，比期权买方少将近 700 美元。

第二个案例发生于 2003 年 12 月，当时 eBay 公司的股价上涨到 60 美元的历史新高。该股股价在过去的 13 个月里翻了一番，而且公司最近按照 1 股拆分为 2 股的比例进行了分拆。吹捧 eBay 公司股票的人士声称该公司是“将来该行业的领头羊”。他们认为该公司股票还在上涨，因为越来越多的机构入驻该股。负面的观点认为该公司股价已经严重高估，市盈率高达 90 倍，因此任何风吹草动都有可能导致股价雪崩式下跌。2003 年 12 月 19 日，eBay 公司股票收盘价为 61.37 美元，而 2004 年 6 月到期执行价为 60 美元的看涨期权收盘价为 8.80 美元。

关注 eBay 公司股票的投资者此时就面临选择，是直接买入该股从而承担可能损失 61.37 美元的买价的相当一部分风险呢，还是购买 6 个月期的看涨期权从而把损失锁定在 8.80 美元。

2003 年 12 月 19 日后，eBay 公司股价继续高歌猛进，几乎一路不停地上涨，到 2004 年 6 月 18 日的 6 月期权到期日时已上涨至 86.50 美元。从事后来看，以 61.37 美元直接买入股票的投资者要比买入执行价为 60 美元看涨期权的投资者挣得更多。然而，期权买方从第一天开始就知道其最大风险是多少。在这种情况下，投资者可以很轻松的生活，而不是成天担心地看着投资标的涨涨跌跌，也不需要考虑在什么时候、什么价位止损。投资活动有时就是一种诱发焦虑的罪魁祸首，而在建立新的投资头寸时使用看涨期权就可以有效地降低这种焦虑症状。

5.6 价内看涨期权的运用

前面的例子介绍的是如何运用平价看涨期权来进行保险保障，以控制风险并确保不错过股价上涨的机会。价内看涨期权提供了完全不同的风险与收益权衡。请记住，价内看涨期权的成本要高于平价或者价外看涨期权（负面的）。不过，价内看涨期权比其他期权提供更低的有效购买价格（正面的）。那么投资者在什么时候希望做出这种选择呢？这有以下几种情形可以考虑。

汤姆是位于休斯顿的一家汽车经销店的老板。我们可以考察他所使用的几种投资策略来回答上述问题。

首先，买入价内看涨期权可以看作一种短期风险管理技术，是一个与购买股票同时下止损卖单不同的选择。汤姆一直在观察一家化工厂商 Chemco 的股票，该股显示有一定投资机会。然而，潜在的环境问题可能会导致公司未来命运产生急剧的变化。Chemco 股票现在成交价为 50 美元，而 90 天到期执行价格为 45 美元的看涨期权价格为 6 美元。汤姆能够以 50 美元购买 Chemco 股票，并下 45 美元的委托止损订单作为限制损失的机制。不过，汤姆必须认识到止损订单并不能够保证其损失就锁定在一定数额，因为市场会由于多种因素使股价击穿止损价格而在止损价位之下交易。一个可能的原因是在同一时间出现大规模的卖单（可能是由于交易期间的某个传闻或者某个消息的发布），股价可能直接下跌到 45 美元之下，直到买方和卖方之间达到一种新的供需平衡。还有一种可能的原因是在 45 美元之下"跳空开盘"。之所以发生这种情况，可能是前一个交易日收盘后公司发布了新的公告，引起了第二天早上开盘时买卖盘之间的不平衡。在这种情况下，股票开盘价有可能比上一个交易日的收盘价低很多。

如果汤姆以 6 美元购买 90 天到期、执行价格为 45 美元的看涨期权，而不是买入股票同时设置止损订单，他可以完成止损订单所不能够完成的两件事情。首先，如果他不行使看涨期权，其最大损失限定在每股 6 美元——即看涨期权的价格。其次，看涨期权并不像止损订单那样依赖股票价格，止损订单在市场出现 45 美元的买单后就会触发，从而使其变成市场卖单。这样，当 Chemco 股价低至 45 美元时，触发了止损订单使之成交，然后股价又可能掉头向上一路上涨。这种情况并非罕见，许多有经验的投资者毫无疑问都有过此种经历。尽管汤姆的看涨期权的时间限制有些不便，在期权有效期内 Chemco 股价有可能位于或低于 45 美元这一价位，但看涨期权在到期日前仍然完全可以在股价高于 45 美元时分享股价上涨的收益。许多投资者发现看涨期权的这种时间依赖特性反而特别有吸引力。

5.6.1 计划未来现金流

投资者选择使用价内看涨期权的情形是用来购买股票的现金并不能够立即获得，但资金的获取是可以预期的。假如汤姆想购买 Chemco 股票，但是他需要在他的经销店进行第三季度分红后才可以全额支付购买价格。在期权到期日前分红方案有望通过并进行分配。投资者常常会遇到类似情形，比如持有的债券要到期了，预计年底要发奖金，或者投资者是一位定期储蓄者，预计到时可以筹集到所需资金。

在汤姆看来，他希望以可能的最低价格完成交易，这样会导致出现价内期权。如果Chemco股票以50美元交易，而90天到期执行价格为45美元的看涨期权价格为6美元，那么购买看涨期权从有效购买价格来看就要多支付1美元的成本。当然，汤姆在持有看涨期权期间，如果Chemco公司分红的话，他不能获得红利收入。然而，他可以参与股价高于51美元的上涨带来的收益。同时，在期权行权之前他的风险锁定在每股6美元。如果他自己的财富下降了，经销店没有能够如期分红，则他运用看涨期权锁定风险就是非常明智的投资策略。

新接触这种交易策略的投资者也许一开始有这种感觉，就是认为花51美元去买成交价为50美元的股票等于每股浪费了1美元。当然，在本例中我们假定汤姆手头并没有足够的资金以50美元的价格买入股票。等到手头有钱再买股票也是有风险的，因为在等待期内股价有可能上涨到每股51美元以上。当然，股价在等待期内也可能下降。同样，重要的一点在于期权策略并不是绝对“更好”的选择。看涨期权只不过为投资者提供了一种不同的风险与收益权衡：现在就买入而不是等待（正面的），但为此每股要多支付1美元（负面的）。

作为对购买价内看涨期权的一种替代方案，投资者可以选择用保证金购买股票。当用保证金购买股票时，期初会支付购买价格的50%或者更多，余额从经纪公司借入直到获得预期现金为止。用保证金购买股票是购买看涨期权以外可行的选择方案。利息成本相当于购买看涨期权时需以更高的有效购买价格买入股票。然而，用保证金购买股票需要立即筹集购买价格50%的资金或者其他担保证券，用来对保证金贷款进行担保。而前例中使用看涨期权交易策略需要立即动用的资金都不足购买价格的15%。

5.6.2 两者相权取其优

还有使用价内看涨期权的第三种情形，即有两只股票同时吸引了投资者的关注，但投资者却没有足够的资金同时购买这两只股票。还以汤姆为例，他想买入Chemco公司的股票，但他同时也对另一家零售巨头Foodco公司股票极为关注，该公司近几年发展很快。在这种情况下，汤姆买入了Foodco公司股票，同时买入了Chemco公司股票的看涨期权。这样，他的风险暴露包括Foodco股票的全部风险和Chemco股票的有限风险。如果用保证金同时买入这两只股票则他就要承担两只股票的全部风险。

持有Chemco公司股票的价内看涨期权，汤姆就可以在期权到期日之前或之时的某个时点根据情况决定是否完全介入两只股票。如果Foodco公司股票表现更好，因而是更优选择，汤姆就可以把 Chemco 公司股票期权出售（如果还是价内期权）或者让其到期失效（如果成为价外期权），从而放弃操作该股。如果选择做 Chemco 公司股票，那么就卖出 Foodco 公司股票。在期权行权时就可以用卖出 Foodco 公司股票的收益去买入 Chemco 公司股票。

我们不要忽略价内看涨期权第三种运用的风险。如果执行价为 45 美元的看涨期权的价格为 6 美元/股，那么买入了一只股票加上另一只股票看涨期权的投资者实际上每股承担了 6 美元的额外风险。接下来市场会出现多种情形。可能两只股票股价均上涨，因此买入的股票和看涨期权都能获利；也可能两只股票价格都下跌，因此两种操作均亏损；还有可能一只股票上涨获利而另一只股票下跌亏损。很难保证此处所讲的交易策略就一定比另外的交易策略更好。然而，看涨期权确实给我们提供了一种过去从未有过的新的交易选择。

最后再谈一点，第三种交易策略试图在两种交易中选取最好结果，并不仅局限于价内看涨期权。不过，价内看涨期权与平价看涨期权和价外看涨期权相比，却能提供最低的有效购买价格（如果行权的话）以及最高的短期价格参与机会（如果股票价格上涨的话）。需要权衡的是价内看涨期权的成本比平价看涨期权和价外看涨期权要稍高一些。

5.7 本章小结

本章介绍了这样一种观点，就是把看涨期权作为一种保险策略，帮助投资者在期权有效期内以有限风险买入股票。相对于直接买入股票而言，看涨期权提供了一种完全不同的风险与收益权衡，即锁定风险但要支付更高的有限购买价格。看涨期权是一种有时效的风险管理工具，它们不像止损订单那样依赖股票价格。最后，看涨期权还提供了一种不同于用保证金买入股票的选择，可以不慌不忙地等到购买股票的全额资金到位。

第6章 有保护卖出期权

6.1 引言

有保护卖出期权是最普遍的期权交易策略之一。不幸的是，这种策略也常常被人误解。许多投资者要么是弄不明白有保护卖出期权与购买持有投资策略之间存在的诸多差异，要么是对这种策略持有许多错误的概念。

本章包括两部分内容。首先，介绍有保护卖出期权的基础知识，其中包括标准的收益率计算方面的例子。其次，阐述有关有保护卖出期权的一些常见误解和误区。通过学习本章，读者会获得一些关于有保护卖出期权所要求的心理调整方面的建议，以及了解它和传统的买入持有策略有何不同。

6.2 有保护看涨期权基础

有保护看涨期权策略涉及在一一对应的基础上买入股票并同时卖出看涨期权。下面的例子会解释这种策略是如何运作的，这里面包括盈亏结构图、潜在的利润和风险、标准回报率的计算，以及投资者运用这种策略的动机。

马可（Marc）是波士顿的一位工程师，他决定介入有保护的卖出期权操作。他一直在关注一家从事炼油行业名为Gasco公司的股票。他喜欢这只股票，也愿意将该股加入其投资组合；此外，如果股票价格上涨他会因获得合理利润而高兴。他以每股48.75美元的价格买入100股Gasco公司股票，并且以1.60美元的价格卖出一份60天到期、执行价为50美元的看涨期权。图6－1显示了期权到期日的盈亏状况，相关数据的计算如表6－1所示。为简便起见，忽略交易成本及提前指派行权的可能性。提前指派行权意味着有保护的期权出售者不能获得应得红利。此外，交易成本会明显影响有保护卖出期权的交易意愿，因此在任何实际分析中应该包括进去。

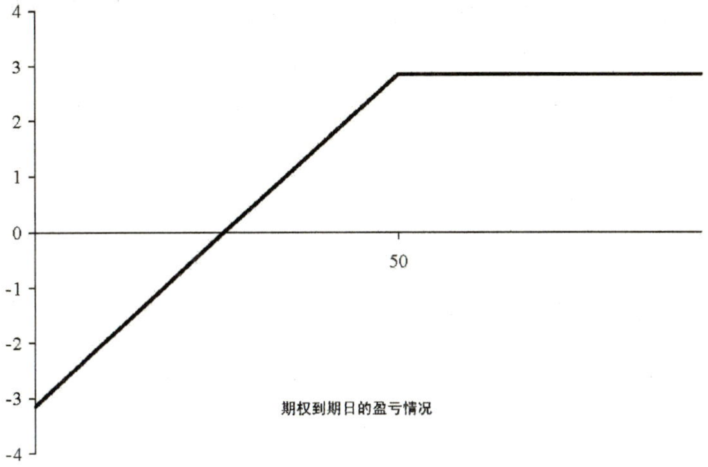

买入股票 @ $48.75
卖出60天到期执行价为50美元的看涨期权 @ $1.6

图 6-1　马可对 Gasco 公司股票的有保护卖出期权——买入股票、卖出看涨期权

表 6-1　有保护卖出期权——买入股票、卖出看涨期权的到期日盈亏计算表

到期日股票价格	以 48.75 美元买入股票的盈亏情况	以 1.6 美元卖出执行价为 50 美元的看涨期权的盈亏情况	总盈亏情况
53 美元	+4.25	−1.40	+2.85
52 美元	+3.25	−0.40	+2.85
51 美元	+2.25	+0.60	+2.85
50 美元	+1.25	+1.60	+2.85
49 美元	+0.25	+1.60	+1.85
48 美元	−0.75	+1.60	+0.85
47 美元	−1.75	+1.60	−0.15
46 美元	−2.75	+1.60	−1.15
45 美元	−3.75	+1.60	−2.15

6.2.1 最大潜在利润

如图 6-1 所示，马可最大的潜在利润是 2.85 美元。如果在期权到期日时 Gasco 公司股票价格位于或高于行权价格，看涨期权买方会选择行权，而马可作为看涨期权卖方将会被指派行权。如果马可的看涨期权空头被指派行权，他的股票将会以 50 美元的价格卖出，结果是马可获得 2.85 美元的利润。该利润由卖出期权的期权费 1.60 美元加上股票盈利 1.25 美元构成。股票盈利就是看涨期权的执行价格与买入股票价格之间的差额。无论股票最终价格是多少，如果有保护卖出期权被指派行权，那么股票就将以期权的执行价格卖出。

6.2.2 期权到期日盈亏平衡股价

有保护卖出期权相比直接买入股票的一个优势就是其盈亏平衡点较低。在期权到期日，有保护卖出期权的盈亏平衡股价等于买入股票的价格减去卖出看涨期权所获得的期权费。在马可的例子中，其盈亏平衡股价为 47.15 美元，即用 48.75 美元的股票买入价格减去 1.60 美元的卖出看涨期权期权费。

6.2.3 有保护卖出期权的选择

分析任何投资策略都需要回答以下问题：潜在的利润是否值得冒潜在的风险？在选择用有保护卖出期权进行交易时，选股是其中最重要的因素。比较一下马可的潜在风险收益状况：如果看涨期权被指派行权其潜在收益最大仅为 2.85 美元，而其潜在风险，从理论上来讲，如果股价下跌为 0 将是 47.15 美元。尽管没有多少股票价格会下跌到 0，但确实有一些股票的价格会大幅下跌。因为存在这种风险，因此投资者在运用这种交易策略之前必须对自己投资的股票要有完全的信心。

6.2.4 收益的基准指标

尽管对于收益并没有绝对的衡量指标，但是有保护卖出期权却存在两个基准指标。根据经验，这些指标可以在分析某个有保护卖出期权是否值得选择的时候作为重要参考。

(1) 静态回报率。

决定有保护卖出期权是否具有吸引力有两个标准指标。第一个是静态回报率，或者简称其为静态回报。静态回报是假设股价在期权期满时与购买价格相比没有发生变化，且看涨期权没有被指派行权而到期失效的情况下，有保护卖出期权的年化收益率。

静态回报等于用投资收益除以净投资额并把结果进行年化处理。

投资收益包括净期权费收入加上可能获得的股票红利。净看涨期权期权费收入等于总期权费减去交易成本（此处假定为 0）。对马可来说，投资收益为 1.60 美元。

净投资额等于股票总价格减去收取的期权费。股票总价格包括交易成本。由于马可以 48.75 美元买入股票，以 1.6 美元卖出看涨期权，因此他的净投资额为每股 47.15 美元（即 48.75－1.6＝47.15 美元）。

把 1.60 美元的收入除以 47.15 美元的投资，结果盈利率为 0.034，或者说对马可而言，60 天的回报率为 3.4%。要计算年化收益率，只需把该结果乘以 1 年的天数，然后除以到期天数。在本例中，即以 0.034 乘以 1 年的 365 天然后除以 60，结果为 0.21 或 21%，这就是所求的静态回报。此处假设 60 天获得 3.4%的回报这一模式在 1 年剩余时间里可以重复，因为 1 年仅比 6 个 60 天稍微多几天，因此结果就是 3.4%的 6.08 倍，亦即 21%。当然，假定一定的业绩表现可以不断重复并不现实。要记住，这是一个基准指标，一时获得较高的回报率并不能保证未来就一定能保持好的结果。表 6－2 总结了静态回报的计算结果。

表 6－2　马可的静态回报率（年化收益率）

假设：股票价格在期权到期日与购买价格相比没有发生变化 看涨期权到期没有行权		
马可的例子：	股票购买价格	48.75
	执行价为 50 美元的看涨期权价格	1.60
	红利	0
	到期天数	60

$$\text{静态回报}=\frac{\text{收入}}{\text{投资}}\times\text{年化因子}$$

$$=\frac{\text{年涨期权期权费}+\text{红利}}{\text{购买股票价格}-\text{看涨期权期权费}}\times\frac{\text{每年的天数}}{\text{到期天数}}$$

$$=\frac{1.60+0}{48.75-1.60}\times\frac{365}{60}=21\%$$

（2）或有行权回报率。

第二种标准的基准指标是或有行权回报率，或者简称为或有行权回报。或有行权回报是假设股票价格上涨到看涨期权空头的执行价格，因而股票在期权到期日以行权价卖出时有保护卖出期权收益的年化百分比。

或有行权回报的计算分三步：①将收入加入到利润之中；②将所得总数除以净投资；③将计算出来的商进行年化。

收入与静态回报相同：看涨期权期权费净得加上股利。利润是期权执行价格与股票购买价格的差额。在本例中，利润为 1.25 美元，即期权执行价格 50 美元与股票购买价格 48.75 美元之间的差额。

净投资也与静态回报相同，都是 47.15 美元，这是把股票总价格减去净看涨期权费。

把收入 1.60 美元与 1.25 美元加总，再用合计的 2.85 美元除以净投资 47.15 美元，其结果是马可在 60 天内的利润率为 0.061，或者说 6.10%。为了将收益转化为年收益，可将这一数额乘以每年的天数，并除以至到期日的剩余天数。在本例中，将 0.061 乘以每年的 365 天，再用结果除以 60 天。结果算得年化收益率为 0.371 或者 37.1%。此处假设 60 天内盈利 6.10%的模式可以在 1 年中剩余的时间内进行复制，但正如前面所说的那样，这是不现实的，但是这只不过是一种基准测量方法。或有行权回报的计算总结如表 6-3 所示。

表 6-3　马可的或有行权回报率（年化收益率）

假设：股票价格在期权到期日上涨到与期权执行价格持平或之上 看涨期权到期被行权，股票以期权执行价格卖出		
马可的例子：	股票购买价格	48.75
	执行价为 50 美元的看涨期权价格	1.60
	红利	0
	到期天数	60

$$或有行权回报=\frac{收入+利润}{投资}\times 年化因子$$

$$=\frac{年涨期权期权费+红利+（看涨期权执行价格-股票购买价格）}{购买股票价格-看涨期权期权费}\times\frac{每年的天数}{到期天数}$$

$$=\frac{1.60+0+(50-48.75)}{48.75-1.60}\times\frac{365}{60}=37.1\%$$

6.2.5 关于静态回报和或有行权回报的计算

对于初次接触上述的投资者，将回报率年化的方式可能使他们不禁大皱眉头。毕竟，人们也许会问，怎么能够保证 1 年内再接着 5 次重复这种收益模式呢?这是个很合理的问题，但是却遗漏了一个关键点。静态回报和或有行权的计算并不是绝对的测量；它们是客观的计算，能够在投资分析和主观选择过程中有所帮助。即使选择有保护的卖出期权同选择其他投资方式一样是主观的，这些计算也提供了一个比较的基础。通过比较几种有保护的卖出期权的机会，投资者能够感受到当前市场状况如何。最后的选择是基于一些客观信息和主观信息的综合。这样做的结果就是拥有更多信息的决策会带来更加明智的选择。

6.2.6 卖出价内看涨期权——纯粹的收入策略

如果卖出看涨期权属于价内期权，则意味着标的股票价格处于卖出的看涨期权的执行价格之上。例如，有位名叫丹妮的收入导向的投资者，她看上了 Blue Chip 公司的股票，目前成交价格为 61.50 美元。她所关注的是该股每个季度有 0.25 美元的红利，这等于每年的红利率为 1.6%。年红利率等于季度红利乘以 4 再除以股票价格。此例中即为（0.25×4）÷61.50＝0.016＝1.6%。不过，卖出价内看涨期权的交易策略将使这一收入状况发生改变。

假设丹妮以 61.50 美元的价格买入 100 股 Blue Chip 公司股票，以 4.25 美元的价格卖出一份 90 天到期、执行价为 60 美元的看涨期权，计算静态回报时假设股价在到期日时仍为 61.50 美元，即没有发生变化。在此价格下，丹妮卖出的执行价为 60 美元的看涨期权将被行权，其股票将以 60 美元的价格卖出。由于或有行权回报时假定股票被行权卖出，因此，对丹妮来说，此时静态回报与或有行权回报的计算并没有什么不同。

丹妮来自有保护卖出期权的收入包括三部分：获取的期权费收入 4.25 美元；获得的红利收入 0.25 美元；股票投资的损失－1.5 美元，亦即股票购买价格 61.50 美元与股票卖出价格 60 美元之差。因此，在不考虑交易成本的情况下，丹妮的总收入为 3 美元。丹妮的总投资金额为 57.25 美元，即以股票购买价格 61.50 美元减去看涨期权期权费收入的 4.25 美元。在不考虑交易成本的情况下，丹妮卖出 90 天到期的有保护看涨期权的静态回报计算总结如表 6－4 所示。

表 6-4　丹妮的有保护卖出价内看涨期权策略（静态回报等于或有行权回报）

回报率＝（（收入＋利润）÷净投资额）×（每年天数÷到期天数） 　　　＝（（4.50－1.25）÷57.25）×（365÷90）＝23％ 其中：收入＝看涨期权费 4.25＋红利 0.25＝4.50 　　　利润＝执行价格 60－股票价格 61.25＝－1.25 　　　净投资＝股票价格 61.50－看涨期权费 4.25＝57.25
在到期日股票价格虽然没有发生变动，但高于期权执行价格，因此认为股票会被卖出。结果就是“纯收入”交易策略。但如果股价低于 57.25 美元则会亏损。

由于交易成本的存在，丹妮实际的年化回报率将会低于 23％，其中包括两次股票交易的佣金，一次是以 61.50 美元买入股票，另一次是以 60 美元卖出股票。

如果在到期日股票价格高于 60 美元，她的看涨期权被指派行权，这样丹妮的目标就会实现，她会收回投资并大约可以获得 23％的年化回报，然后她又可以寻找其他的投资标的。

尽管有些投资者不愿卖出价内看涨期权，但是没有人会拒绝这种交易策略。正如我们在下文中将要谈到的，在选择具体的有保护卖出看涨期权时有几个方面需要加以考虑。

6.2.7　有保护卖出期权使用指南

有保护卖出期权是一种股票导向的交易策略。这意味着大部分投资风险都来自股票自身，尽管所有期权策略的成功或者失败都取决于标的股票价格行为。所谓股票导向的期权策略指的是投资者实际拥有或者有兴趣拥有标的股票，这和短期期权交易策略不同，短期策略对拥有标的股票不感兴趣。

（1）指南一：满意所选股票。

因为是股票导向，所以第一个指南就是运用有保护卖出期权策略的投资者必须对所选出的标的股票十分满意。就这点而言，使用有保护卖出期权策略的选股程序和普通投资股票的选股程序并没有什么不同。

（2）指南二：乐于卖出股票。

不过，有保护卖出期权策略有一个特点是普通股票投资所没有的：卖出股票的义务。典型的股票投资者可能不太关注股票目标卖出价格，但是有保护卖出期权卖方有义务以一定价格卖出股票，这个价格就是看涨期权的执行价格加上看涨期权费（在第 1 章已经详细介绍有效卖出价格这一概念）。因此，指南二就是运用有保护卖出期权的投资者要乐于以看涨期权空头的有效价格（执行价加上期权费）卖出股票。这一指南对投资者有着重要的心理意义，如果投资者乐于以看涨期权空头的有效价格卖出股票，那么就不会担心接到行权通知。事实上，卖出股票应该被看作好事情，因为这意味着可以获得或有行权回报，这是最大可能收益。

（3）指南三：寻求可接受的回报。

由指南二引申出指南三：运用有保护卖出期权策略的投资者必须计算静态回报率和或有行权回报率（包括交易成本），并且只有当其认为这些回报率是可以接受的时候才参与有保护的卖出期权交易。虽然“可以接受的”回报率是多少比较难以界定，但是可以把有保护卖出期权策略的回报与其他投资回报进行比较，比如短期国债当前的无风险利率、标普 500 指数基金的平均收益率，以及长期政府债券的利率等。当然，有保护卖出期权的理想回报率应该比上述利率高些，因为有保护卖出期权包含持有个股的风险，这比持有政府债券或多样化投资组合的风险要高得多。

尽管有些专业投资人士对此提出某些投资法则，比如“有保护卖出期权回报率扣除佣金后至少要在 3 个月期国债利率的 2～3 倍”，但这类投资法则往往导致人们过于强调回报率的计算，而对选股和市场趋势预测却做得不够。既然拥有股票是构成有保护卖出期权策略风险的最大因素，那么就应该把重点放在优选股票这方面。

（4）指南四：小心解释回报的计算。

指南四与回报率计算本身有关：运用有保护卖出期权的投资者必须小心解释回报的计算。这点很重要，因为对于很短的时间区间，这类计算会产生误导。例如，假定某个一周到期、执行价为 20 美元的看涨期权扣除佣金后出售价格为 25 美分，此时股票价格是 19.80 美元，从理论上来讲，该有保护卖出期权具有很高的年化回报率，但问题是这种交易结果有多大概率可以多次重复，又能重复多少次？因为这种交易往往更多的是投机性交易而不是谨慎性投资。

（5）指南五：关注 60 天或者更长的时间。

这样，从指南四进一步可以得出指南五：运用有保护卖出期权的投资者应该集中关注 60 天的时间周期或者更长的时间周期。通常选择 90 天的时间框架，投资者也可以试着考察 120 天或更长的时间周期。阿莱尔和蒂尔妮（Allaire and Kearney）在他们的精彩著作 LEAPS（麦克劳希尔出版社，2002 年）中，讨论了有保护卖出长期期权的优势。

（6）指南六：要考虑所有成本。

最后一条指南强调现实世界的交易成本要素：运用有保护卖出期权策略的投资者在计算回报的时候必须考虑所有的交易成本。静态回报率的计算应该包括与初始股票买入（第一种佣金）和看涨期权行权卖出股票（第二种佣金）有关的所有交易成本。或有行权回报率的计算应该包括期权被指派行权和第三种佣金，从而卖出股票的所有成本。表 6－5 列出了有保护卖出期权的所有成本。

表 6－5　有保护卖出看涨期权——静态回报和或有行权回报的计算

<table>
<tr><td colspan="2">股票/价格________　股票成本________　总的看涨期权收入________
看涨期权/价格________　股票佣金________　看涨期权佣金________
距到期日天数________　或有行权的收入（行权价×股票数量）________</td></tr>
<tr><td>净收益＝净看涨期权收入＋红利
总看涨期权收入－佣金＝净看涨期权收入＋红利＝
________－________＝________＋________＝</td><td>净收入
________</td></tr>
<tr><td>净投资＝总股票成本－净看涨期权收入
股票成本＋佣金＝总股票成本－净看涨期权收入＝
________＋________＝________－________＝</td><td>净投资
________</td></tr>
<tr><td>资本利得（或有行权）＝净或有行权收入－净投资
或有行权收入－佣金＝净或有行权收入－净投资红利＝
________－________＝________－________＝</td><td>资本利得（或有行权）
________</td></tr>
<tr><td colspan="2">静态回报率（年率）
$\frac{\text{净收益}}{\text{净投资}}\times\frac{\text{每年天数}}{\text{距到期日天数}}\times$静态回报率
$—\times\frac{365}{—}=$________</td></tr>
</table>

续表

或有行权回报率（年率） $\frac{\text{净收益}+\text{资本利得}}{\text{净投资}}\times\frac{\text{每年天数}}{\text{距到期日天数}}=$或有行权回报率 $\frac{\quad}{\quad}\times\frac{365}{\quad}=$______

6.2.8 现实世界——考虑交易成本

关于佣金和其他交易成本的一个要点是数量折扣（quantity discounts）这一概念。实际上，所有的经纪公司都有佣金优惠方面的规定，即随着股票交易数量的增加，每股佣金会有所下降。例如，交易 300 股的佣金要比交易 100 股的佣金少得多。同样，最低佣金的存在就意味着卖出 4～5 份看涨期权的佣金与卖出 1 份的佣金差不多。对于有保护卖出期权来说，这些因素的含义就是尽量取得规模经济。总的来说，要有效降低成本，有保护卖出期权的交易至少要达到 100 股以上。由于交易成本的存在，将使得有保护卖出期权交易只有 100 股时的静态回报和或有行权回报低到令人不忍目睹。因此，投资者需要确定自己是否有足够的资本从事有保护卖出期权交易。

6.3 有保护卖出期权的误区

有保护卖出期权是一种常用的期权交易策略。事实上，每位只要从事过期权交易的经纪人或投资者都知道或实际应用过这种策略。但即使是这样，对于有保护卖出期权的一些认识误区和错误概念还是值得讨论的。只有对期权投资策略的优势和劣势有了充分了解和认识，投资者才能安心地进行投资操作。还有什么比讨论人们常说的期权负面影响更能增加投资者这种认识的呢？

6.3.1 误区一："期权被行权真糟糕"

当一些投资者进行有保护卖出期权操作的时候，他们并不清楚自己究竟想要发生什么情景。一方面，他们渴望股价上涨，而另一方面，他们又希望股价不要上涨过高，因为他们担心会被要求卖出股票。这种矛盾心理可能根源于失控的感觉，有保护卖出期权卖方有义务在看涨期权持有者要求行权时卖出股票。因此，投资者有一种可能会“失去”股票或股票被人“拿走”的感觉。

然而，如果让同样的投资者选择以看涨期权空头的有效价格卖出股票，这种行为就会被看作是一种积极的操作决策。可能还会被认为这是一次“好的卖出操作”或“获利了结”。

但这里存在一个难解之谜：有保护卖出期权是唯一一种有时把盈利看作损失的操作策略。举个例子，有位芝加哥学者赫尔曼（Herman），他经常投资股票并密切关注市场。在一次交易中，他以48美元买入某只医药股，然后以52美元卖出了，但仅仅一周后这只股票涨到了54美元。但他还是很满意，说：“至少我还是赚钱了”或“只要有钱赚就不会破产”。

后来赫尔曼又准备进入期权市场，并且想以有保护卖出期权小试牛刀。他以48美元买入一只高科技股，并以2美元的价格卖出一份执行价格为50美元的看涨期权。随后在期权到期时，股票价格上涨至55美元，赫尔曼沽出的看涨期权被指派行权。他的有效卖出价格为52美元，获得4美元的利润。然而，赫尔曼的第一反应却很沮丧，他说：“做期权使我亏了（少赚）3美元，我的好股票被人拿走了。”他本来盈利4美元在他嘴里却变成了亏了3美元（55－52）。由于这个原因，还算不错的或有行权回报从心理上被忽略了。

赫尔曼对上述两笔交易的不同反应也许来源于心理上的不同感受，毕竟是由自己主动卖出还是由于别人行使看涨期权而被动沽出股票的感觉不太一样。但是，不管出于什么原因，像赫尔曼一样从事有保护卖出期权交易的投资者应该设法克服这一心理难关。不管什么样的投资策略，总有可能存在比它“更好的”。没有人总是能够买在最低点、卖在最高点。“卖早了”肯定不完全是由于有保护卖出期权造成的，即使经验老到的投资者也曾卖出过让他们追悔莫及的股票。

看涨期权空头被指派行权正是有保护卖出期权的一个有机组成部分，从正面角度来看，这意味着这一策略达到了它的最大可能收益。这是一件好事。从心理上接受这点对于学会成功运用有保护卖出期权策略非常重要。

6.3.2 误区二：“有保护卖出期权是一个好策略，因为大多数期权在到期日都一文不值了”

这是一个常见的概念误区，而且也不合乎逻辑，从许多事实都可以看出这一观点不成立。如果大部分期权到期时都一文不值，那么卖出期权就存在超额收益。如果真的如此的话，那么在一个竞争市场上，逐利资金就会蜂拥而至，以实现超额利润。为了获取这种所谓的超额回报，市场将会出现大量卖出期权，从而使得期权价格下降，直至超额收益不存在为止。至此我们知道，所谓“大多数期权在到期时都一文不值了”这种观点是不成立的。

事实上，大多数期权在到期时还是有价值的。芝加哥期权交易所（CBOE）每年都会出版一本统计册子，其中就披露了个人客户与公司账户中到期前平仓、被行权和到期无价值的CBOE股票期权各自所占的百分比。表6-6显示的就是过去10年里其中1993年和2002年的月度数据。这里显示的数字指的是期权合约期内该类合约占总开仓合约数的百分比。读者不要对这些数字做过分解读，因为这里并不包括做市商的股票期权或指数期权，而且这里也看不出是否赚钱了。CBOE的统计数据表明，在1993年只有不到35%的期权合约到期无价值，而2002年的百分比要稍高些，达到38.2%，其中有一个月期权到期无价值的比例接近50%。然而，回溯过去30年的统计数据都表明期权到期无价值的比例从来都不会达到90%。

表6-6　股票期权——清算、行权和到期比例（%）1993年与2002年对比

	平仓			行权			到期但没有行权		
1993年	合计	看涨期权	看跌期权	合计	看涨期权	看跌期权	合计	看涨期权	看跌期权
1月	56.1	47.8	58.9	9.9	11.3	9.4	34.0	40.9	31.7
2月	47.2	47.9	46.9	11.2	18.4	8.1	41.6	33.7	44.9
3月	55.8	48.7	58.8	9.0	11.3	8.1	35.2	40.0	33.2
4月	55.0	53.1	55.8	9.7	12.4	8.4	35.4	34.5	35.8
5月	56.7	49.6	60.3	10.2	12.6	8.9	33.1	37.8	30.8
6月	55.4	54.5	55.8	8.8	12.8	7.1	35.8	32.7	37.1
7月	54.7	51.1	56.3	10.4	15.2	8.3	34.9	33.7	35.4
8月	56.0	53.3	57.6	10.3	12.5	9.2	33.6	34.2	33.3
9月	53.2	51.4	54.1	10.8	14.4	9.0	36.0	34.1	36.9
10月	57.8	47.9	62.0	11.3	11.3	11.3	30.9	40.8	26.8
11月	57.2	52.9	59.1	11.8	15.1	10.3	31.0	32.0	30.5

续表

	平仓			行权			到期但没有行权		
1993 年	合计	看涨期权	看跌期权	合计	看涨期权	看跌期权	合计	看涨期权	看跌期权
12 月	55.9	49.2	58.8	10.0	9.8	10.1	34.0	41.0	31.0
12 个月平均	55.4	50.7	57.4	10.3	12.9	9.2	34.3	36.4	33.4
	平仓			行权			到期但没有行权		
2002 年	合计	看涨期权	看跌期权	合计	看涨期权	看跌期权	合计	看涨期权	看跌期权
1 月	39.9	42.6	35.8	21.6	11.4	37.0	38.5	46.1	27.2
2 月	47.0	43.2	52.0	14.8	11.0	20.0	38.2	45.8	28.0
3 月	49.2	51.3	46.9	14.4	17.6	10.7	36.4	31.1	42.4
4 月	44.3	43.4	45.6	15.6	13.8	18.0	40.1	42.7	36.4
5 月	17.8	60.6	5.7	33.0	2.7	41.6	49.2	36.8	52.7
6 月	46.2	40.1	54.1	16.5	5.7	30.6	37.3	54.2	15.3
7 月	47.3	42.1	53.8	16.3	3.7	32.2	36.4	54.3	13.9
8 月	53.9	51.5	56.8	13.3	13.0	13.6	32.8	35.5	29.5
9 月	49.8	45.1	55.9	13.8	5.1	25.2	36.5	49.7	18.9
10 月	47.8	44.5	51.4	15.6	12.2	19.2	36.6	43.3	29.4
11 月	NA	NA	NA	NA	NA	NA	NA	NA	NA
12 月	NA	NA	NA	NA	NA	NA	NA	NA	NA
12 个月平均	44.3	46.4	45.8	17.5	9.6	24.8	38.2	43.9	29.4

资料来源：CBOE。

说明：NA 为无数据。

简而言之，对于预期价格将超过期权的盈亏平衡点的股票，投资者不应沽出看涨期权。比较恰当的看法是，有保护卖出期权与直接购买股票的差别在于它提供了一组不同的权衡。直接购买股票投资策略的盈亏平衡点就是股票的买入价格；如果股票价格不上涨就没有盈利，而如果股票价格上涨，则理论上向上有无限盈利潜力。有保护卖出期权策略则与之不同，其盈亏平衡点更低，在股票没有变动的情况下也能获利，但盈利潜力有限。直接买入股票和有保护卖出期权这两种策略提供的是不同的风险与收益权衡。没有人能够事先知道哪种策略更好，甚至也不知道哪种策略能带来更高利润。市场价格由市场上各方力量的角逐而决定，投资者必须自己做出判断，选择最符合他们风险偏好和投资目标的策略。

期权市场只不过是为投资者提供了更多的选择，从某种意义上而言，每种选择在市场定价的联合力量面前都是平等的，不存在获得超额利润的选择。谨记这一点将会使投资工作变得容易起来，你所要做的就是研究投资机会并做出决策。

6.3.3 误区三："有保护卖出期权是一个坏策略，因为它迫使投资者卖出赚钱的股票而保留亏损的股票"

很容易看出这种想法是如何产生的。如果股票价格在期权合约到期日高于看涨期权空头执行价格，则做有保护卖出期权的投资者就会接到指派通知（Assignment notice)，从而卖出手中股票。这样就产生了"失去赚钱的股票"这种想法。同样，如果股票价格下跌，看涨期权到期时没有被执行，"不涨的股票"就保留在做有保护卖出期权的投资者手中。但是谁或什么该为"卖出赚钱的股票而保留亏损的股票"负责呢？是期权工具还是投资者本人？有哪里写了一旦股票被卖出，不管是由于期权被指派行权卖出还是被主动卖出，就不能再重新买回呢？又有哪里写了一旦股票价格下跌，如果没有被期权指派行权买走就不能直接卖出呢？

为什么上述论断要怪罪到期权的头上呢？每种投资要想取得好的结果都必须精心管理。当股票价格开始下探时，投资者就必须认识到市场趋势可能发生了改变，从而采取恰当的措施。一些投资专家当股价下跌一定比例的时候就严格执行止损策略，而有些经验丰富的投资者则认为投资是一种相当主观的事情，很难用一种规则去套用所有的情境。然而，对于表现不佳的股票或市场趋势发生改变时做出卖出决策是每一个投资者必须尽到的责任。股票投资需进行严格管理，投资者不应因为使用了期权交易而放弃自己应尽的管理责任。

6.3.4 误区四："手续费制约了有保护卖出期权的发展"

手续费和其他交易成本肯定是应该考虑的重要因素。尽管有一种论断称，交易成本的存在常常使得买入 100 股股票和卖出一份看涨期权是不合算的，但总的来说，交易成本会随着交易份额的增加而大幅下降。许多公司都有最低手续费的要求，这就意味着交易2份、3份，有时甚至多达5份期权的成本和交易一份期权的成本相同，结果就是每份交易的成本都得以下降。这种差异对静态回报和或有行权回报的计算都会产生重要影响。如前所述，投资者首先就必须确定自己是否有足够的资金从事有保护卖出期权交易。

6.3.5 误区五："有保护卖出期权让投资者感觉很无趣"

任何成功的投资者都同意这种观点，即辨别好的投资机会是一件相当耗时的工作。不管投资者是独立进行基础研究，依靠投资信息或报纸专栏，或者运用某种技术分析方法，获得好的主意都需要一定时间。进一步来说，一旦一个投资想认被选定并且付诸实践，需要的耐心不仅没有下降，而且上升为非常重要的因素。买入并持有股票便是一个经典的例子。如果是长期投资，那么在买入股票以后，投资者需要自律与耐心不去获取短期的利润（或者是很快就亏损割肉了）。

有保护卖出期权的操作也是一样的。建立一个60天或更长时间的头寸要求投资者具有比从事短线投资的交易者更多的耐心。但是，有保护卖出期权却是与短期交易完全不同的一种交易活动。将大额资金用来做有保护卖出期权交易是一种谨慎的投资策略，并且有保护卖出期权也不需要像短线交易那样需要进行频繁监控。如果一个有保护卖出期权卖方对其选定的股票很满意（他也必须这样），那么他就不需要时刻关注该头寸，就像他不需要经常关注长期投资组合的持仓那样。在期权到期的时候，要么就是沽出的看涨期权过期失效，要么就是沽出的看涨期权被要求行权（这意味着标的股票必须卖出）。此时投资者需要做出另一个决定。如果股票被卖出了，那么投资者就面临多种选择，包括但不限于：重新买回该股，买入另外一只新股，再介入另一份有保护卖出期权交易，或者就让资金存在生息账户里。如果看涨期权未被行权过期失效，则投资者的选择同样很多，其中包括是否继续持有标的股票。看涨期权是到期失效还是被行权并没有为投资者做出后续决策：聪明的投资者会有意识地根据当前的市场环境做出最好的投资决策。

有保护卖出期权比传统的买入、持有投资策略更加积极。如果投资者同时持有两到三个有保护卖出期权头寸，那么他就可以错开期权的到期时间从而使其能够定期进行新的决策。这种交易活动肯定就不那么令人乏味了。事实上，它为个人投资者的投资管理技巧中增添了更多的变动性和趣味性。

6.3.6 误区六："有保护卖出期权表现不佳"

关于持续采用有保护卖出期权策略的股票组合的市场表现，目前的研究并不多，其中最出色的研究出自杜克大学的罗伯特·威利教授（Robert Whaley）。威利教授受芝加哥期权交易所委托，创造了一个被动买入股票、卖出期权的投资组合，该组合的业绩表现从 1988 年 6 月 1 日开始计算，当时正值标准普尔 500 指数开始报道每日股利。威利教授的研究成果便是 BXM 指数，正式的名称为芝加哥期权交易所买入股票、卖出期权月度指数（the CBOE Buy Write Monthly Index）。这个指数是在标准普尔 500 指数期权（SPX）的基础上编制的，而 SPX 的标的证券为标普 500 组合。该指数看涨期权以买方报价作为卖出价，执行价格只比当前指数水平略高（也就是说，稍稍处于价外期权状态），它一般被持有到到期日并以现金结算，然后卖出一个新的一个月期的 SPX 看涨期权。图 6－2 显示了威利教授从 1998 年 6 月 1 日至 2004 年 7 月 30 的研究结果，其中把 BXM 指数与标普 500 总回报指数（SPTR，S&P 500 Total Return Index）做了比较。有关 BXM 指数的详细信息，包括最新数据，可以从网址 www.cboe.com/bxm 获取。BXM 指数的设计旨在代表一个假设的买入股票、卖出期权的投资组合策略。像许多被动型指数一样，BXM 指数并没有考虑像交易成本和税收这样一些因素，由于这个原因，可以说许多乃至大多数投资者的表现都会不如被动型指数的表现。

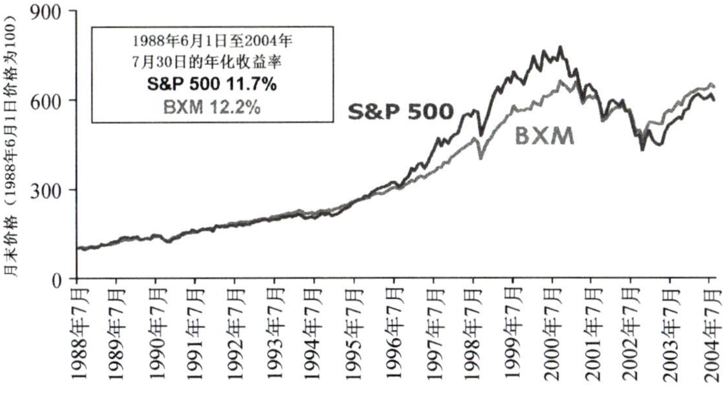

图 6－2 股票和 BXM 指数

在所考察的16年内（1988—2004年），BXM指数比标普500总回报指数表现略佳，且BXM指数收益的方差也比后者要小。但是，就像人们所预测的一样，BXM指数的表现并非每个月都能超过SPTR，甚至并不是每年都比SPTR表现好。收益型投资策略与成长型投资策略相比，在20世纪90年代后期这种牛市大涨的年份里的表现通常都要比标准普尔500指数要差。然而，即使在这样的时期，以收入为目标的投资者仍然青睐（或者需要）这类收益型产品，而不愿转向成长型策略。因此，有保护卖出期权策略有时表现并不是最好这一事实，并没有降低其在投资组合当中的重要性。对于以收入为目标的投资者来说，恰当运用有保护卖出期权的作用毫无疑问要比去做成长型组合更加重要。不过，如果投资者认为当前的股票市场环境更像20世纪90年代早期的股票市场，那么他们在其整个投资活动当中就应该更加关注这种交易策略的运用。

6.4 本章小结

有保护卖出期权是一种保守的期权策略，需要按照相同比例买入股票并同时卖出看涨期权。当投资者持有标的股票时卖出看涨期权是想实现三个投资目标之一。在稳定或者单向交易的市场中，看涨期权就会到期自动失效，期权费就是所获收入。在上升市场中，股票的卖价高于卖出看涨期权时的现行股价。在下降市场中，看涨期权费变为有限的下降保护且降低了持有股票止损价格。

有保护卖出期权头寸有两个传统衡量指标，一是假设股价在期权到期时不变情形下的静态回报，二是当股价在到期日等于或者高于执行价、股票以执行价被卖出情形下的或有行权回报。这些基准指标可以用来帮助进行主观决策，但并不是绝对指标。

股票投资决策是选择好的有保护卖出期权的最重要的因素。运用有保护卖出期权策略的投资者必须愿意持有所选股票，并在期权被指派行权时必须愿意以已经出售的看涨期权所规定的有效价格卖出股票。应该恰当地理解看涨期权空头的行权指派，它要求出售已购买的股票，但这并不是一个坏事情，而是意味着投资者可以从有保护卖出期权的出售当中获得最大可能的回报。如果投资者在建立有保护卖出期权头寸之前就能够确定或有行权回报是令人满意的，那么就应该把行权指派看作是一件“好事情”。

关于有保护卖出期权存在很多误区和误解，但只要我们再仔细想一下，就会发现这些观点要么是本身就不符合逻辑，要么是错误地把实际上投资者自己没有做出正确决策的不好结果归咎于期权交易。要正确地使用有保护卖出期权策略，投资者就必须理解有保护卖出期权策略和传统的买入持有策略是完全不同的。当投资者把握了有保护卖出期权策略所要求的心理差异，就会很容易地找到这种策略在投资活动中的合适空间。

第 7 章　调整有保护卖出期权

7.1　引言

有保护卖出期权策略直到期权到期日时才完全“锁定”投资风险，当市场预测不准确时，或改变原有预期时，抑或市场状况发生变化时，有保护卖出期权卖方也许需要采取相应行动，有时比较适合的策略就是卖出头寸并承担损失，有时需要根据修正的预测调整有保护卖出期权头寸的盈利潜力与盈亏平衡点。一个有保护卖出期权头寸的调整一般通过一个包含两部分交易的操作来完成，这就是我们所熟知的转仓（rolling）。

本章讨论有保护卖出期权卖方因某种原因改变原来的市场预测时可以选择的恰当应对措施。当然，改变原有市场预测属于一种主观判断，因此下文中所举的例子也并不是要解释是如何进行预测的。

7.2　转仓的含义

典型的调整有保护卖出期权是对看涨期权空头进行转仓。就有保护卖出期权头寸而言，转仓意味着在市场上买入看涨期权空头，从而对现有看涨空头头寸进行平仓，同时卖出一个具有不同执行价格或到期日的看涨期权以重新建立一个看涨期权空头头寸。这样做的目的是为了改变原有有保护期权的盈亏平衡点及盈利潜力。

7.3　向上转仓

向上转仓（rolling up）的意思是重新买入（或者称为补仓）一个现有的看涨

期权空头（进行平仓），并且卖出一个到期时间相同但执行价格更高的看涨期权。向上转仓同时提高了盈利潜力和盈亏平衡点。例如，假设30天前一位名叫琳达的芝加哥熟练园丁，她以64美元的价格购买了100股Railco公司股票，并以3美元的价格卖出了一份90天到期、执行价格为65美元的看涨期权。该股票没有现金股利，因此在不考虑交易成本的情况下琳达计算出来的静态回报率和或有行权回报率分别为19.9%和26.6%。在最后的30天里，Railco公司股票的表现超出了琳达的预期。股价先是上涨到了70美元，并且最近又回调到67美元。琳达对市场的预测发生了改变，因为现在执行价格为65美元的看涨期权价值4.50美元。她原先认为Railco公司股票的价格会在65美元左右，但现在她认为会达到70美元附近。由于市场上执行价为70美元的看涨期权的价格为2美元，而且还有60天才到期，因此琳达认为她还有机会提高自己的盈利潜力。

琳达可以按4.50美元的价格再买入执行价格为65美元的看涨期权空头（即进行平仓），与此同时以2美元的价格卖出执行价格为70美元的看涨期权，通过这种操作进行转仓。这种操作的成本或者说净借记金额为2.50美元（加上佣金），即买入执行价格为65美元的看涨期权的买入价格与卖出执行价格为70美元的看涨期权的卖出价格之差。琳达的盈利潜力的变动可以由以下三个步骤来计算。第一步，新的净买入价格可以把净转仓成本与原净买入价格相加而得；第二步，确定新的卖出价格，其实就是新看涨期权的执行价格，正如原卖出价格就是原看涨期权的执行价格；第三步，新的最大盈利潜力就等于把新净买入价格减去新卖出价格。

琳达的新卖出价格为70美元，即新看涨期权的执行价格。原卖出价格是65美元，也就是原看涨期权的执行价格。值得一提的是，卖出价格并不等于看涨期权执行价格加上看涨期权费。在计算净买入价格时，要把看涨期权费从股票买入价格里减去。如果把看涨期权费也与看涨期权执行价格相加，那么就把看涨期权费计算了两次。

琳达原来的最大盈利潜力为4美元，等于原执行价格的65美元减去原净买入价格61美元。她新的最大盈利潜力为6.50美元，等于新的执行价格70美元减去新的买入价格63.50美元。同样为解释概念方便起见，上述计算都没有考虑佣金。然而，在现实交易中，佣金和其他的交易成本是很重要的因素，计算中必须予以考虑。图7-1对琳达的原头寸和新头寸进行了比较。

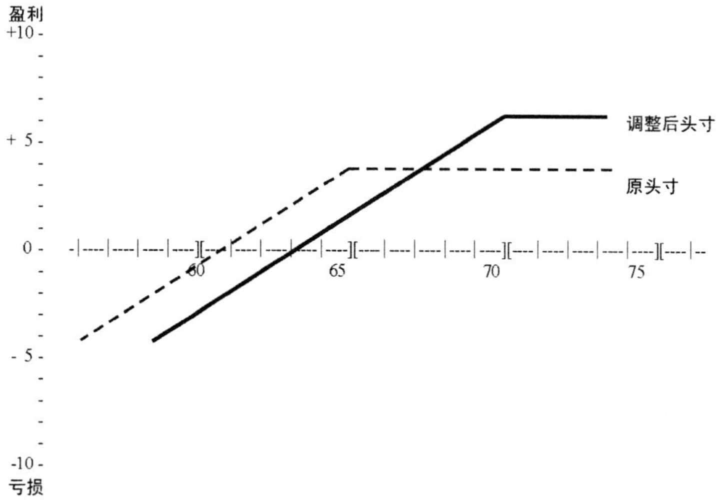

	原来的有保护卖出期权	调整后的有保护卖出期权
净买入价格	61.00	63.50
卖出价格（或有行权）	65.00	70.00
最大盈利潜力	4.00	6.50

图 7－1　琳达原来的及调整后的有保护卖出期权头寸

哪个更好些呢？对此并不存在客观答案。琳达现在是有更高的盈利潜力，但也面临更高的盈亏平衡点。她的决策是基于修正了对 Railco 公司股票的预期，实际上是相当主观的。运用期权交易并没有给琳达带来更好的处境，只不过使她多了一种不同权衡的选择。

7.4　向下转仓

向下转仓（rolling down）的意思是重新买入（或者称为补仓）一个现有的看涨期权空头（进行平仓），并且卖出一个到期时间相同但执行价格更低的看涨期权。向上转仓同时降低了盈利潜力和盈亏平衡点。在下面的例子中，一个名叫鲍勃的旅行推销员利用业余时间寻找优质的有保护卖出期权，就使用了向下转仓技术在市场不好的环境中进行自救。25 天前，鲍勃以 48 美元的价格买了一家大型电子设备制造商Surgeco公司的股票，并以1.50美元的价格卖出了75天后到期、执行价格为50美元的看涨期权。Surgeco在到期日之前的两个星期分发了0.50美元的红利，因此鲍勃通过计算得出自己的静态回报率和或有行权回报率分别为20.9%和41.9%（不包含佣金）。然而，Surgeco现在的股票交易价格为45美元，现在执行价50美元的看涨期权的价格为0.25美元。鲍勃认为这是一个坏的交易，并且预测在期权到期前的50天内Surgeco的股价会维持在45美元左右。鲍勃若以45美元的价格（−3美元）卖出股票，并以0.25美元（+1.25美元）的价格买回执行价格为50美元的看涨期权，他将会每股净亏损1.75美元。不过，鲍勃从新的预测中发现了一个机会，在他看来要比上述操作结果更好。他决定转仓做执行价格为45美元的看涨期权，该期权现在的价格为2.25美元。

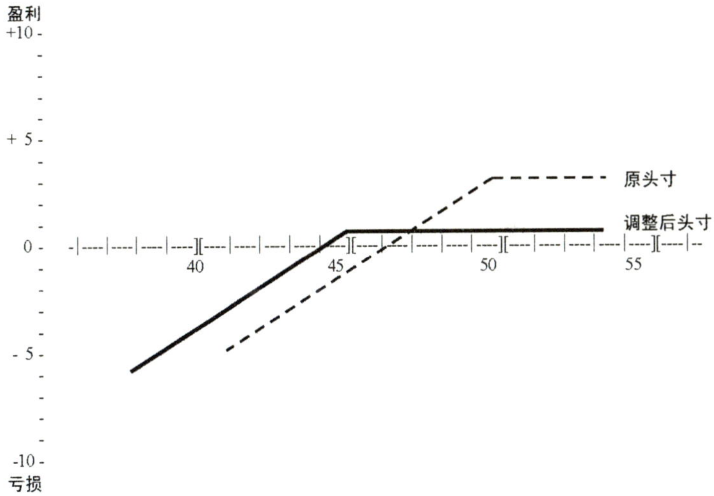

	原来的有保护卖出期权	调整后的有保护卖出期权
净买入价格	46.50	44.50
卖出价格（或有行权）	50.00	45.00
最大盈利潜力*	3.50	0.50

说明：* 不包含0.50美元的股利。

图7-2 鲍勃原来的及调整后的有保护卖出期权头寸

鲍勃可以用0.25美元重新买入执行价格为50美元的看涨期权，并以2.25美元卖出执行价格为 45 美元的看涨期权来进行向下转仓。从这个交易中，他可以获得的金额（净贷记金额）为 2.00 美元（需减去佣金），等于卖出执行价格为 45 美元的看涨期权的卖出价格与买入执行价格为 50 美元的看涨期权的买入价格之差。与琳达的计算过程相似，鲍勃改变后的潜在盈利也可以通过三个步骤来计算。

鲍勃原来的净买入价是每股 46.50 美元（不包含佣金），减去从向下转仓得到的净贷记 2.00 美元，新的净买入价为 44.50 美元。

如果被指派行权的话，鲍勃原来的卖出价格是 50 美元，即原来看涨期权的执行价格。新的卖出价格是 45 美元，即新看涨期权的执行价格。因此，由新的净买入价格 44.50 美元和卖出价格 45 美元，可知鲍勃新的最大盈利潜力为 0.50 美元，不包含佣金或者 0.50 美元的股利。图 7-2 比较了鲍勃原来的头寸和新的头寸。

尽管鲍勃原来的头寸要比新的头寸好得多，但不幸的是，他不是在这两者之间进行选择。如果股价维持在 45 美元附近，他所要选择的是以当前价格承受 1.75 美元的损失还是向下转仓以期获得 0.50 美元的盈利。读者需要记住的是转仓未必就一定比接受亏损更好。哪一种策略的最终结果更好取决于股价的实际变动，正如每个投资者所知道的，预测股价的波动是一门艺术，而不是一种科学。因此，只有时间才能告诉鲍勃他是否做出了“正确的”选择。但不管结果如何，期权市场都为鲍勃提供了一个可行的选择方案，而这在单独的股票市场是不存在的。

7.5 展仓

展仓的意思是重新买入（或者称为补仓）一个现有的看涨期权空头（进行平仓），并且卖出一个执行价格相同但到期时间更长的看涨期权。展仓提高了最大盈利潜力，降低了盈亏平衡点，同时也延长了到期时间。在本例中，乔是一个在伊利诺斯州南部为政府工作的律师，他能从一位芝加哥的朋友那里获得很好的投资建议，具有丰富的成功操作有保护卖出期权的经验。80 天前他卖出了一份某大型动物饲料分销公司 Grainco 公司的股票期权。乔以 96 美元买入股票并以 3.10 美元的价格卖出 12 月份到期、执行价为 100 美元的看涨期权，当时距 12 月份的到期时间还有 90 天。上周该股每股分红 0.75 美元，因此静态回报率是 17%，而或有行权回报率为35%（扣除佣金前）。自该有保护卖出期权建仓以来，Grainco股票价格一直在狭窄范围内波动，当前成交价格为97美元。现在离12月份到期时间还有10天，执行价格为100美元的看涨期权价格为0.20美元。乔对自己的有保护卖出期权非常满意，并且根据在芝加哥的朋友的建议，他预测股票价格会继续在95～100美元之间波动。市场上3月份到期、执行价格为100美元的看涨期权（离到期日还有108天）价格为3.60美元。乔根据他的预测，觉得可以将这一具有吸引力的收入导向的投资进行展仓。

乔通过以0.20美元重新买入12月份到期、执行价格为100美元的看涨期权，同时以3.60美元卖出3月份到期、执行价格为100美元的看涨期权来进行展仓操作。这种操作的净贷记金额为3.40美元（需扣除佣金）。乔调整后的盈利潜力也是通过三个步骤进行计算。他原来的净买入价格为每股92.90美元（不包含佣金）。他新的净买入价格为89.50美元，等于原来的净买入价格92.90美元减去从展仓操作中得到的收益3.40美元。他原来最大的盈利潜力为7.10美元，不包括0.75美元的股利或佣金。由于有了更长的到期时间，他新的最大盈利潜力为10.50美元，不包括下季度发放的股利或佣金。

● 新的静态回报率和或有行权回报率的计算

由于具有更长的到期时间，是否需要进行展仓不应该只根据市场预测就做出决定，还需要计算新的静态回报率和或有行权回报率。为了进行这些计算，必须假设乔重新开始，以97美元的价格买入股票，并以3.40美元卖出97天到期、执行价格为100美元的看涨期权。注意用来计算到期日为3月份、执行价格为100美元的看涨期权价格的数据是从展仓操作中得到的净贷记金额（这里为了简便，没有考虑佣金）。在这个例子中，以0.20美元的价格重新买入12月份到期、执行价格为100美元的看涨期权（或称补仓），并以3.60美元的价格卖出3月份到期、执行价格为100美元的看涨期权，从而得到3.40美元的净贷记金额。此处导致新的静态回报率为正的还有一个因素，就是买入股票的时候没有考虑佣金，因为已经拥有股票，不过重新买入12月份到期、执行价格为100美元的看涨期权时需要支付佣金。表7-1显示了乔将有保护卖出期权展期到3月份时的静态回报率的计算过程。当然，或有行权回报包括卖出股票的佣金。表7-2显示了乔将有保护卖出期权展期到3月份时的或有行权回报率的计算过程。

表 7－1　乔的调整有保护卖出看涨期权的静态回报率的计算

当前股票价格：	97.00
执行价格为 100 美元看涨期权——净收入：	3.40（3.60－0.20）
红利：	0.75
到期天数：	108

$$新静态回报率=\frac{新益}{新投资}\times年化因子$$

$$=\frac{净看涨期权费+股利}{当前股价-净看涨期权费}\times\frac{一年天数}{离到期日天数}$$

$$=\frac{3+0.75}{97-3}\times\frac{365}{108}=0.149=14.9\%$$

表 7－2　乔的调整有保护卖出看涨期权的或有行权回报率的计算

当前股票价格：	97.00
执行价格为 100 美元看涨期权——净收入：	3.35（3.60－0.25）
红利：	0.75
到期天数：	108

$$新或有行权回报率=\frac{新收入+新利润}{净投资}\times年化因子$$

$$=\frac{净看涨期权费+股利+（看涨期权执行价格-当前股价）}{当前股价净看涨期权费}\times\frac{一年天数}{离到期日天数}$$

$$=\frac{3+0.75+（100-97）}{97-3}\times\frac{365}{108}=0.257=25.7\%$$

现在所有的得失都已经清清楚楚了，乔可以在信息充足的情况下做出决策。他所做的市场预测是未来 97 天内 Grainco 股票价格将在 95～100 美元之间波动。15％的静态回报率和 26％的或有行权回报率（扣除佣金前）是与他可接受的原来的有保护卖出期权的回报率相符合的。而且，如果看涨期权空头被指派行权，乔将乐于卖出股票，获利了结。由于对计算出来的回报率很满意而且坚信其对市场的预测，乔给其经纪人发出指令，要求买入 12 月份到期、执行价为 100 美元的看涨期权，同时卖出 3 月份到期、执行价为 100 美元的看涨期权。

7.6 转仓中的常见错误

调整有保护卖出期权头寸的唯一现实原因（或者不管出于何种考虑改变任何投资头寸）是对市场预期的改变。琳达感觉她的股票成交价格将更加接近 70 美元而不是 65 美元，因而觉得提高自己的盈利潜力。鲍勃相信 Surgeco 公司的股票价格将维持在 45 美元之上，因此想通过调整有保护卖出期权以挽回损失。乔将原来预测的时间范围扩展到 3 月份的期权，是因为以他对风险的认识，这样可以带来更加可观的收入。

转仓会带来交易成本但也可能增加回报，因此，有保护卖出期权卖方在决定是否要调整有保护卖出期权时必须进行明智决策，而不是为了转仓而转仓。下面列举了几条不要进行转仓的理由：不要因担心“失去股票”或“由于指派行权而要支付额外佣金”而进行转仓；不要因为担心“提前执行”而进行转仓；不要因为想“拿回我自己的钱”而进行转仓。下面依次对此进行讨论。

7.6.1 为了避免“失去股票”而转仓

上一章就提醒过有保护卖出期权卖方要随时准备并乐于以看涨期权空头的指定价格卖出标的股票。因此，如果被指派行权，投资者不是“失去股票”而是实现了最大利润，即或有行权回报。有保护卖出期权卖方看到的是一个有意识决策所带来的合乎逻辑的结果。有些投资者在初次介入有保护卖出期权操作时总是纠结于这个问题。

7.6.2 为了避免“由于行权而支付额外的佣金”而转仓

最初对静态回报和或有行权回报的分析应该包含对佣金的准确估计和假定行权发生而卖出股票的佣金。如果投资者认为这些回报是令人满意的，那么被指派行权卖出股票不会产生额外的佣金，因为那些成本已经包含在初始回报的计算当中。

7.6.3 为了避免“提前执行”而转仓

在美国，股票期权是美式期权，这就意味着期权买方有权在到期日之前的任何时间执行期权。如果看涨期权处于深度价内期权或离到期日很近，那么它有可能就在分红前夕被行权。这样，有保护卖出期权卖方可能就会被迫卖出股票，从而无权享受红利。尽管无法避免这种情况的发生，但却可以提前预测以确定这种情形是否可以接受。

投资者所要做的就是再计算一下自己的预期回报率。由于找不到更好的名称，姑且称这种回报率为“分红前行权回报率”，即假定就在股票除权日前看涨期权被指派行权，股票以看涨期权空头执行价格卖出。该回报率与或有行权回报率存在两个不同：一是“收入”中不包含红利，二是天数更少。如果投资者认为分红前行权回报率是可以接受的，那么被提前指派行权从而不能享受分红就是可以接受的。

然而，分红前行权回报率令人难以接受并不会自动使有保护卖出期权失去投资价值，这只不过是投资选择决策的又一个主观因素而已。投资者应该有意识地判断这种情形发生的概率，如果投资者认为期权处于价外期权或平价期权的可能性更大，那么期权被提前行权的可能性就比期权处于价内期权时要小得多。

7.6.4 为了“拿回我自己的钱”而转仓

如果股价在到期日时低于盈亏平衡价格，那么有保护卖出期权头寸会面临亏损。如果股价在到期日之前跌到盈亏平衡点以下，投资者自然会感到很焦虑。在前面提到的向下转仓的例子当中，鲍勃就处于这种情况并决定向下转仓到执行价格为 45 美元的看涨期权。前文清楚地说明鲍勃的预测要求股票的成交价格在 50 日内要处于或高于 45 美元。在面临这种情况时没有硬性而快捷的规定，但投资者的任何行动应该与市场预测保持一致。人们的希望并不能使得下跌的股价止跌，有时最好的做法是清仓止损，这一点不论是对有保护卖出期权策略还是对其他投资策略而言都是如此。

7.7 本章小结

向上转仓、向下转仓和展仓都需要重新买入（平仓）一个看涨期权空头并且同时卖出一个不同执行价格和（或）更长的到期时间的看涨期权。转仓会改变原有头寸的最大盈利潜力和盈亏平衡点。当投资者以更长到期时间进行展仓时，应该像重新建仓一样计算新的静态回报率和或有行权回报率。在进行计算时，投资者应该使用转仓所获得的净贷记金额作为卖出看涨期权的价格。任何转仓决策应该基于市场预测的理性判断，而不是因为担心失去股票、支付额外的佣金，或被提前行权，或想挽回损失等方面的因素。

第 8 章　配对看跌期权、保护看跌期权和衣领策略

8.1　引言

股票市场投资者常常会感到心力交瘁。他们认为股票会上涨因而持有股票，然而又担心市场是否恰恰处于该卖出的时候。如果他们一直持有股票而市场下跌的话，他们就会遭受亏损。然而，如果他们卖出股票而市场又回升，他们又会错失机会。这是典型的投资者所面临的两难窘境，而期权恰恰提供了某种在两难境地当中的最优选择——以有限的风险在市场当中。正如你所猜到的那样，本章的话题就是期权的保险策略。

本章讨论的三种策略会以同样的格式呈现出来：定义策略、描绘损益图和解释到期日机制。然后举例说明投资者在何种情况下采用该种策略。重点强调投资者采用该种策略的思考决策过程。同时本章还将把看跌期权与另外一种风险防范技术——止损订单——相比，并引入看跌期权—看涨期权平价这一概念。配对看跌期权策略的风险形态与其他期权策略的风险形态是相同的，而买卖权平价理论会解释这是为什么。

8.2　配对看跌期权的含义

简单而言，配对看跌期权就是一种两部分交易策略，即同时买入股票和看跌期权。看跌期权按照股票的股数来购买，例如，100 股股票对应 1 份看跌期权，而 600 股股票对应 6 份看跌期权。看跌期权相当于为股票上了一份保险：如果股票价格下跌，那么损失就仅限于看跌期权的执行价格加上购买看跌期权的成本。

如果股票价格上涨，那么就让看跌期权到期失效，但是投资者留住了股票上涨的盈利，只不过要减去看跌期权的成本。在投资者想投资，但又担心股价短期波动的时候，配对看跌期权策略提供了随时买入股票而同时又锁定风险的途径。

小贴士 为什么不像为你的房子买保险一样为股票买保险呢？

8.2.1 黛安妮，谨慎的投资者

黛安妮是一位有经验的投资者，她渴望抓住投资机会但同样也希望能控制住风险。黛安妮一直在关注一家名为 Healthco 的药品供应公司的股票。该股票 2 年前达到 75 美元的历史高位，但后来由于较差的业绩报告而致使股价一直下跌。它的股价在 6 个月前下跌到了 32.50 美元，从那以后，该股股价一直在现在的 36 美元附近的狭窄范围内波动。其季度报告讨论了削减成本和开拓新市场的努力方面的事宜，这使得该企业的月度销售数据出现好转趋势。黛安妮预计 2 周后发布的下个盈利报告会超出预期，从而引起股票价格上涨。当然，她也认识到，她对该股的评价也可能是错误的，如果下份盈利报告仍无起色，将会使该股股价出现新低。

既然对 Healthco 股票后市看好，黛安妮就想买入该股，但她又想控制一下风险以防预测错误。在本例中，黛安妮的配对看跌期权策略涉及以每股 36 美元价格买入 100 股 Healthco 公司股票，同时以 1 美元的价格买入一份 60 天到期、执行价格为 35 美元的看跌期权。该策略为黛安妮提供了参与股价上涨的机会，但同时如果股票价格下跌也为她锁定了风险。

图 8-1 是黛安妮的头寸在到期日的损益图。连字符号线是股票多头，圆点与破折号线为看跌期权多头，实线为两者的组合。表 8-1 显示了图中数字是如何计算的。例如，表 8-1 中的第一行，代表股价在 40 美元的结果。买入的股票每股价值上涨了 4 美元，购买的看跌期权期满时无行权价值，每股损失 1 美元。于是，组合头寸每股挣 3 美元，不包括佣金。在最下面一行，当股价为 32 美元时，买入的股票每股亏损 4 美元，而看跌期权每股挣得 2 美元。因此，在股价为 32 美元时的组合头寸的结果是每股损失 2 美元，也不包括佣金。

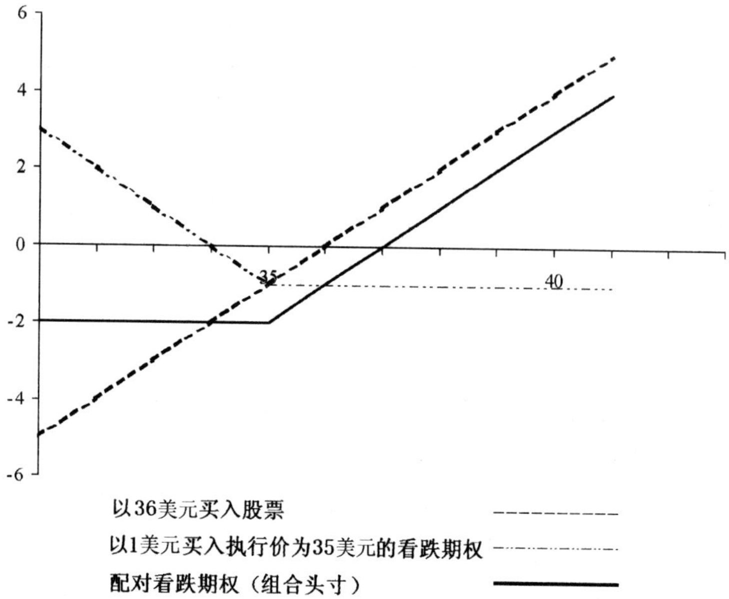

图 8－1　配对看跌期权策略

表 8－1　在到期日配对看跌期权的盈亏情况

在到期日的股价	以 36 美元买入股票的盈（亏）	以 1 美元买入执行价格为 35 美元的看跌期权的盈（亏）	组合头寸的盈（亏）
40 美元	＋4	(1)	＋3
39 美元	＋3	(1)	＋2
38 美元	＋2	(1)	＋1
37 美元	＋1	(1)	0
36 美元	0	(1)	(1)
35 美元	(1)	(1)	(2)
34 美元	(2)	0	(2)
33 美元	(3)	＋1	(2)
32 美元	(4)	＋2	(2)

8.2.2 期权到期机制

拥有看跌期权的黛安妮就有了在到期日之前的任何时候按照每股35美元的执行价格卖出Healthco公司股票的权利。然而，即使股票的成交价格低于本例中看跌期权执行价格的35美元，黛安妮也还是有两种选择。

首先，她可以选择行权卖股，这样就以35美元每股的价格卖出Healthco公司股票，这样她手里就没有股票头寸了。当然，她可以因此从卖出100股股票中获得3500美元的现金（需扣除佣金），然后她可以继续寻找下一个投资机会。正如图8-1和表8-1中所示，如果在到期日股票价格处于或低于35美元，则黛安妮将会面临每股2美元的亏损，股价将从36美元跌到35美元，看跌期权到期损失1美元。

其次，如果黛安妮更加倾向于以当前股价持有股票，她也可以选择在公开市场上卖出看跌期权，从而获得期权价格的现金收入（需扣除佣金）。在期权到期之前的最后一个交易日，看跌期权将会以其内在价值或非常接近内在价值的价格进行交易。在到期日之前，看跌期权的市场价格中可能包含也可能不包含时间价值。如果黛安妮选择卖出看跌期权，那么她将拥有原先买入的100股Healthco公司股票加上卖出看跌期权的现金收入。假设股票价格低于35美元，再假设她在非常临近到期日的时候卖出看跌期权，那么她持有的总资产价值，包括股票和现金，将大约与她选择行权时的3500美元相同。如前所述，当到期日时股价位于或低于35美元，黛安妮会面临每股2美元的亏损。

执行看跌期权还是卖出看跌期权哪种做法更好？对该问题的回答是相当主观的，只有黛安妮基于对Healthco股票的预测才能做出自己的决策。

如果Healthco公司股票价格在到期日等于或者高于35美元，黛安妮也有两个选择：如果股票价格高于35美元，则执行价格为35美元的看跌期权就会到期失效，但是，黛安妮还是需要考虑是否继续持有股票。如果没有新的信息来改变她的预测，她可以选择继续持股。事实上，她可以把Healthco公司股票作为其长线投资对象，而不再对该股使用期权保障策略。另外，如果由于任何原因她改变了对该股票的看法，黛安妮也可以在公开市场卖出股票并寻找其他投资机会。

8.3 保护看跌期权

保护看跌期权指的是按照相同股数买入看跌期权对以前买入的股票进行保护的一种交易策略。它是按照先前已经购买股票的股数来购买看跌期权。保护看跌期权与配对看跌期权的唯一不同在于其时间的选择。配对看跌期权是在买入股票的同时购买看跌期权，而保护看跌期权则是在买入股票之后再购买看跌期权。

尽管这两种交易策略看起来差异很小，但这对于美国国内税务局（IRS）来说却很重要，因此对投资者也很重要。期权行业协会出版的小册子《税收与投资》中对此做了如下解释：

为了使“配对看跌期权”真正“配对”，必须在买入股票的同一天买入看跌期权，且所买入的股票还必须是看跌期权行权时所要交割的股票。而且，配对看跌期权只有满足下述条件之一才算合格：要么实际交割配对看跌期权的标的股票，要么让配对看跌期权自动到期失效。如果看跌期权到期失效，则看跌期权的成本要加到股价之上。

保护看跌期权（即在买入股票日之后的某个日期购买的看跌期权）是遵循“抵消头规则”。《税收与投资》的解释为：“一般来讲，任何包含股票在内并且明显降低损失风险的抵消头寸均适用反跨式条款。”因为这里面的问题比较复杂，也因为税法的解释在不断更新，因此投资者最好在进行期权交易时征询一下税收专家的意见。

一位名叫阿米德的投资者很高兴自己持有 VideoTeck 公司的股票，该股自他10个月前买入后快速上涨。阿米德于2月5日以每股30美元的价格买入了300股 VideoTeck 公司的股票。今天是12月17日，股票的成交价格为77美元。一方面，阿米德想把股票一直持有到明年的2月6日。如果他在明年2月5日卖出股票获利了结，那么他的盈利就属于长期资本利得，这样可以比现在卖出股票享受更低的税率，因为现在卖出股票适用的是短期资本利得的税率。但另一方面，阿米德预测该股股价近期会有所下跌，因为 VideoTeck 公司股价最近由于未能突破70美元高位的阻力位而呈现技术钝化。而且，主要市场均线最近都跌到短期移动平均线之下，且伴随着成交量的放大。从这些迹象中阿米德看出 VideoTeck 公司股价近期走势不容乐观。

阿米德因而想购买三份保护看跌期权。市场上有明年2月17日到期、执行价格为 75 美元的 VideoTeck 公司股票 90 天看跌期权，成交价格为每股 4 美元。阿米德是这样想的："如果股票价格下跌，那么最坏的结果就是以 75 美元卖出股票的长期利润减去看跌期权的成本。但是，如果股票价格上涨，那么股票长期收益将高得多。"不幸的是，这种交易策略与影响保护看跌期权的税收规则相冲突。《税收与投资》的规定为："跨式组合中任何头寸持有期的起算日期不得早于投资者不再持有抵消头寸的日期。"该条规则的逻辑是，投资者必须持有非套保风险的证券超过 1 年，才有资格享受长期资本利得税率。

这就意味着如果阿米德实施他的保护看跌期权交易策略，那么当明年 2 月份执行价格为 75 美元的看跌期权到期时或者他卖出该看跌期权的时候，他持有 VideoTeck 公司股票的期限将重新起算。也就是说，他必须在不进行套保的情形下再持有该股 12 个月才能享有长期资本利得税率的待遇。

8.4 配对看跌期权和保护看跌期权的动机

如果投资者认为股票可能会上涨但又有所担心的时候，那么就可以运用配对看跌期权或者保护看跌期权。投资者认为某只个股也许会上涨，但对整个市场趋势的看法却不乐观。投资者购买配对看跌期权来限制风险的合适时机就是当其试图抄某只个股的底的时候。有些投资者喜欢运用配对看跌期权对新建仓头寸限制风险，因为他们不能保证在下跌一定幅度下能对该头寸止损。在任何投资者认为投资机会是一个"好的价格，但是时机不好"的时候，配对看跌期权是一个不错的风险管理策略。如果这时直接买入股票，那么在股价剧烈下跌的情况下就会损失惨重。然而，不买入股票又意味着错过可能的盈利机会。

由于投资者在考虑购买保护看跌期权时已经拥有股票，所以使用保护看跌期权的动机与配对看跌期权的动机稍有不同。如果投资者对获得长期税收优惠待遇并不担心，那么他运用保护看跌期权的动机要么是准备卖出股票，要么是尽管长期看多该股但又担心会遭遇短期下跌。例如，人们通常认为股价在快速上涨后会进行回调，然而，没有人知道股价是否就此见顶还是能够再创新高。有些投资者从保护看跌期权中可以得到心理上的安慰：如果股价继续攀升，他们就会获得更多利润；而如果股价下跌，那么绝大部分获利也会被锁定。

保护看跌期权提供相对较高成本的保险保障，但是，如果股价继续上升，它们也不会限制投资者的盈利潜力。当股票持有者认为所持股票会上涨但又有所担心的时候，他们可以考虑购买保护看跌期权。“有所担心”的事情可以是即将披露的盈利报告或者政府公告。记住一句股市谚语：“截断亏损，让利润奔跑。”保护看跌期权让投资者在市场高风险时期能够以有限风险继续留在市场中。

尽管投资者经常会面临各种困难选择，但配对看跌期权和保护看跌期权策略提供了各自利弊不同的另类选择，而这种选择在没有期权交易的情况下是不存在的。正如图 8-1 所示，配对看跌期权和保护看跌期权策略可以限制风险，这是其相对只购买股票的优点所在。缺点是盈亏平衡点更高了，由单独买入股票的 36 美元上升到了 37 美元。哪种选择更好呢？只买入股票，还是同时买入股票和看跌期权？同样，对此问题也没有什么客观答案。投资者需要综合评估他们对股票价格的预期以及自己的风险容忍度。

8.4.1 保险心理

许多投资者发现很难接受“看跌期权即保险”这种逻辑。毕竟，如果投资者是看多后市的，那为什么要购买保险呢？为什么购买一个你希望到期没有价值的东西呢？但是，当人们不这样想的时候，就会发现实际上这就是人们通常所做的事情。请看房屋保险、汽车保险或者健康保险，没有人真的为了获得保险收益而希望自家的房子发生火灾，没有人希望发生交通事故，每个人都希望这类保险合同自然到期失效。但正是这样的人心安理得地认为他们得到保险保障了。

配对看跌期权和保护看跌期权策略将同样的逻辑应用于投资领域。投资者购买看跌期权是为了求得心理上的安慰，他们希望股价上涨，让他们的保险合同看跌期权自然到期失效。当然，还是有一点不同的，因为没有人强迫投资者购买保险，而放贷者和州法律会强制房屋所有者和汽车所有者购买保险。投资者有时也会受“自作聪明的事后诸葛亮”式思维的影响。在投资者既买入股票又购买了看跌期权以后如果股价大幅上涨，他们会为购买了看跌期权而捶胸顿足。如果股价下跌，尽管看跌期权限制了他们的损失，他们又会因为买入了股票而后悔不迭。这就是新投资者常常面临的困境，但是有经验的投资者认为投资难免会有所损失。许多有经验的投资者认为通过配对看跌期权限制初始损失的做法是值得支付一定成本的。

8.4.2 配对看跌期权和保护看跌期权与止损订单的比较

一些投资者会问：“为什么花钱买看跌期权呢？为什么不使用止损订单呢？”

止损订单是指当证券正以指定价格成交或以低于当前市价的指定价格报卖的时候，就以市场现价卖出标的证券的订单。例如，一位拥有 100 股当前成交价格为 45 美元某股的投资者可能以 42 美元的价格下一个止损订单。如果股票成交价格到达 42 美元或出现 42 美元的卖单，那么止损订单就变成现价卖单，股票将以能够达成的最好价格成交。止损订单背后的动机就是希望限制风险。

小贴士 止损订单并不能确保损失有限。

然而，止损订单并不能确保损失有限，因为很难确切地说股票将以什么价格成交。股价的变动并不遵循规则的价格序列。不同的成交价格之间可能存在“缺口”，而这种情况在每天上午开盘的时候是最常见的，因为很难保证今天的开盘价就是昨天的收盘价。在一天的交易时段内当有新消息发布或标的股票所在公司发布公告时也会使股票成交价格之间出现缺口。

但是，配对看跌期权和保护看跌期权在其有效期内确实能够限制持有股票的损失。无论股票成交价格之间的缺口有多大，股价有多低，看跌期权买方总能行权并以期权执行价格卖出股票，这样就限制了潜在的损失。

小贴士 看跌期权确实能限制损失。

配对看跌期权和保护看跌期权与止损订单之间的最重要的区别，就在于其限损能力的差异。止损订单依赖价格，而配对看跌期权则依赖时间。在看跌期权的有效期内，股票成交价格有可能下跌到止损订单所确定的止损价位乃至在其之下，然后又重新上涨再创新高，从而让设置止损订单的投资者沮丧不已。对看跌期权投资者不利的情景是在看跌期权到期失效后股票价格才大幅下跌。

小贴士　止损订单依赖价格；看跌期权依赖时间。

基于以上原因，也不能说配对看跌期权就一定比止损订单“好些”。配对看跌期权只不过提供了一种不同的风险与收益权衡：优势是可以限制损失，缺点是有时间限制并有成本。相反，止损订单并不能保证最大风险是多少（负面的），但其优点是没有时间限制并且不需付出什么成本。

8.5　买卖权平价介绍

图 8－2 显示的是本章介绍的配对看跌期权策略以及第 5 章介绍的看涨期权加国债策略的损益图。图中显示了两种交易策略的构成及组合头寸情况。两者的组合头寸似乎是一样的，而这往往使期权新手大惑不解。因此，有必要讨论一下为什么构成不同的交易策略却有相似的风险结构。

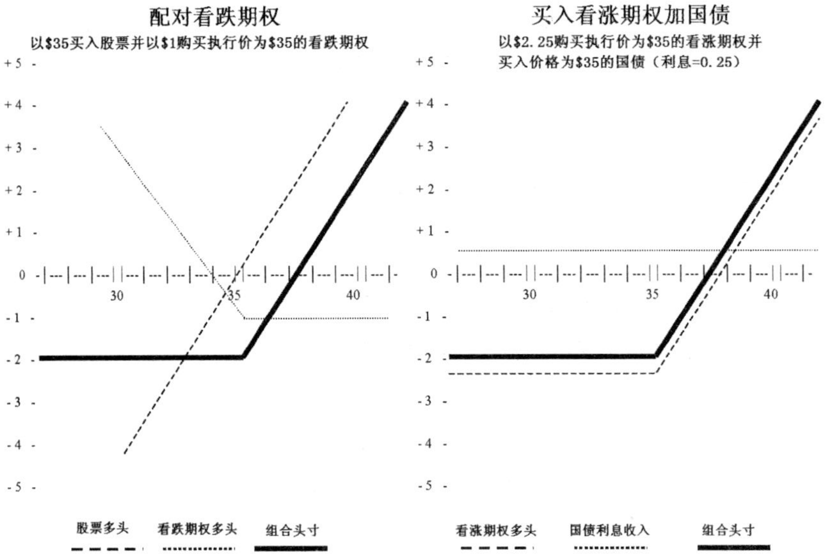

图 8－2　期权到期日时配对看跌期权组合与看涨期权加国债组合的盈亏情况图

买卖权平价这一概念是指看涨期权、看跌期权和股票这三者的价格之间是由利率相联系的，如果彼此之间的价格不协调，那么就会存在套利机会。对买卖权平价的深入解释超出了本书范围，但保证下面的评论也足以让读者理解期权策略在到期日的机理。

从根本上来说，买卖权平价理论意味着可以用看涨期权、看跌期权和股票构造风险相同（或相同损益结构）的不同投资组合。配对看跌期权策略和“买入看跌期权加上国债”策略就是两种结果相同的投资组合，因为要解释买卖权平价这一概念，此时不考虑佣金。图 8－2 显示两种投资策略具有相同的风险结构。表 8－2 显示了在期权到期日时两种投资策略的头寸相同或者说市场价值相同。

在以上两种投资策略中，如果在期权到期日时股票价格高于期权执行价格，那么最终头寸为股票多头。在看涨期权加国债组合中，价内看涨期权被行权，用卖出到期国债的收益支付购买股票的价款。在配对看跌期权组合中，当股价高于期权执行价格时看跌期权到期失效，投资者手中剩的就是最初买入的股票头寸。

表 8－2　期权到期日时配对看跌期权组合与看涨期权加国债组合的头寸

期权到期日的股价	配对看跌期权	买入看涨期权加国债
股价高于期权执行价格	股票多头 看跌期权到期 股票多头头寸不受影响	股票头寸 看涨期权被行权，用卖出国债的收入买入股票
股价等于期权执行价格	股票多头 看跌期权到期 股票多头头寸不受影响	没有头寸 看涨期权到期 投资者可以自己选择是否用卖出国债的收入买入股票
股价低于期权执行价格	没有头寸 看跌期权被行权，投资者卖出股票后可自己选择是否重新买入股票	没有头寸 看涨期权到期 投资者可以自己选择是否用卖出国债的收入买入股票

如果在期权到期日时股票价格低于期权执行价格，则两种投资策略的最终结果是手中都无股票头寸，只有现金了。看涨期权加国债组合的结果是只剩下卖出到期国债所得的现金，而价外看涨期权则到期失效了。配对看跌期权组合的结果

是对价内看跌期权行权从而卖出股票获得现金收入。

还有第三种可能的结果，即在期权到期日时股票价格刚好等于期权执行价格，则持有看涨期权加国债组合的投资者在看涨期权到期日拥有等于执行价格的现金，他可以选择继续持有现金或把现金转化为股票（即买入股票）。持有配对看跌期权的投资者持有的股票价值等于执行价格的数值，他可以选择继续持有股票或把股票转化为现金（即卖出股票）。因此，当股票价格刚好等于期权执行价格的时候，两种投资者所拥有的市值刚好相等，他们既可以选择持有现金也可以选择持有股票。

图 8-2、表 8-2，以及接下来的讨论中，我们可知看涨期权加国债组合的投资者和配对看跌期权投资者在期权到期日时具有完全相同的风险状况，而且最终结果也完全相同。这就是买卖权平价这一概念的真正意思。

8.5.1 现实世界的选择

我们已经知道看涨期权加国债组合与股票加看跌期权组合头寸从理论上来讲是相等的，那么现在问题就变为：在现实交易中，它们各自的优缺点是什么呢？在第 18 章中我们将讨论投机性交易策略和投资性交易策略，但一个重要标准是，正如我们在第 1 章中所介绍的，投资者是否拥有足够的资本金购买标的股票。配对看跌期权的一个明显优点是已经买入股票，很明显投资者是有这笔资金的。因此，配对看跌期权策略可以很容易就被界定为“投资导向的”。

购买看涨期权就其自身来讲，并不涉及标的股票。如果想让这种策略成为投资导向的，就必须准备足够的现金用来购买标的股票。这就要求在股价走低时要能约束自己，在股价走高时要能及时拿出资金。因此，我们很难判断投资者是投机性地购买看涨期权还是为了介入标的股票而买入看涨期权作为短期风险管理工具，除非可以证明投资者能够随时拿出足以购买股票的现金或者流动性资产。

配对看跌期权策略的缺陷是存在额外前端交易成本：一种是买入股票的佣金，另一种是买入看跌期权的佣金。如果看跌期权被行权则还可能存在第三种，即卖出股票的佣金。买入看跌期权加国债也存在相关佣金，但通常比股票佣金要低些。不过，如果看涨期权被行权，则也有股票佣金。在理论分析中，在不考虑佣金并选择持有现金的情况下，这两种投资策略是相等的。但在现实交易中，投资者必须在额外佣金和维持原则之间进行选择。

8.5.2 衣领策略

许多投资者都喜欢配对看跌期权和保护看跌期权的降低风险特性，但他们又很关心成本问题。衣领策略就是解决这个问题的一种两部分期权策略。衣领策略的第一部分是配对看跌期权或保护看跌期权，第二部分是有保护看涨期权。正如第 6 章所描述的那样，有保护看涨期权是按照与持有的股票数相同的数量卖出看涨期权。作为收取期权费应承担的义务，有保护看涨期权的出售者需在期权到期日之前的任何时间随时准备以期权执行价格卖出股票。当把有保护看涨期权作为衣领策略的一部分时，从卖出有保护看涨期权所获得的期权费就可以用来降低购买配对或保护看跌期权的成本。

8.5.3 衣领策略：风险与收益权衡

衣领策略相对于配对看跌期权的优点在于较低的净成本。从卖出有保护看涨期权所获得的期权费的部分或者全部可用于支付看跌期权成本。衣领策略的缺陷在于它制约了股票的盈利潜力。有保护看涨期权为股票价格上升时投资者所能获得的收益设置了一个上限。如图 8-3 所示，当 XYZ 的成交价格为 72 美元时，以 2 美元卖出执行价格为 80 美元的看涨期权，同时以 3 美元买入成交价格为 70 美元的看跌期权就是一个衣领策略，该交易策略将总风险控制在每股 3 美元，而将每股的盈利潜力也限制在 7 美元。

想要降低风险的投资者该在配对看跌期权和衣领策略间做何选择呢？首先，要确保你真正理解每种策略的风险与收益权衡；其次，考虑市场预测更倾向于哪一个。

配对看跌期权的保障成本相对较高，但如果股价上涨它却不会限制盈利潜力。如本章前面所述，如果投资者看多个股但对市场有所担心的时候应该选择购买配对看跌期权。

衣领策略的保障成本相对较低，但它却限制了股票的盈利潜力。请记住，有保护看涨期权需要承担以执行价格卖出股票的义务。如果投资者也许由于税收的原因或也许因为长期看多后市而不愿意卖出股票，那么他就应该着重关注看涨期权空头的存在及其应承担的卖出股票的义务。因此，投资者在建立衣领策略头寸之前，应该确定在什么时候、以什么价位重新买入看涨期权以对原期权空头进行平仓，然后就应该按照这个方案严格执行。

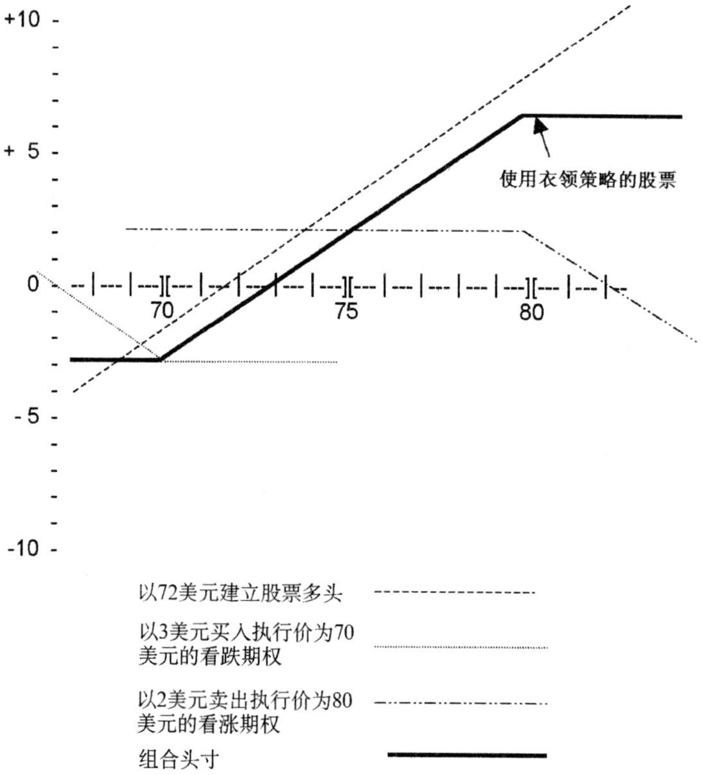

图 8-3　衣领策略组合投资示意图

配对看跌期权和衣领策略都是各有利弊的保险策略。配对看跌期权需付出一点成本才能获得保障，但却为股票留下了无限的盈亏空间。相反，衣领策略保障成本较低，但却要承担卖出股票的义务，因而限制了盈利空间。

8.6　本章小结

相对于直接购买股票，配对看跌期权有一个优势，它可以在一定时间内将购买股票的风险控制在有限范围之内。它的劣势在于在到期日要面临较高的盈亏平衡点。尽管实施这种策略是基于投资者的主观判断，但当股票购买者认为“这是好的价格，但此时买入有风险”的时候，就比较适合运用这种策略。

配对看跌期权策略提供与止损订单不同的权衡。止损订单没有前端成本支出，没有时间限制，主要依赖股票价格，但是它却不能保证损失有限。相反，配对看跌期权存续期有限，需要支付包含佣金在内的前端成本，如果看跌期权到期失效这些支出都会损失掉。然而，配对看跌期权在其有效期内却保证了持有的股票损失。

根据买卖权平价理论，配对看跌期权策略和买入看涨期权加国债组合策略理论上是相等的。不过，它们在现实世界中还是存在差异的，包括交易成本及严格的现金管理等因素。

衣领策略把卖出有保护的看涨期权与买入保护或配对看跌期权策略结合起来。衣领策略提供了一种不同的风险与收益权衡。衣领策略的净成本较低，但股票上涨的潜力被看涨期权空头的执行价格限制住了。

掌握保险心理并将其运用到期权交易当中是相当困难的，因为从事后来看，所选策略总是次优的。尽管如此，运用看跌期权来对新建股票头寸或现有股票头寸进行保险保障可以让许多投资者得以心安。

第9章　卖出看跌期权

9.1　引言

本章全面阐述卖出看跌期权策略的方方面面。在简单介绍卖出看跌期权的机理之后，本章将解释如何将卖出看跌期权用来实现投资目标。买卖权平价这一概念将会再次出现，我们将把卖出看跌期权策略与其他期权策略进行比较。最后，讨论重点转移到风险问题，并解释为什么卖出看跌期权常常被认为会带来令人难以接受的风险。

9.2　损益图和策略机理

卖出看跌期权的最大理论风险是以等于期权执行价减去所收期权费的价格买入100股股票。图9-1描绘的是以200美元（或每股2美元）的价格卖出执行价为50美元的看跌期权在期权到期日的盈亏情况。如果在到期日股票价格为50美元或更高，则看跌期权到期失效，每股2美元的最大收益得以实现。如果在到期日股价低于50美元，则看跌期权空头会被行权，看跌期权卖方需以每股48美元的有效价格买入100股股票。如果在到期日股价低于48美元，则该交易策略会造成亏损。

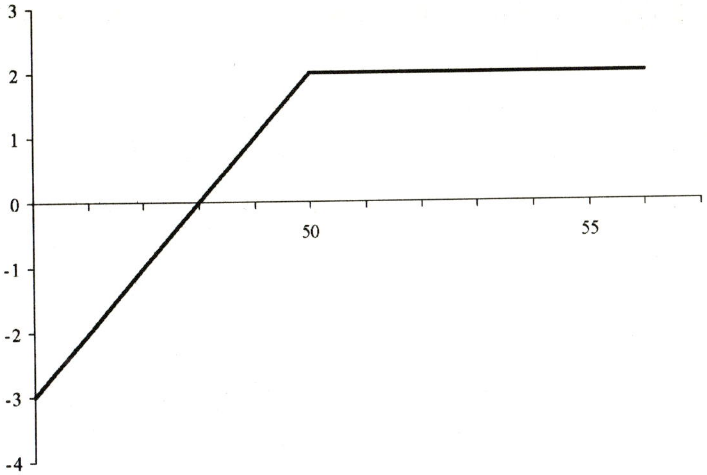

图 9-1　卖出期权费为 2 美元、执行价为 50 美元的看跌期权在到期日的盈亏情况图

9.3　卖出看跌期权的投资性用途

正如在简介中所提到的，保守型投资者的一个目标是“在好的价格买好的股票”。什么算是“好的股票”和“好的价格”属于主观判断。不过，通常的做法是在当前市价下方某一特定价位设置一个限价买入订单。运用这种策略的投资者认为标的股票就是“好的股票”，而他设定的价位就是“好的价格”。在这类情况下，问题就是：卖出看跌期权也能对保守型投资者有所帮助吗？我们可以大声回答：能。请看以下的解释。

9.3.1　对市场持有中立态度的股票购买者

艾利克斯是一个年轻的投资者，他想买入一只名叫“蜘蛛产业”的股票，该股当前成交价格为 36 美元。然而，艾利克斯并不急于买进，因为他预测近期该股将在此价位附近震荡或者小幅下挫。在本例中，假定 75 天到期、执行价为 35 美元的看跌期权价格为 1.25 美元，而艾利克斯想用来购买股票的货币市场账户中存有 3375 美元。为简便起见，此处不考虑佣金及保证金账户中最低余额的要求。

艾利克斯的交易策略不是立即以 33.75 美元的价格下单买入股票，而是以 1.25 美元的价格卖出 75 天到期、执行价为 35 美元的看跌期权以期股价在到期日会跌到 35 美元以下。艾利克斯的经纪公司会要求他在保证金账户中存入最低要求的现金或担保证券。这被称为保证金存款，其目的是对经纪公司加以保障，以防由于卖出看跌期权的行权而买入的股票必须亏损卖出。经纪公司发现有必要清空股票的原因在于投资者没有能够存入足够的保证金，或者经纪公司认为该股风险过大，已经不适用保证金贷款。艾利克斯可以将其 3375 美元的余额保留在货币市场账户中。

如果艾利克斯的预测是正确的，则看跌期权空头会被行权，他将以 33.75 美元的有效价格（即 35 美元的执行价减去所收到的看跌期权费 1.25 美元）买入 100 股蜘蛛产业股票。如果股价维持在 35 美元以上，则看跌期权会到期失效，艾利克斯可以挣得期权费。

艾利克斯卖出看跌期权承担了不合理的风险吗？当然没有。

小贴士 指派行权是很大的风险吗？

艾利克斯卖出看跌期权承担的最大风险跟直接以 33.75 美元的价格买入股票的风险是相同的，而后者是艾利克斯乐于去做的。记住，他只需下一个以 33.75 美元买入股票的限价买单就可以了。相对于限价买单而言，如果股价在 33.75 美元与 35 美元之间波动，则卖出看跌期权会被行权，而艾利克斯需以 33.75 美元的有效价格买入股票。而且，如果股价在到期日高于 35 美元，艾利克斯就可以保留卖出看跌期权所获得的期权费 1.25 美元，这样就提高了他的收益。而限价买入订单并不能提供这样的好处。

9.3.2 对市场持有中立偏看多态度的股票购买者

亚当是一个长线投资者，他想把一只名叫 Mathco 的科研公司股票加入自己的投资组合当中。不过，亚当对未来 90 天内 Mathco 股票的走势仅持中立或稍微看涨态度。根据这种预测，亚当觉得最好的做法不是以现价 68 美元买入 Mathco 股票，而是以 4 美元的价格卖出 90 天到期、执行价为 70 的看跌期权。如果该看跌期权被指派行权，则亚当的股票有效买入价格是 66 美元（加上交易成本），即期权执行价格 70 美元减去 4 美元的看跌期权费。亚当的最大理论风险等于以 66 美元买入股票，而他从看跌期权获得的最大盈利潜力是每股 4 美元。亚当期待他可以被指派行权从而买入股票，因为他预测未来 90 天内 Mathco 的股价会维持在 70 美元之下，然后才会上涨。

小贴士 亚当希望股价什么时候上涨？

9.3.3 “普通”股票购买者

马修准备买入 200 股某汽车维修经销商 Serviceco 公司的股票，该股当前成交价格为 62 美元。马修对未来两个月内 Serviceco 股票的走势持中立偏看空态度，实际上，他对该股的理想价位是在 60 美元时买入。但他又不想错过股价上涨的机会，因此他准备现在先买入 100 股，再以 58 美元的价格下一个买入 100 股的限价买入订单。如果限价买入订单得以成交，那么他所买入的全部 200 股的平均买入价格就会达到理想的 60 美元/股。

另一种方法是，马修可以以现价 62 美元先买入 100 股，同时以 2 美元的价格卖出 55 天到期、执行价为 60 美元的看跌期权。如果卖出看跌期权被指派行权，那么马修所获得的第二个 100 股股票的有效买入价格就为 58 美元，而其全部 200 股股票的平均买入价格就为他所希望的 60 美元。如果 Serviceco 股票在期权到期日时高于 60 美元，则执行价为 60 美元的看跌期权到期失效，马修可以净得每股 2 美元的看跌期权费。如果此时他选择以当前市价买入 100 股 Serviceco 股票，则所获看跌期权费可以将每股的有效买价降低 2 美元。

9.4 卖出“正确的”看跌期权

同其他交易策略一样，哪一个期权是“正确的”取决于市场预测。对市场完全持中立态度且想以稍微低于当前市价的价格买入股票的投资者可能更倾向于卖出平价期权。而想以比当前市价低得多的价格买入股票的投资者可能更愿意卖出价外期权。但对市场持中立偏看多态度的投资者可能倾向于卖出价内期权。只要看跌期权的卖出价格存在时间溢价，被指派行权就意味着买入股票的有效价格要比当前市价低一些。

9.5 卖出看跌期权与低于当前市价的限价买入订单的比较

卖出看跌期权与限价买入订单相比没有哪一个绝对“更好”，而是这两种策略均存在各自的风险与收益权衡。在马修的例子中，理论上两种策略的最大风险都是以 58 美元再买入 100 股股票。卖出看跌期权的相对优势在于：如果在到期日时股价在 58 美元与 60 美元元之间，则买入股票；而如果股价在到期日时高于 60 美元，则获得每股 2 美元的期权费。限价买入订单并不能保证马修买得股票，除非在 58 美元的限定价位有足够卖单以满足马修以及排在他前面的所有买单的需求。这样，如果股价比限定价格高而导致限价买入订单没有成交则这种订单就什么都挣不到。不过，限价买入订单是只依赖价格的，不像卖出看跌期权那样既依赖时间也依赖价格。这意味着如果 Serviceco 股票的成交价低于 58 美元，然后在期权到期日前上涨到 60 美元以上，那么限价买入订单就能够以 58 美元买入股票并获得相应的不菲利润。然而，卖出看跌期权在这种情况下很有可能不被指派行权，这样最大程度就只能挣得所收的期权费。表 9－1 总结了卖出看跌期权与限价买入订单之间的异同。

小贴士 限价买入订单依赖价格；卖出看跌期权依赖时间和价格

表 9－1 卖出看跌期权与限价买入订单的比较

到期日股票价格	卖出看跌期权	限价买入订单（限定价格低于当前市价）	哪一个更好？
高于执行价格	看跌期权到期失效，获得期权费收入	没事发生	卖出看跌期权

续表

到期日股票价格	卖出看跌期权	限价买入订单 （限定价格低于当前市价）	哪一个更好？
位于执行价与执行价减去期权费之间	看跌期权被指派行权 买入股票	没事发生	卖出看跌期权
低于执行价减去期权费	看跌期权被指派行权 买入股票	买入股票	相同

9.6 与有保护卖出期权的比较

很多读者已经观察到卖出看跌期权的损益图（图 9－1）和有保护卖出期权的损益图（图 6－1）比较相似。读者的观察是正确的，之所以出现这种情况还是因为我们在第 8 章介绍过的买卖权平价理论。买卖权平价的含义就是具有同样执行价格和到期日期的看跌期权和看涨期权可以与股票结合起来创造具有完全相同盈亏结构的投资组合。有保护卖出看涨期权，当股票被全额支付时，与有充足资金买入标的股票的卖出看跌期权，从理论上来讲，是盈亏情况完全相同的两种投资策略。

为了强调需要足够的现金买入标的股票，该策略也可被称为卖出现金担保的看跌期权。

无论期权到期日股价是多少，有保护卖出看涨期权的卖方与现金担保看跌期权的卖方的最终结果都是具有相同的头寸。如果期权到期日股价高于执行价格，有保护卖出期权卖方会被指派行权，从而卖出股票，获得所卖股票得来的现金收入。卖出看跌期权卖方结果手里也是持有现金，因为卖出的看跌期权将会到期失效。

如果期权到期日股价低于执行价格，那么有保护卖出期权卖方会让看涨期权空头到期自动失效，而留下持有的股票。现金担保的看跌期权卖方也将持有股票，因为卖出看跌期权将会被行权从而买入股票。

如果股票价格刚好等于执行价格，那么无论是有保护卖出期权卖方还是现金担保看跌期权卖方都将持有与执行价格相等的现金或者股票，并且可以选择买入或卖出股票以获得想要的头寸。因此，在忽略佣金的情况下这两种交易策略是相同的，但要假定两种投资者都以相同方式管理资本，也就是说，有保护卖出期权卖方要用现金买入股票，而卖出看跌期权卖方要有足够现金准备买入股票。

9.7 现金担保看跌期权卖方收益的计算

在上文的第一个例子中，艾利克斯就是一个现金担保看跌期权卖方。如果艾利克斯的执行价为 35 美元的看跌期权到期失效，他的收益会增加。艾利克斯的收益可以用表 9－2 中的公式计算，为其资本 3375 美元的年度百分比。

在表 9－2 的公式中，现金担保看跌期权的收益包含看跌期权费加上保证金存款账户的应得利息以及货币市场账户的资金余额。投资额就是艾利克斯的资本金 3375 美元。在本例中，假定艾利克斯的资本可以获得 5％的利息（年率），或者说大约 75 天获利 35 美元。如果看跌期权到期失效，则艾利克斯的年化回报率（不考虑佣金）为 23％，如表 9－2 所示。

23％的年化回报率要比假定的 5％的年利率高出 18％，但这种回报率只有在看跌期权到期失效的情况下才能实现。投资者不要忘记卖出看跌期权头寸就要承担买入股票的义务，在本例中的有效买入价格为 33.75 美元。如果期权到期日时股价低于 33.75 美元，则这种交易策略将会出现亏损。

表 9－2 计算现金担保看跌期权的回报率

$年回报率=\frac{收入}{投资}\times\frac{1年的天数}{离到期天数}$
年回报率=（（利息＋看跌期权费）÷3375）×（365÷75） =（（35＋125）÷3375）×（365÷75） =23％
其中： 收入=看跌期权费＋货币市场账户资金利息 投资=待买入股票的可用现金（执行价格—看跌期权费）

注：不包括佣金。

9.8 风险

理论上卖出一份看跌期权的最大风险就是以执行价减去所得期权费的价格买入 100 股标的股票。风险资本的比率取决于是用现金买入股票还是用保证金买入股票。理论上，用现金买入股票者要承担投资资本 100%的风险。然而，用保证金买入股票者承担的风险还超过资本的 100%，因为理论上用保证金买入股票者承担的风险包括他所有的投资资本加上保证金贷款。如图 9－2 所示，盈亏曲线的斜率代表了不同交易策略风险的水平。

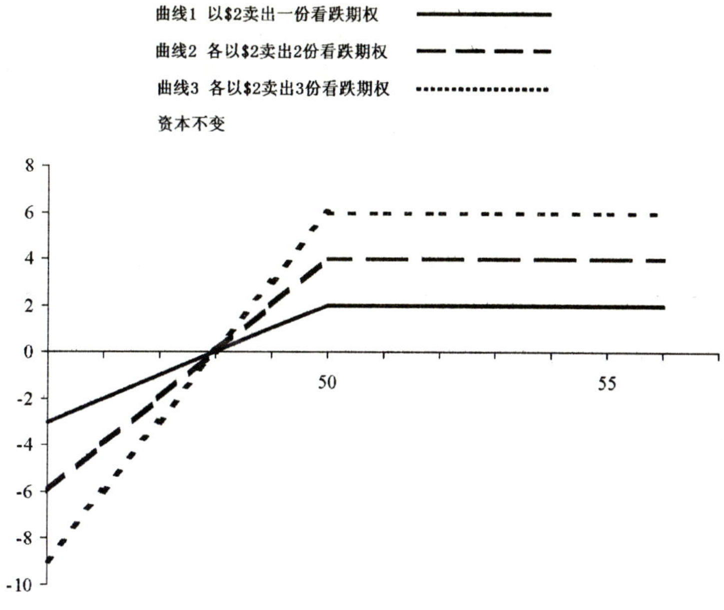

图 9－2　三种不同杠杆率下的卖出看跌期权

为了显示支撑头寸的不同资本数量对风险水平有何影响，图 9－2 和表 9－3 对三种不同的杠杆水平下的卖出看跌期权进行了比较。在这三种情形中，都假定原始资本为 4800 美元。

图 9－2 中的曲线 1，指以 2 美元的价格卖出 1 份执行价为 50 美元的看跌期权，曲线 2，指的是各以 2 美元的价格卖出 2 份执行价为 50 美元的看跌期权，而曲线 3，指的是卖出 3 份看跌期权。表 9－3 中的列分别计算了与图 9－2 中对应三

条曲线的盈亏情况。三条曲线的斜率不同，因为它们的风险不同。

简单来说，卖出看跌期权的风险，取决于投资者购买标的股票的意愿和能力。在图 9-2 中，曲线 1 的斜率为 1×1，这等于用现金买入股票。曲线 1 的最大理论风险为 4800 美元，即假定资本 4800 美元的 100%，如果股价下跌为 0 的话。

曲线 2 的斜率为 2×1，这等于完全用保证金买入股票。曲线 2 的最大理论风险为 9600 美元，即假定资本 4800 美元的 200%，如果股价下跌为 0 的话。

曲线 3 的斜率为 3×1，比完全用保证金买入股票的斜率还要陡峭。曲线 3 的最大理论风险为 14400 美元，即假定资本 4800 美元的 300%，如果股价下跌为 0 的话。

用现金购买 100 股股票或用保证金购买 200 股股票的资本数量不足以满足第三种卖出看跌期权的行权指派。因此，如果第三种看跌期权被指派行权，那么至少要立即卖出部分其他股票，因为预先假定的 4800 美元资本不足以买入 300 股标的股票。

表 9-3　卖出 1 份、2 份、3 份看跌期权时的盈亏情况表

到期日股票价格	卖出 1 份看跌期权 期权费 2 美元，执行价 50 美元 盈（亏）	卖出 2 份看跌期权 期权费 2 美元，执行价 50 美元 盈（亏）	卖出 3 份看跌期权 期权费 2 美元，执行价 50 美元 盈（亏）
52 美元	+200	+400	+600
51 美元	+200	+400	+600
50 美元	+200	+400	+600
49 美元	+100	+200	+300
48 美元	0	0	0
47 美元	(100)	(200)	(300)
46 美元	(200)	(400)	(600)
45 美元	(300)	(600)	(900)
44 美元	(400)	(800)	(1200)
43 美元	(500)	(1000)	(1500)

9.9 保证金账户和卖出看跌期权

即使投资者准备了足够的现金购买标的股票，经纪公司也要求卖出看跌期权头寸必须在保证金账户中进行交易。之所以这样要求，是因为现金很容易转账，而且将可得现金与潜在指派风险进行匹配也存在技术困难。经纪公司一般都有最低保证金要求。如果看跌期权卖方希望维持在最低保证金水平之上，那么看跌期权卖方（而不是经纪公司）就需要监控好自己的账户，以保证有充足的现金。

在允许以保证金账户进行交易之前，经纪公司一般要求投资者满足规定的最低财务要求，而允许他们卖出看跌期权的要求比这更加严格，其中包括最低净值和最低账户余额等规定，另外还要求投资者仔细阅读和签署账户资金运用和风险披露方面的表格。在实施本章所讨论的卖出看跌期权交易策略之前，投资者需要完全熟悉经纪公司的相关要求，并认真履行。

9.10 本章小结

卖出看跌期权的最大理论风险是在某一价位上购买股票，该价位等于执行价格减去所获得的期权费收入。只要看跌期权卖出时的价格存在时间溢价，则指派行权都导致购买股票的有效价格要低于现价买入的价格。股票购买者可以把这种交易策略作为对限价买入订单的替代。如果期权到期日时股票价格高于执行价格或者介于执行价格与执行价格减去期权费的价格之间，则卖出看跌期权要比限价买入订单方式更好。如果股票价格低于执行价格减去期权费，那么两种策略是等价的，因为此时两种策略都是以相同的有效价格购买股票。限价买入订单依赖价格，而卖出看跌期权依赖时间和价格。

理论上，根据买卖权平价理论，如果两种交易策略由相同的资本支撑，那么卖出现金担保看跌期权和卖出有保护看涨期权是相同的交易策略。计算卖出看跌期权的回报率时要在期权费基础上加上可用资金的利息收入，并且分析可得资金的年化百分比。

现金担保看跌期权所承担的风险等于以卖出看跌期权中所隐含的价格购买股票，该价格为执行价格减去期权费。用一个单位的资本卖出两份看跌期权等于承担以保证金买入股票的风险。卖出三份甚至更多份看跌期权会使风险增加更多，意味着一旦被指派行权，投资者至少需要卖出一些其他股票以筹集足够的资本来履行购买标的股票的义务。因此，卖出看跌期权可以是风险型的，也可以是保守型的交易策略，这取决于你如何管理资本。

第 10 章　LEAPS 的多种应用

10.1　引言

在 1990 年之前，上市的期权最长期限为 9 个月。在这一年，芝加哥期权交易所针对市场的需求开始交易长期期权产品，该类产品迅速成为 20 世纪 90 年代增长最快的市场。今天，LEAPS 期权约占总期权交易量的 12%。最初，长期期权交易主要基于 14 种股本最大的股票。但自那以后，这个数字逐渐上升至超过 600 种。本章首先描述这些长期期权独特的技术特征，接下来介绍四种适合投资者长期投资需要的策略。

10.2　背景

LEAPS 是长期股票预期证券（Long-term Equity Antici Pation Securities）的英文缩写。这比简单的长期看涨期权和长期看跌期权听起来更炫一些。这类期权从开始上市起至到期日最长时间为 3 年。

LEAPS 仅仅是到期日很长的期权吗？可以说是，也可以说不是。一方面，LEAPS 与标准期权相似；而另一方面，在合约设置和动态变化方面它们又存在差异。

10.2.1　合约设置方面的差异

执行价格和到期月份更少。最初上市的 LEAPS 仅有三个执行价格。一个是平价，另一个大约是 20%的价外价，还有一个大约是 20%的价内价。当标的股票价格发生变化而最高或最低执行价格变为价内价格的时候，再增加新的执行价格。LEAPS 也只有一个到期月份，即 1 月份，但总是设有两个到期年份。

编码符号不同。标准的期权合约有固定的根码。例如，微软公司股票短期期权的根码为 MSQ。可是，微软公司的 LEAPS 随期权年限的不同而有不同的根码。例如，WMF 是微软公司到期日为 2006 年 1 月份的 LEAPS 的根码，而 VMF 是微软公司到期日为 2007 年 1 月份的 LEAPS 的根码。完整的 LEAPS 期权和它们的根码目录可以查询"交易所上市期权目录"，详见芝加哥期权交易所网站 www.cboe.com。

10.2.2 动态变化不同

一般而言，离期权到期日越长，期权的单位时间溢价成本越低。表 10－1 比较了 6 个月平价看涨期权的期权费与 2 年期平价 LEAPS 的期权费。

在表 10－1 中，2 年期 LEAPS 看涨期权的每个月的成本大约是 6 个月看涨期权的一半。结论是 LEAPS 期权相对于传统的短期期权来衡量它们的时间价值。这一概念可以用图 10－1 中的曲线来表示，图中显示 LEAPS 期权在其前面的 2/3 的时间内期权价值的损失还不到一半。一开始离到期时间还有 33 个月时，LEAPS 看涨期权的价值为 12.35 美元。离到期日还剩 11 个月时，期权价值变为 6.97 美元。

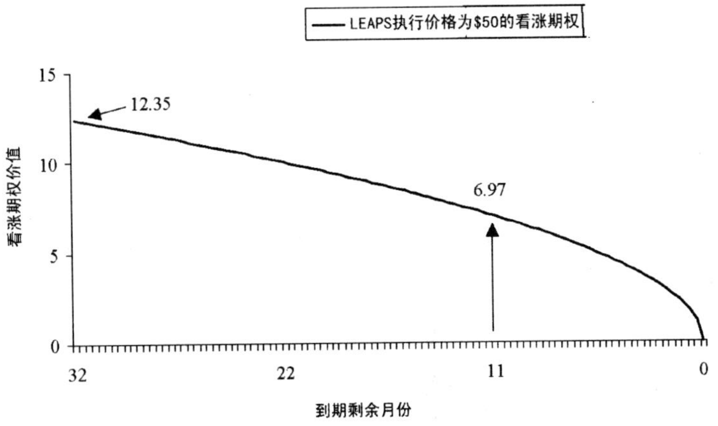

图 10－1　LEAPS 期权价值的时间衰减

表 10－1　2 年期权与 6 个月期权的期权费比较

	6 个月到期、执行价为 50 美元的看涨期权	2 年到期、执行价为 50 美元的看涨期权
期权费	5.40	11.40
美元成本总计（不包括佣金）	540	1140
每个月的成本	90	48

10.2.3　新 LEAPS 到期日交易的开始

新 LEAPS 期权一般在 5 月、6 月和 7 月开始交易，具体时间取决于标的证券短期期权到期日的季度循环。当 LEAPS 期权是首次上市时，到期时间大约是 2 年 7 个月以后。

短期期权有三个季度到期日周期。第一个周期的到期日有 1 月、4 月、7 月和 10 月；第二个周期的到期日有 2 月、5 月、8 月和 11 月；第三个周期的到期日有 3 月、6 月、9 月和 12 月。如果股票期权在第二个周期，则 LEAPS 到期日在 5 月底开始交易。对于在第一个周期的期权，新 LEAPS 在 6 月底开始交易，第三周期的 LEAPS 在 7 月底开始交易。例如，假设本年为 2007 年，则对于 2010 年 1 月份到期的 LEAPS 期权，其第一、第二和第三周期的期权分别在 5 月底、6 月底和 7 月底开始交易。

10.2.4　LEAPS 变为短期期权

如前所述，最多提供两个 LEAPS 的到期交易时间。因此，当要增加新的 LEAPS 系列时，近期的 LEAPS 期权就转化为短期期权。将 LEAPS 期权转化为短期期权涉及到编码符号的变化，当产生这种情况时你的经纪公司会通知你。例如，你拥有 IMB LKAPS 执行价为 90 美元的看涨期权，其根码为 WIBAR。“WIB”代表“IBM LEAPS 期权”，“A”代表“一月份看涨期权”，“R”代表“90 美元的执行价格”。当把 LEAPS 期权转化为短期期权后，它的新编码符号变为“IBMAR”。“IBM”代表“IBM 短期期权”，“AR”如转化前一样，代表“执行价格为 90 美元的一月份看涨期权”。

10.3 应用 LEAPS 来计划多年的赠予

年金是一种常见的动产计划策略。人们通常怎么取得资金就怎么进行投资，但对 LEAPS 看涨期权的创造性运用可以使今天建立的市场暴露规模大约相当于 3 年后获得赠予的资金规模。另外一个好处是，这样做的风险比 3 年后获得的资金一次性投资的风险要小得多。

下面举例说明如何用 LEAPS 看涨期权获得超过可用投资资金的市场暴露。假定可用资金在 LEAPS 有效期内逐渐积累，最终结果是在市场上涨时 3 年的赠予基本都投资到今天选出的股票，而如果市场下跌则也能限制风险。

例如，假设劳拉计划 3 年中每年给女儿格蕾丝 10000 美元，格蕾丝计划用这笔资金购买 Growthco 股票。假设 Growthco 每股的价格为 90 美元，而两年半到期、执行价为 70 美元的 LEAPS 看涨期权的成交价格为每股 30 美元。劳拉想今天就给格蕾丝 3 万美元，但这么一笔礼金既超过了每年的限额也超过了她的现有资金。表 10 - 2 介绍了如何运用 LEAPS 期权在今天就能够得到融资超过 3 年的市场暴露，而不是用每年可以获得的资金投资。

表 10 - 2 在多年赠予项目中运用 LEAPS 看涨期权

第一步：第 1 年的第 1 天。格蕾丝从劳拉处获得 1 万元的礼金。
第二步：第 1 年的第 2 天。Growthco 每股的价格为 90 美元，格蕾丝以 30 美元/股的价格买入 3 份第 4 年一月份到期、执行价格为 70 美元的 Growthco 公司股票的 LEAPS 看涨期权（总计花费 9000 美元）。剩下的 1000 美元存入货币市场账户。
第三步：第 2 年的任何 1 天。格蕾丝从劳拉处获得 1 万元的礼金并将其全额存入货币市场账户。现在货币市场账户的资金余额达到 11000 美元，这不包括利息或税收在内。
第四步：第 3 年的任何 1 天。格蕾丝从劳拉处获得 1 万元的礼金并将其全额存入货币市场账户。现在货币市场账户的资金余额达到 21000 美元。

续表

第五步 A：第 4 年一月期权到期日或之前某日。如果 Growthco 股价高于 70 美元/股，且格蕾丝认为 Growthco 股票仍然是一个好的投资标的，那么就可以对 LEAPS 看涨期权实施行权。对三份执行价为 70 美元的看涨期权行权需要支付 21000 美元购买标的股票。该笔金额刚好等于货币市场账户余额。 在第 4 年一月到期日之前的任何时间内，如果格蕾丝不想买入 Growthco 股票了，那么她就可以以当前市价卖出看涨期权。此时应该征询税收专家的意见。
第五步 B：如果 Growthco 股价在第 4 年一月的期权到期日低于 70 美元/股，那么执行价格为 70 美元的看涨期权就会到期失效。如果格蕾丝认为 Growthco 股票在此更低价位上仍然是一个有吸引力的投资标的，那么她就可以用货币市场账户资金购买 300 股以上的标的股票。如果她认为 Growthco 股票不再是一个好的投资标的，那么她也没有义务必须买入股票。 如果看涨期权自动到期失效，那么该策略的最大损失就会发生。最大的潜在损失就是看涨期权的全部成本加上佣金。然而，值得一提的是，这个风险与直接以每股 90 美元的价格买入 300 股股票的风险相比要小得多了。

如表 10-2 所示，第一步，在第 1 年，劳拉付给格蕾丝第一笔礼金，格蕾丝将这笔钱存入经纪人账户。然后接着在第二步，格蕾丝买入 3 份在第 4 年一月到期的、执行价格为 70 美元的 LEAPS 看涨期权。当然，格蕾丝的经纪人必须允许她从事期权交易。另外也请注意，第二步中格蕾丝买入的 3 份 LEAPS 看涨期权只代表她计划购买的 Growthco 股票数量，即每一份看涨期权对应 100 股股票。请注意，LEAPS 看涨期权买方无权享受股票红利及投票参与公司事务。而且，由于 LEAPS 看涨期权价格中的一部分属于时间价值，因此可以控制的股票价值数量要小于预计的全部资金。在本例中，预计可以获得 3 万美元资金，但看涨期权却只能购买价值 27000 美元的 Growthco 股票（以每股 90 美元的价格买入 300 股），超出看涨期权成本的剩余金额可以投入货币市场账户。

第三步和第四步主要涉及劳拉按计划分年赠予格蕾丝礼金，资金可以投资到货币市场账户。第二笔礼金可以在第 2 年的任何时间赠予，第三笔礼金也可以在第 3 年的任何时间赠予。看涨期权的到期日是第 4 年一月的第 3 个星期，下面分析一下可能出现的情形。

10.3.1 三种情形

（1）情形一，第五步 A。

在到期日时 Growthco 股票上涨了 60 美元（两年半内），如果 Growthco 股价上涨到了 150 美元，那么执行价格为 70 美元的 LEAPS 看涨期权就可以行权。格蕾丝就可以从以 100 美元/股的有效价格买入的 300 股 Growthco 股票的溢价中获取巨额收益。有效价格等于执行价格 70 美元加上 LEAPS 看涨期权的 30 美元成本。如果 3 年中每年投资 1 万美元，我们很难说会有什么结果，甚至是否能够买到 300 股股票都不好说。

在到期日时如果 Growthco 股价高于执行价格，格蕾丝有两种选择：她可以对 LEAPS 看涨期权行权，或者可以将 LEAPS 看涨期权卖出从而实现盈亏。对看涨期权行权意味着要以执行价格买入标的股票。在本例中，执行价格是每股 70 美元，300 股股票总计需要花费 21000 美元，而这恰是货币市场账户的余额。行权后，原看涨期权拥有者变成了持股人，需要承担股票多头头寸所带来的全部风险。如果格蕾丝决定卖出看涨期权，她必须考虑获利后的税收问题。她还面临手中资金如何进行再投资的问题，该笔资金包括货币市场账户中的资金加上卖出看涨期权所获得的收益。

（2）情形二，第五步 B。

股价在到期日下跌到 60 美元，如果 Growthco 股价下跌到 30 美元，那么执行价格为 70 美元的看涨期权就会到期自动失效，此时格蕾丝将会损失 9000 美元，即看涨期权成本的 100%，然而，其货币市场账户中还保有 21000 美元。假如格蕾丝以每股 90 美元的价格买入 300 股 Growthco 股票，那么她将每股亏损 60 美元，或者说总共亏损 18000 美元，而这等于 LEAPS 头寸亏损的两倍。

（3）情形三，第五步 A 的变体。

在到期日股价维持在 90 美元没有变动，由于 Crowthco 股票在期权到期日的价格仍为 90 美元，所以 70 美元执行价格的 LEAPS 看涨期权的价值为每股 20 美元，格蕾丝将会每股亏损 10 美元，并且需要做出决定，是将 LEAPS 看涨期权卖出变浮亏为实亏呢，还是对期权进行行权？这是一个私人决定，格蕾丝必须自行做出。

10.3.2 个人策略

在前面的例子中，假设格蕾丝运用 LEAPS 看涨期权以计划投资 3 年的礼金收入，同样的策略可以用于储蓄和个人理财计划。如果你计划每年储蓄 1 万元或其他数额，或者多些或者少些，你都可以运用 LEAPS 看涨期权来获得等同于 2 年或 2 年以上存款规模的市场暴露。别忘了，当你是自行安排时，很多限制都不存在。

10.4 LEAPS 看涨期权的有保护卖出期权的变化

一些激进的投资者和交易者开始从传统的有保护卖出期权转做带 LEAPS 的有保护卖出期权，即价差策略。这就产生了几个问题：这种策略是如何运作的？与传统的有保护卖出期权有何区别？存在什么风险？本部分将逐一回答这些问题。

传统的有保护卖出期权的做法是买入股票并同时按照股数相同原则卖出看涨期权。要详细了解这种策略，请参看第 6 章。传统的有保护卖出期权的变体就是用价内 LEAPS 看涨期权来替代股票头寸。这种策略必须用保证金账户来操作，同时你的账户必须得到认可能够进行价差交易。所以你首先就要和经纪人确认相关文案都准备好了。

举例来说，阿密特是一位保守的投资者，对于传统的有保护卖出期权交易策略有丰富的经验。阿密特一直在研究 Publico 股票，该股主营图书分销业务。他预测该股股价在未来 60 天内将以窄幅震荡为主。但是，阿密特并不想建立一个传统的有保护卖出期权头寸，他这次准备尝试不同的交易策略。Publico 股票现在的成交价格为每股 52 美元，而 18 个月到期、执行价格为 40 美元的 LEAPS 看涨期权的成交价格为每股 15 美元。60 天到期、执行价格为 55 美元的看涨期权在以 1.75 美元交易。阿密特不是购买 Publico 股票和出售 60 天看涨期权，而是决定买入 LEAPS 看涨期权和卖出 60 天看涨期权。如表 10－3 所示。

表 10-3 带 LEAPS 的有保护卖出期权

	每股	成本（美元）
做多 1 份 18 个月到期、执行价为 40 美元的 LEAPS 看涨期权	@15.00×100=	1500
做空 1 份 60 天到期、执行价为 55 美元的看涨期权	@1.75×100=	175
净投资	13.25	1325

阿密特所持头寸的净现金投资额是 1325 美元加上佣金。他付出 1500 美元买入 LEAPS 看涨期权，从卖出短期执行价格为 55 美元的看涨期权中获得 175 美元。既然价内看涨期权比平价或者价外看涨期权与标的股票有更高的价格相关性，故在表 10-3 中的头寸会与传统的有保护卖出期权有较高的价格相关性。

10.4.1 积极方面

第一个积极方面是很明显的，即净投资额更少。LEAPS 有保护卖出期权每个合约的净投资额只需要 1325 美元，而传统的针对 100 股股票有保护卖出期权的成本需要 5025 美元（以每股 52 美元的价格买入 100 股股票，并以每股 1.75 美元的价格卖出一份执行价为 55 美元的看涨期权）。即使是以最低保证金买入股票，传统的有保护卖出期权的净投资额也接近每股 25 美元，总计需要 2500 美元，这也是 LEAPS 有保护卖出期权投资额的几乎两倍左右。

第二个积极方面是 LEAPS 有保护卖出期权的最大风险比传统的有保护卖出期权要低得多。如果股票价格大幅下跌，这样两种头寸的最大损失就是投资的净额。这就是说，对于传统的有保护卖出期权就是每股 50.25 美元（不包括佣金），而对于 LEAFS 有保护卖出期权而言则仅为每股 13.25 美元。

第三个积极方面是，如果正如计划的那样，股价维持在 52～55 美元之间，LEAPS 有保护卖出期权的年化收益率也比传统的有保护卖出期权的回报要高得多。在短期期权到期日时如果股价没有变动，传统的有保护卖出期权所投资的 5025 美元可以获得 175 美元的收益。然而，LEAPS 有保护卖出期权却可以用 1325 美元的投资挣得几乎相同的收益（LEAPS 有保护卖出期权每张合约的实际利润要比 175 美元低些，因为时间衰减会降低 LEAPS 看涨期权的价格）。

10.4.2 消极方面

首先，如果标的股票价格大幅下降，LEAPS 有保护卖出期权就会招致损失。

虽然LEAPS有保护卖出期权的最大的潜在损失在绝对金额上少于传统的有保护卖出期权的潜在损失，但是损失的百分比可能会更大。

其次，如果股票价格上涨“太多”，则会带来第二个消极影响。对于传统的有保护卖出期权，如果收到指派行权通知，可以很容易就满足卖出标的股票的义务。把你持有的股票交割给看涨期权的行权者就可以了。股票期权能够在到期日之前的任何时间被行权，因此还需考虑提前行权的可能性。

可是，对于LEAPS有保护卖出期权而言，情形就完全不同了。由于你建立的LEAPS有保护卖出期权头寸并没有股票支撑，空头看涨期权被行权意味着你的经纪人必须代表你借入股票进行交付，结果就是股票空头代替了看涨期权空头。现在你必须在三个行动路径之间进行选择：第一，你可以对股票空头进行平仓并继续持有LEAPS看涨期权多头；第二，你可以对股票空头进行平仓且同时卖出另一个看涨期权；第三，你可以对股票空头平仓且卖出LEAPS看涨期权多头头寸以清空全部头寸。尽管也可以对LEAPS看涨期权行权以对股票空头进行平仓，但通常不这样做，因为LEAPS看涨期权价格里的时间溢价将会丧失。

不管采取何种行动，都会产生额外的交易和成本。根据看涨期权空头被指派行权时的LEAPS看涨期权的价格变动情况，有时即使股票价格高于建仓时的价格，整个交易策略都有可能出现亏损。这种内在的复杂性就可以解释为什么LEAPS有保护卖出期权只适合有经验的期权交易者去做。

10.4.3 执行

LEAPS有保护卖出期权的目标是获得比传统的有保护卖出期权更高的年化收益率，而风险在于会带来更高的损失百分比。投资者应该侧重挑选高质量的股票，并要有承担这些股票净多头风险的思想准备。如果股价大幅下跌，损失就会发生；如果股价上涨太多，就会涉及额外的交易和成本，这样空头看涨期权就会被行权；如果所有发展都能按照计划进行，即标的股票的价格维持不变或仅小幅上涨，则空头看涨期权权会到期失效。不过，LEAPS有保护卖出期权并不是简单的买入—持有策略，如果股价下跌或者收到指派行权通知，投资者则需要提前想好该采取何种恰当行动。

10.5 运用LEAPS衣领策略以有限风险进入市场

投资者有时发现自己会陷入下面的困境：他们拥有资金来投资，他们也想把这笔资金投出去，然而，他们又担心市场会“回调”，或者更糟糕的是市场开启新的一轮熊市。投资专业人士所推荐的三部交易策略可能正是这类投资者所需要的，该策略由以市场为基础的交易所交易基金（ETF）和LEAPS衣领策略组成。

下面的例子将介绍衣领策略与钻石ETF的组合运用。钻石ETF是一种交易所交易基金，这种基金的回报率与道琼斯公司编制的道琼斯工业平均指数（DJIA）的价格和业绩表现相一致（不包括费用和其他支出）。

衣领策略，正如第8章描述的那样，是一种两部分期权策略，包括买入一个价外看跌期权和卖出一个价外看涨期权。当按照钻石基金头寸的价值，以同等金额建立衣领头寸时，衣领策略提供了一种低成本的保险并且容许分享市场价格上升部分的好处。注意，钻石基金的编码符号是DIA，在下一例中还将用到。

DJIA位于10000点时，钻石基金的交易价格为100美元，一份带LEAPS期权的DIA95～115衣领交易可以用表10－4所描述的三部分头寸来生成。首先，以每份100美元的价格买入100份钻石ETF，不包括佣金在内总计花费10000美元。其次，一份18个月到期、执行价为95美元的DIA LEAPS看跌期权可以以每股4.50美元的价格购得，总计花费450美元。再次，一份18个月到期、执行价为115美元的DIA LEAPS看涨期权以每股2.50美元的价格卖出，总共可得250美元。因此，衣领策略的总成本为每股2美元，或者说需200美元，而三部分交易策略的总成本为10200美元，比直接买入钻石基金头寸的成本要高出2％。

表10－4 以有限风险进入市场

	每股	成本（美元）
做多100份钻石基金	@100.00×100＝	10000
做多1份18个月到期、执行价为95美元的DIA看跌期权	@4.50×100＝	450
做空1份18个月到期、执行价为115美元的DIA看涨期权	@（2.50）×100＝	（250）
净投资	102.00	10200

表 10 - 5 和图 10 - 2 展示了这三部分交易策略在到期日的盈亏情况。图表中均不包括交易成本，但你在分析实际交易时一定要将交易成本考虑进去。

表 10 - 5　钻石基金多头加 DIA 衣领交易在到期日的盈亏情况

DIA 变动情况（%）	DIA 到期日价格	以每份 100 美元买入钻石基金	以 2.50 美元卖出执行价为 115 美元的看涨期权	以 2.50 美元买入执行价为 95 美元的看跌期权	投资组合的盈亏
−10%	90	−10	+2.50	+0.50	−7
−5%	95	−5	+2.50	−4.50	−7
0	100	0	+2.50	−4.50	−2
+5%	105	+5	+2.50	−4.50	+3
+10%	110	+10	+2.50	−4.50	+8
+15%	115	+15	+2.50	−4.50	+13
+20%	120	+20	−2.50	−4.50	+13

同普通股票期权一样，DIA 期权是可交割期权，因此，如果看涨期权被指派行权或对看跌期权实施行权就将卖出钻石基金。在 LEAPS 期权到期日，如果 DJIA 高于 11500 点，钻石基金价格高于 115 美元，那么看跌期权将到期失效，但看涨期权空头将可能被指派行权。DIA 看涨期权空头被指派行权意味着必须交割标的钻石基金份额。在执行价格之上，本例为 115 美元，看涨期权空头价值的上升会抵消钻石基金多头价值的上涨。因此，本例中每份钻石基金的利润限于 15 美元减去衣领策略的成本 2 美元，即 18 个月内每份基金净盈利为 13 美元加上红利。

如果在到期日 DJIA 低于 9500 点，钻石基金价格低于 95 美元，那么看涨期权空头就到期失效，而看跌期权可以行权。对 DIA 看跌期权行权意味着以执行价格卖出钻石基金份额。在看跌期权的执行价格之下，看跌期权价值的上升可以抵消钻石基金多头头寸的损失。本例中，每份钻石基金的最大损失为 7 美元，即 100 美元的买入价格减去看跌期权的执行价格 95 美元再加上 2 美元的衣领交易成本。

如果在到期日 DJIA 介于 9500～11500 点之间，则无论是看涨期权还是看跌

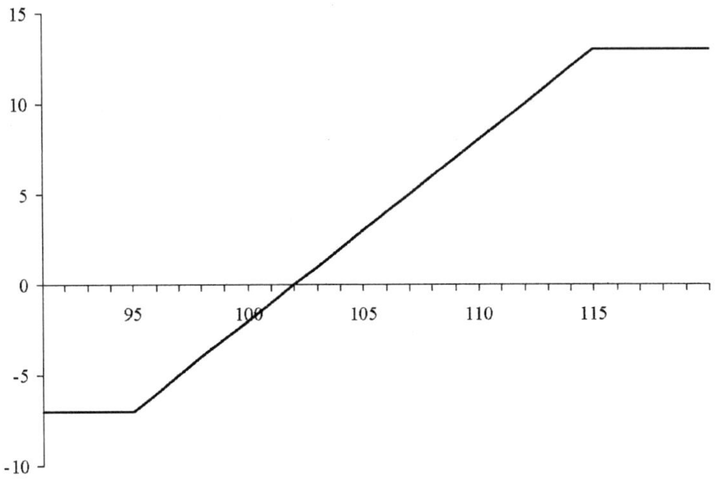

图 10－2　钻石基金多头加 DIA 衣领交易

期权都到期失效，是盈是亏就完全等于钻石基金价格的上涨或下跌，不过还要加上红利并减去衣领交易的成本。

● 动机

做多钻石基金头寸，同时加上 DIA 衣领交易，这种组合策略适合这样的投资者：他们预测价格要适度上涨，但又不想承担市场大幅下跌的全部风险。钻石基金买入价格与看跌期权执行价格之间的差额可以看作是投资者愿意承担的风险。看涨期权空头的执行价格可以看作是投资者认为市场不会上涨到的价格水平。

10.6　涉及 LEAPS 的年末税收策略

投资者有时发现自己想持有的股票往往会产生亏损，卖出股票变浮亏为实亏会引起一些复杂的情绪。一方面，他们想对亏损股票割肉，也许是因为他们有其他盈利可以部分抵消亏损；另一方面，他们仍然认为标的股票在他们的组合中属于好的投资标的。那么他们该怎么做呢？

不幸的是，如果今天卖出股票明天又重新买回，这种亏损是不可能得到税收优惠方面认可的。根据期权行业协会出版的《税收与投资》中的解释："如果纳税人并不是证券交易商，那么在其亏损卖出股票或证券（包括期权），并在亏损发生之前或之后的30天内重新买入‘基本相同’的股票或证券（或可买入基本相同的股票或证券的期权），则认定该笔交易为虚假交易。”

在期权出现之前，投资者可以有两种选择来克服其矛盾心理。首先，他们可以现在卖出亏损股票头寸，然后等过了31天再重新买入股票。其次，他们也可以另外购买与他们当前持有的股票头寸相同的股票，等过了31天再把他们当前持有的股票卖掉。这两种策略具有不同的权衡。

第一种选择，现在卖出—等待—重新买入，其好处在于投资者暂时脱离了市场，因而在等待期内没有下跌风险。其不利之处在于，如果等待期内股票价格上涨，因为投资者手中并无股票，所以不能获得利益，而且重新买入头寸的成本可能比31天前卖出股票时所获得的收入要高得多。

第二种选择，现在将头寸翻倍然后等待卖出，其好处在于让投资者留在市场中，因而能够参与股价上涨的好处。然而，其坏处在于，如果股价下跌，由于头寸变为原先的两倍，使得风险也翻倍了，而且新头寸的买入资金也必须现在解决。

期权提供了第三种选择，尽管与刚才讨论的第二种选择有些类似，但却可以减少部分不利之处。该交易策略如下：①现在买入LEAPS看涨期权；②等待31天然后卖出原有股票头寸；③等待31天以上，然后重新买入原来的股票头寸并卖出LEAPS看涨期权。如果以合适的时间间隔实施以上步骤，那么根据《税收与投资》的规定，这类股票投资的损失是纳税时可以考虑扣除的。一定要向专业税收顾问咨询一下，确保这种交易策略适合你的情况，并且国内税务局（IRS）的规定没有改变。

该策略有两个优点：①它让你得以留在市场中，这样你就不会错过市场反转的机会；②它比购买同等股票头寸所需的资金要少，风险也更小。

然而，它也有两个缺点：①如果股票价格下跌则风险仍然加大了；②LEAPS看涨期权的时间溢价意味着并不能百分之百地参与股票价格上涨带来的好处。

请看如下实例。马蒂投资了一家毛绒被褥生产商Downco公司的股票。马蒂最初是在6月10日以每股50美元的价格买入了100股Downco公司的股票。现在是11月10日，Downco的股价已经下跌到了30美元/股。马蒂现在很矛盾，不知该怎么做。一方面，马蒂想保留手中的Downco股票，因为他仍然相信该公司具有长期成长前景；另一方面，马蒂想将亏损的2000美元计入今年减税因素。马蒂向专业税务咨询师确认了下面的行动适合自己，并且符合IRS今年的规定。

下面是他的行动计划步骤。

今天是第一年的 11 月 10 日。马蒂计划的第一步是以每股 4.80 美元的价格买入 14 个月到期、执行价格为 30 美元的 Downco LEAPS 看涨期权，不包括佣金在内需花费 480 美元。马蒂继续持有 Downco 股票，所以购买看涨期权使其最大风险增加了 480 美元。第二步是至少等待 31 天再以市价卖出 Downco 股票。在本例中，马蒂计划在第一年的 12 月 15 日卖出手中股票，这是在 11 月 10 日的 35 天以后。当然，不可能预测到那时 Downco 股票以及马蒂的 LEAPS 看涨期权的价格会是多少，但这本来就是马蒂在选择这种交易策略时所要承担的风险。第三步是至少再等 31 天然后重新买入 100 股 Downco 股票，并同时卖出看涨期权。所有交易都以当时的市价进行交易。在本例中，马蒂计划在第二年的 1 月 20 日重新买入股票、卖出看涨期权，这一天是第一年 12 月 15 日的 34 天以后。

在第二步完成以后，只要在 30 天后再采取第三步行动，马蒂卖出股票的行为就可能符合第一年减税的规定。

表 10 - 6 分三种情形讨论了这种交易策略的实际成本和机会成本。根据 Op - Eval4 软件的计算，马蒂的执行价为 30 美元的 LEAPS 看涨期权的预计价格变动是与股票价格变动及期权到期时间的变化相一致的。该软件将在第 11 章进行介绍。在第一种情形下，马蒂以 30 美元的价格卖出 Downco 股票，并以同样的价格重新买回，损失仅为 LEAPS 看涨期权的时间价值流逝。在第二种情形中，马蒂以 30 美元的价格卖出 Downco 股票，但需以 35 美元的价格重新买回。在这种情况下，他的 LEAPS 看涨期权价格会上涨。第三种情形假定马蒂以 30 美元的价格卖出 Downco 股票并以 25 美元的价格重新买回。不过，他在 LEAPS 看涨期权上仍然要亏些钱。下面简要分析这三种情形。

表 10 - 6 做了三种假定。第一，假定执行价为 30 美元、还有 420 天到期（或大约 18 个月到期）的 LEAPS 看涨期权在 11 月 10 日的成交价格为每股 4.80 美元。假定股价为 30 美元，还有假定的利率、分红和波动率情况都列在表的下面。第二个是假定标的股票在第一年的 12 月 15 日以每股 30 美元的价格卖出。尽管股票价格不大可能在 35 天里都保持不变，但第一步和第二步之间的股票实际价格变动并不影响第一步和第三步之间的期权价格，而期权价格决定了整个交易策略期权部分的成本。第三个是假定在第一步和第三步之间利率、分红和波动率都没有发生变化。读者先要弄懂这里的推理过程，然后再分析在这些因素发生变化的其他情形下会带来什么影响。

表 10-6　涉及 LEAPS 的年末税收策略

开始头寸：持有 100 股股票，成本为 50 美元，当前股价为 30 美元。

第一步：第一年的 11 月 10 日，以 4.80 美元的价格买入 1 份执行价为 30 美元的 LEAPS 看涨期权。

第二步：第一年的 12 月 15 日，以每股 30 美元的价格卖出 100 股股票。

第三步：第二年的 1 月 20 日，买入 100 股股票并卖出 LEAPS 看涨期权。

	第一步	第三步 情形一 股价未变动	第三步 情形二 股价上涨 5 美元	第三步 情形三 股价下跌 5 美元
	第一天 11 月 10 日	第三天 1 月 20 日	第三天 1 月 20 日	第三天 1 月 20 日
股票价格	30	30	35	25
至到期天数	420	351	351	351
LEAPS 看涨期权价格	4.80	4.40	7.70	1.90
情形一：LEAPS 看涨期权以 4.80 美元买入、以 4.40 美元卖出； 股票以 30 美元卖出、以 30 美元重新买回； 策略的实际成本* 是期权损失的 40 美分； 好处是股票卖出的损失可以计入减税因素。				
情形二：LEAPS 看涨期权以 4.80 美元买入、以 7.70 美元卖出； 股票以 30 美元卖出、以 35 美元重新买回； 净机会成本* 为 2.10 美元加上期权盈利的实际税收成本； 好处是股票卖出的损失可以计入减税因素。				
情形三：LEAPS 看涨期权以 4.80 美元买入、以 1.90 美元卖出； 股票以 30 美元卖出、以 25 美元重新买回； 净收益为 2.10 美元加上期权损失的税收减免； 好处是股票卖出的损失可以计入减税因素加上以更低成本买回股票。				

假定：执行价格为 30 美元；无红利分配；波动率为 35%；利率为 2%。

* 不包括佣金、税收或买卖价差。关于税收影响请咨询专业税务顾问。

在情形一中，马蒂以每股 4.80 美元的价格在第一年的 11 月 10 日买入执行价格为 30 美元的 Downco LEAPS 看涨期权，需花费 480 美元；然后他在 12 月 15 日以每股 30 美元的价格卖出 Downco 股票；最后，在第二年的 1 月 20 日，他以 30 美元的价格重新买入 100 股 Downco 股票并以 4.40 美元的价格卖出 LEAPS 看涨期权。这样，马蒂买入的 Downco 股票在第一年卖出时每股有 20 美元的税收损失，加上第二年 LEAPS 看涨期权的 40 美分税收损失，如果他的税收顾问同意，这些都可计入减税因素。进一步，马蒂还拥有 100 股第二年 1 月 20 日买入的 Downco 股票，成本是 30 美元/股。该策略的好处是马蒂仍然持有 Downco 股票头寸，但他在第一年可以享受税收减免。在此情形中，成本就是 LEAPS 看涨期权每股 40 美分的损失。不过，看涨期权是马蒂对自己的保护，以免在其不持有任何 Downco 股票的 30 多天的等待期内错过股票上涨带来的收益。

在情形二中，马蒂不太走运，他不能以卖出 Downco 股票的相同价格买回股票。这次股价上涨了 5 美元，涨至 35 美元。尽管马蒂以比他的卖出价格高出 5 美元的价格买回股票，这种“机会损失”却部分被 LEAPS 看涨期权的利润 2.90 美元所抵消。结果就是马蒂在第一年可以享受税收减免，进而他还拥有在 1 月 20 日以每股 35 美元买入的 100 股 Downco 股票。马蒂还有第 2 年在 LEAPS 看涨期权上所挣得的每股 2.90 美元的短期利润，这属于应税收入。

在情形三种，马蒂能够以每股 25 美元的价格重新买回 Downco 股票，这比他 30 美元的卖出价格低 5 美元。不幸的是，他的 LEAPS 看涨期权的价格也下跌到了 1.90 美元，短期损失为每股 2.90 美元，或者说共为 290 美元。同样假定他的税收顾问同意其将投资损失计入减税因素，马蒂第一年的税收损失为每股 20 美元。再往后，他还拥有在 1 月 20 日以每股 25 美元买入的 100 股 Downco 股票。马蒂还有第二年在 LEAPS 看涨期权上的短期税收损失。

总的来看，马蒂买入 LEAPS 看涨期权的交易策略相对于买入相同 Downco 股票头寸的策略有一些优势，也有一些劣势。优势就是 LEAPS 看涨期权比买入 Downco 股票所需的投资要少些，风险要小些。LEAPS 看涨期权比短期看涨期权所经受的时间耗损无论是百分比还是绝对数字都要小些。劣势就是如果在他没有持股时股价上涨，马蒂的看涨期权的上涨幅度，从价值上来看要比标的股票涨的少些。你的投资交易活动中有 LEAPS 税收策略的用武之地吗？首先，咨询一下你的专业税收顾问；其次，考虑其风险与收益权衡。

10.7 本章小结

LEAPS，或者简称为长期期权，是金融市场中快速增长的交易之一。现在有600多只股票都可做LEAPS交易，它们的到期时间总为1月份，其编码符号也与相同股票的短期期权的编码不同。当到期时间接近9个月时，LEAPS期权系列就转换为短期系列，同时新的LEAPS系列进入市场。这发生在每年5月、6月和7月，具体时间取决于短期期权到期日的循环周期。LEAPS期权有四种可能的应用：①将其作为多年赠予计划的一部分；②作为一种有保护卖出期权的变体；③以有限风险进入市场；④用于年末税收计划。这些交易策略只不过是LEAPS期权的许多潜在应用中的简单几例而已。

第三篇　交易策略

这一部分谈的不是投资导向型的交易策略，而是转向探讨短期交易策略，此时理解到期日前期权价格变化行为就显得至关重要。第 11 章介绍了本书附带的计算机软件 Op-Eval4，该软件目前已经开发到第 4 代，它不仅可以计算期权价格，而且还可以计算隐含波动率和多重期权交易策略的价格，并对理论值制作图和表，这样在一定的市场价格波动范围内，很快就可以直观地看到交易策略的损益情况。第 12 章分步介绍了一些短期交易策略，并对一些重要决策进行了检验，展示了如何将 Op-Eval4 软件用于决策过程。当然，计算机程序不会为交易者做出决策，它们也不能确保交易成功。计算机程序的作用是获取更多相关信息，帮助投资者改进决策过程，形成切合实际的预期。第 13 章是一个新的章节，解释了垂直价差以及交易者在买/卖单个期权时应该在何时选择该种交易策略。第 14 章是“跨式和勒式组合”，也是一个新的章节，它对交易策略做了进一步的讨论，并揭示了跨式和勒式组合的奥秘。

第 11 章　Op-Eval4 软件操作

11.1　引言

计算机程序为期权交易者提供了有价值的帮助，它能做到快速计算并提高分析效率，但是它不能替我们做投资决策。本书所附带的 Op-Eval4 软件，在给定输入项的情况下，能计算出期权理论价值，它还可以为很多策略绘制图形，这些策略不仅可以包括期权，也可以包括期权与股票的组合。本章介绍如何安装与使用这一软件。

11.2　Op-Eval4 软件

本书附带了一张 CD 光盘，标有 Op-Eval4™ 软件安装盘字样。该软件需在 WindowsXP 操作系统下运行。尽管安装程序非常简单，但是，如果你没有多少计算机使用经验，那最好找一个有安装软件经验的人来帮助你。一旦程序安装完毕，你会发现它很容易使用。

程序安装步骤如下：

(1) 将安装 CD 盘插入光驱；

(2) 如果安装程序没有自动启动，点击电脑左下方“开始”菜单，然后点击“运行”，输入“e：\ setup”或“f：\ setup”，按“回车”键，接下来跟随指令操作即可。

如果要启动程序，只需在桌面上点击“Op-Eval4”图标，或者你也可以点开电脑左下方的“开始”菜单，然后点开“程序”菜单，选择“Op-Eval4 程序”，最后点击“Op-Eval4”，即可启动程序。

程序启动后，你看到的第一页如图 11－1 所示。这一页显示了“免责声明”，包括开发软件时一些重要的假设信息。使用者有必要认真看完所有内容。只有完全理解了这一程序（或任一程序）的局限性，才能做出合理的决策。如果仅仅停留在自我直觉和对信息一知半解，你就不可能在任何投资交易领域有出色表现，更不用说在期权交易方面了。当你认真阅读了全部的“免责声明”后，如果你同意程序的假设条件与局限性，就选择“同意”，否则点击“不同意”退出程序，最后点击“OK”键。

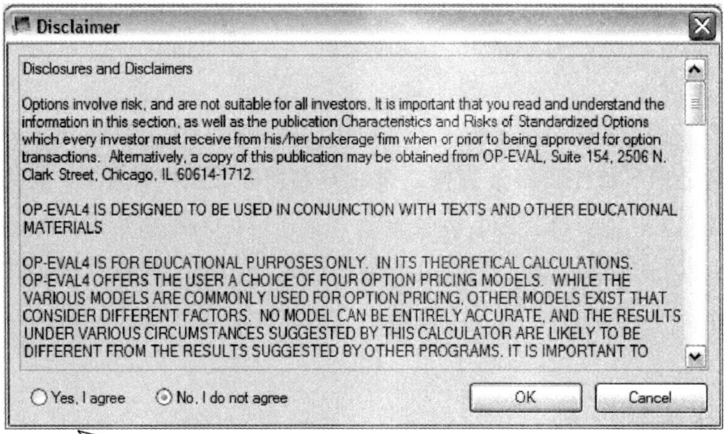

免责声明

期权交易有风险，并不适合所有投资者。每个投资者在交易期权前，需阅读并理解本节内容以及从经纪商收到的有关期权特征与风险的宣传资料。有关这方面的宣传资料也可以从Op-Eval4公司获取，suite 154, 2506N. Clark Street, Chicago, IL60614-171207。

Op-Eval4软件配合本书及其他资料学习时使用。

Op-Eval4软件仅用于教学目的。在理论计算中，Op-Eval4软件提供了四种期权计价模型供使用者选择，这些都是期权定价中常用的模型。而其他相关模型考虑了一些特殊因素。注意没有一个模型是绝对准确无误的，本书所附软件在有情况下计算的结果很可能与其他程序的计算结果有一些差异……

图 11－1　Op-Eval4 软件的免责声明

下面详细讨论 Op-Eval4 软件的使用。即使是经验老到的期权交易者和计算机使用者也应该认真阅读这一部分，以了解程序的全部功能。

11.3 Op-Eval4 软件的组成部分

该程序包括下列八个组成部分，我们将在接下来的内容中进行详细介绍：

（1）单个期权计算；

（2）套利组合计算；

（3）制图；

（4）理论表格生成；

（5）打印预览；

（6）打印；

（7）保存套利组合；

（8）打开套利组合。

● 不同的期权使用不同的定价公式

期权合约因行权方式、标的证券类型及股利支付方式不同而在细节方面存在差异。Op－Eval4 软件内置了四种定价公式，可以分析个股期权、指数期权、美式期权与欧式期权的定价。下面详细解释如何选择标的证券类型与行权类型。

11.4 单个期权计算

图 11－2 显示了单个期权的计算页面，这一部分用于计算基于相同执行价格、

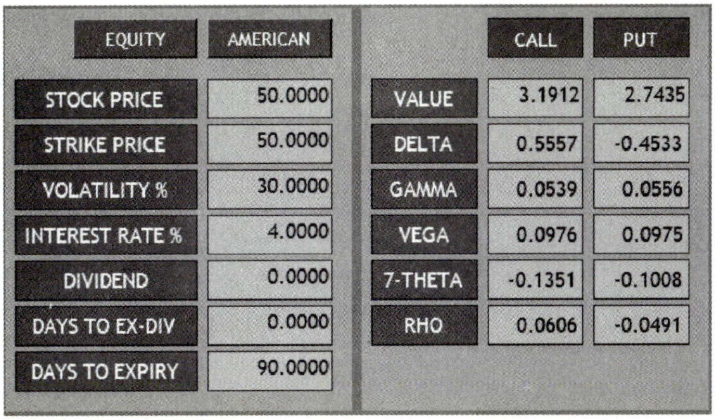

图 11－2　Op-Eval4 软件单个期权计算页面

相同到期时间以及相同标的证券的看涨期权与看跌期权的理论价值、Delta、Gamma、Theta 和 Vega 等参数。相关术语的定义可以通过软件的帮助功能查询。后面的章节将解释如何使用这些参数信息来分析期权价格，以及期权价格会随你预测的变化发生何种变动，但是本章主要解释软件的各项功能。

11.4.1 单个期权计算页面解读

页面中的被标识单元格既可以通过用鼠标点击相关单元格来改变，也可以通过方向键来改变。向下箭头（↓）及向右箭头（→）可以首先在输入列中移动被标识单元格，然后跳到“看涨期权”单元格，再到“看跌期权”单元格，最后又回到“股票价格”单元格。向上箭头（↑）及向左箭头（←）反向移动被标识单元格。看涨期权与看跌期权两列中价值栏之下的单元格不能被修改，因为它们是输出结果项。

熟悉了单个期权计算页面的输入方式后，点击“股票价格”单元格，确保设置如图 11 - 2 所示。在“股票价格”单元格中输入 50.0000，“执行价格”单元格中输入 50.0000，“波动率%”单元格中输入 30.0000，“利率%”单元格中输入 4.0000，“股利”单元格中输入 0.0000，“股利除权日”单元格中输入 0.0000，“到期天数”单元格中输入 90.0000。此外，在单个期权计算页面左上角，要选中“股权类”与“美式”类型。

“股权类”指所分析期权的标的资产为股票，“美式”指期权采取美式行权方式。如果显示的是“指数类”与“欧式”，只要用鼠标左键分别点击上面的单元格，“股权类”与“美式”就将出现。最后，在电脑屏幕的右下角，将显示“股利：季度”与“步骤＝50”。在这个例子中，股利信息不是很重要，因为已假设该股票不支付股利，但需设定“步骤＝50”，否则将得不到与本章例子一致的计算结果。如果要改变上述选项，只需要用鼠标左键双击欲改变的项目，在弹出的窗口中输入合适的信息，然后用鼠标左键点击“OK”保存信息。

假定输入的信息如图 11 - 2 所示，Op-Eval4 软件计算出行权价为 50 美元的看涨期权的理论价值为 3.1912，计算结果显示在单个期权计算页面右上角第一行，位于“看涨期权”之下，“价值”之右的单元格中。

11.4.2 改变“股票价格”

当“股票价格”一栏单元格被标识，你可以输入从 0.0000～9999.99 之间的任何价格。如果输入一个整数，如 50，则 Op-Eval4 软件自动假定小数点后面的四位数均为 0。当输入 50（或其他数字后)，按“回车”键，或按箭头键，或者点击其他单元格，那么“50.0000”将显示在“股票价格”单元格中，同时，所有输出结果项将重新计算。

现在你可以试着在单元格输入不同的数字，并观察 Op-Eval4 软件是如何根据你输入的数字计算期权的理论价值。

11.4.3 改变“执行价格”

在美国的期权市场上，期权的执行价格间距通常因标的证券类别及标的证券价格不同而不大。对于股票期权来说，通常情况下，如果股票价格是从 0～25 美元，则执行价格间距为 2.50 美元；如果股票价格介于 25～200 美元，则执行价格间距一般为 5 美元；如果股票价格高于 200 美元，则执行价格间距通常为 10 美元。然而，这种划分只是一种指导原则。有一些股价低于 25 美元、但交易很活跃的股票的执行价格间距就为 1 美元。同样，有一些股价达到 50 美元的股票的执行价格间距却为 2.50 美元。交易所交易基金（ETFs）期权和其他相似产品的执行价格间距也有很大差异。

Op-Eval4 软件能够灵活地输入 0～9999 之间的任何执行价格。这一特点决定了 Op-Eval4 软件适用于多种多样的标的证券。

11.4.4 改变“波动率%”

正如在在第 3 章中所讨论的那样，波动率是用来计量期权标的证券的潜在价格变动的统计指标。假设其他因素不变，股票价格变化范围越大（即波动率较高)，意味着期权有较高的理论价值。习惯上用百分比来表示波动率，Op-Eval4 软件也遵循这一惯例。当“波动率%”单元格被标识时，可以输入 1.0000～999.99 之间的任何数字。如果所有输入数字如图 11－2 所示，这时改变“波动率”，输入“31”，然后按“回车”键，则“波动率%”一栏将显示 31.0000，“看涨期权”和“看跌期权”两列“价值”栏将分别显示 3.2888 和 2.8410。熟悉一下波动率输入，并感受一下波动率变动如何影响期权价值。

11.4.5 改变“利率%”

利率是影响期权价值的一个因素，因为资金的时间价值与成本直接影响着购买决策。熟悉一下利率输入，通过观察就可发现，与其他变量相比，利率变动对期权价值的影响相对较小。这一点与第 3 章的讨论是一致的。

11.4.6 改变“到期时间”

第 4 章解释了时间因素对期权价值的影响。表 4 - 3 和图 4 - 5 显示了期权价格中的时间价值部分是怎样随到期日的临近而逐渐消失。第 4 章还解释了时间因素对平价期权的影响与对价外期权和价内期权的影响有何不同。

在计算到期天数时，如果你是在市场交易前或交易期间计算的，应该包括当天在内，但如果你是在交易收盘后计算，那就不包括当天。并且，记住要用最后交易日的第 2 天作为到期日。对于个股期权与美式期权的指数期权，如标准普尔 100 指数期权（OEX），正确的到期日为到期月第 3 个星期五的第 2 天，即星期六(尽管到期日是到期月的第 3 个星期六，但星期五是最后交易日)。对于欧式行权的指数期权，如标准普尔 500 指数期权（SPX）和主要要市场指数期权（XMI），到期日要早 1 天，即到期月第 3 个星期五，最后交易日为第 3 个星期五的前 1 天，即星期四。

11.4.7 股利输入项由期权类型来决定

对于个股期权和现金结算的指数期权，Op-Eval4 软件有不同的计算公式。如果“指数”字样显示在单个期权计算页面上，或者，如果套利组合页面（后面再做详细介绍）上“Islndex”选项中，程序将认定标的证券为指数，这时期权将采用现金结算。如果“欧式”字样出现或者“IsEurepean”选项中打了钩，程序将不允许提前行权。

如果标的证券是在美国交易的股票，那么期权采用美式行权方式。这意味着需要两个输入项，即股利的金额与股利除权日。在单元格中输入的数字以每股多少美元多少美分的形式表示，如 50 美分写成 0.50 美元。股利通常刊登在财经日报中，同时也可以在公司的网站中查到。

证券估值通常牵涉现金流贴现方面的计算，因此，在计算股利的支付时需要输入“离除权日的天数”或除权前天数。

11.4.8 正确输入参数很重要

如果没有正确地输入各项参数，那么通过 Op-Eval4 软件计算的期权价值与真实市场上观察的价格就可能存在很大差异。同时，不正确地输入参数也可能导致对期权价格变动的错误估计，以及对投资策略的错误选择。正如在前面"免责声明"中所解释的那样，这是你使用程序中所面临的一种风险。

如果期权是采用现金结算，并且标的证券为指数，那么仅需要"股利率"一项。指数股利率通常在《华尔街日报》《投资者商业日报》和Barron周刊上发布。

11.4.9 改变看涨期权与看跌期权的价格——估算隐含波动率

假定输入变量如图11－2所示，"看涨期权"与"价值"一栏对应的数字为3.1912，点击"看涨期权"单元格，输入"4"，并按"回车"键。你首先看到的变化是"价值"一栏数字变为4.0000。但另一项变化更为重要，你注意到了吗？

请看"波动率%"一栏，你会发现波动率已经重新计算，从30.0000变为38.2906。图11－3显示了看涨期权价值为4.0000，波动率为38.2906的页面，这一数字就是看涨期权的隐含波动率。投资决策中如何使用隐含波动率并估算结果我们将在第12章中进行讨论。

当"看涨期权"的价值改变后，Op-Eval4软件不仅计算隐含波动率，还用这一新的波动率计算看跌期权的价值以及其他所有输出结果项。同样，当"看跌期权"的价值改变后，Op-Eval4软件也会计算隐含波动率，并用这一新的隐含波动率来计算看涨期权的价值以及其他所有输出结果项。

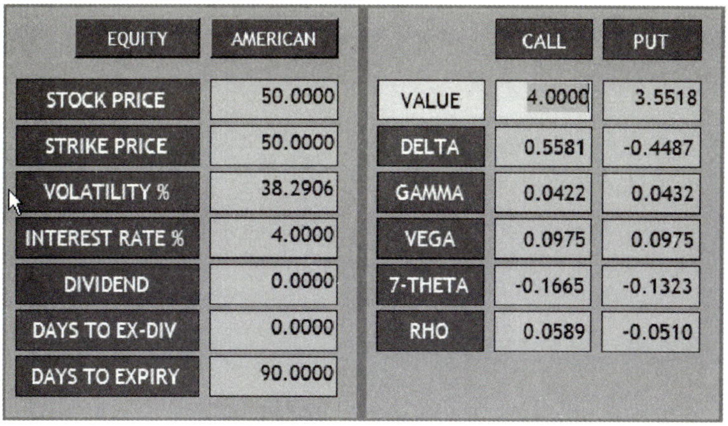

图11－3 Op-Eval4软件计算的隐含波动率

11.5　套利组合页面

点击屏幕上部菜单中的“价差”项，将出现如图 11－4 所示的新页面。

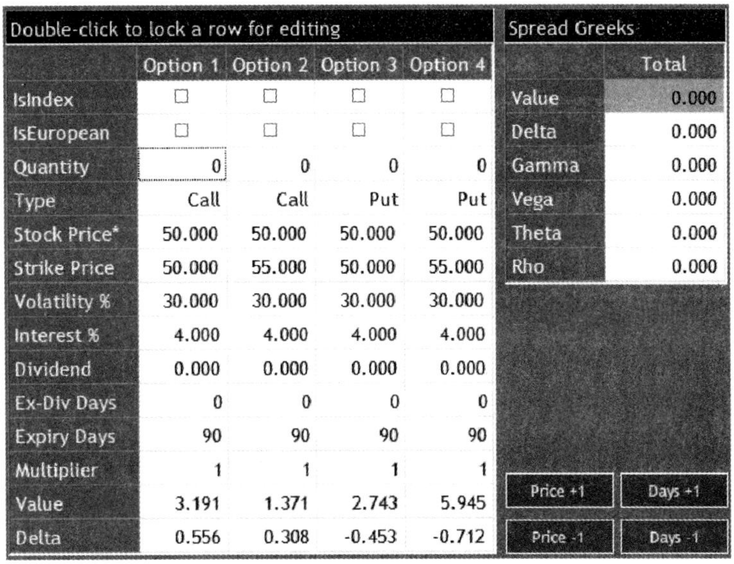

图 11－4　Op-Eval4 软件的套利组合页面

套利组合页面的主要作用是用来分析多个期权组合或股票与期权组合，并可用于绘制这些组合的图形。套利组合页面的操作与单个期权计算页面的操作基本相同。左键单击选中单元格，然后就可以改变所选单元格的数值。也可以用箭头键改变标识单元格，并重新计算输出项。按“回车”键重新计算输出结果，同时保持被标识单元格数值不变。下面介绍组合页面不同于单个期权计算页面的功能。

11.5.1　用星号（*）锁定一行

套利组合页面可以用于分析两个或多个有相同或者不同波动率的期权，也可以用于分析两个或多个有相同及不同到期日的期权。它也能分析仅含看涨期权的组合或仅含看跌期权的组合及期权与股票的组合。星号（*）可以帮助分析其中某些组合。

如果星号（*）出现在栏目的最左边一列（如“指数类”、“欧式”、“数量”、“股票价格”及“行权价格”等），那么如果更改第一列的某个输入项，则其他项目也会随之发生变化。

星号（*）的意思是指同一行的所有输入项都设定为与“期权 1”列相一致，改变该行某一单元格的数值将会改变同一行中其他单元格的数值。例如，如果套利组合页面如图 11 - 4 所示，让星号（*）出现在“数量”的左边，则“期权 1”中“数量”的变动也会改变“期权 2”中的“数量”。

没有星号表示同一行中的输入项互不影响，改变某一单元格的数值不会改变同一行中其他单元格的内容。

添加或删除星号（*）——双击鼠标左键。

如果要添加或删除星号（*），将鼠标键移到想要锁定的栏目，双击鼠标左键即可。如果星号（*）已经显示在栏目中，双击鼠标左键后星号（*）将消失；如果栏目中没有显示星号（*），双击鼠标左键后星号（*）将出现。

11.5.2 选取“看涨期权”、“看跌期货”或者“股票”

当“类型”一行单元格被标识，将出现一个下拉箭头，用鼠标左键点击这个下拉箭头，将打开一个下拉菜单，包括“看涨期权”、“看跌期权”及“股票”等项目。选中其中一项，然后关闭下拉菜单，被选中的“类型”将显示在单元格中。如果“类沏”单元格左边显示了星号（*），那么改变这一行中任一单元格的类型将同时改变同一行中其他单元格的类型；如果没有显示星号（*），那么改变这一行中某个单元格类型则不会改变同一行中其他单元格的的类型。

11.5.3 分析一个假设的套利组合

套利组合页面可以用于分析多种类型的组合，包括看涨期权的一对一垂直套利组合、看跌期权的一对一垂直套利组合、比率套利组合及时间套利组合，同时也包括看涨期权与看跌期权的组合，以及期权与股票的组合。

举例来说，一对一垂直看涨期权套利组合是买入一张行权价为 50 美元的看涨期权，同时卖出一张行权价为 55 美元的看涨期权，并假定两个期权具有相同的到期日一相同的标的股票。下面举例说明垂直看涨期权套利组合的分析方法。

（1）创建套利组合页面。

估算 50～55 美元看涨期权套利组合价值的第一步是输入所有参数，包括股票价格、到期时间及波动率等，图 11－5 显示了例子中的各项输入内容。

首先，因为标的证券假定为股票，就没有必要在“指数”一行与“欧式”一行打钩。其次，要输入一些基本信息，包括“股票价格”，本例中假定为 50 美元；“到期时间”，假定为 90 天；“波动率”，假定为 30%；其他输入变量如图 11－5 所示。最后，需要输入该组合的持仓数量。

（2）“数量”行。

使用“数量”行输入组合持仓数量。如图 11－5 所示，“期权 1”列中的“1”表示买入这类期权（即执行价为 50 美元的看涨期权）中的一份合约。而“期权 2”中的“－1”则表示卖出一份执行价为 55 美元的看涨期权合约。结果是组合中包括一张买入价为 3.191 美元、执行价为 50 美元的看涨期权多头（或买入）和一张卖出价为 1.371 美元、执行价为 55 美元的看涨期权空头（或卖出）。

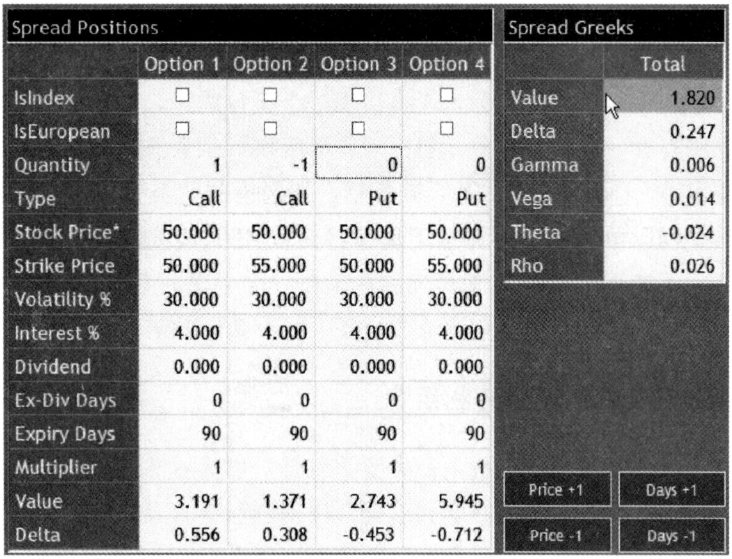

Spread Positions

	Option 1	Option 2	Option 3	Option 4
IsIndex	☐	☐	☐	☐
IsEuropean	☐	☐	☐	☐
Quantity	1	-1	0	0
Type	Call	Call	Put	Put
Stock Price*	50.000	50.000	50.000	50.000
Strike Price	50.000	55.000	50.000	55.000
Volatility %	30.000	30.000	30.000	30.000
Interest %	4.000	4.000	4.000	4.000
Dividend	0.000	0.000	0.000	0.000
Ex-Div Days	0	0	0	0
Expiry Days	90	90	90	90
Multiplier	1	1	1	1
Value	3.191	1.371	2.743	5.945
Delta	0.556	0.308	-0.453	-0.712

Spread Greeks

	Total
Value	1.820
Delta	0.247
Gamma	0.006
Vega	0.014
Theta	-0.024
Rho	0.026

图 11－5　Op-Eval4 软件——基于一股的执行价为 50～55 美元的看涨期权套利组合价值的计算

(3)“价值”与“乘数”行。

对于图 11-5 中这种简单的 50～55 美元看涨期权套利组合，通过手工将行权价为 50 美元的看涨期权的价值减去行权价为 55 美元的看涨期权的价值，可以很容易就计算出套利组合的净价值为 1.820 美元。但对于一些较复杂的组合，借助计算机的帮助还是很有必要的。

套利组合页面右上方“价值”一栏显示的数字是通过“数量”一行中的期权数量与“乘数”一行中的数字计算出来的，乘数指每一张期权合约中标的证券的数量。这一特性使其既可以在“每股”的基础上分析组合，也可以在投资“金额”的基础上分析组合。

例如，假定乘数一栏显示“1”，如图 11-5 所示，组合的价值如上所述为 1.820 美元，即每股 1.820 美元。但是，如果乘数一栏显示“100”，一个 50～55 美元的看涨期权套利组合的价值就为 182.042 美元，这意味着真实的期权套利组合价值大约为 182 美元，即每一张期权合约包含 100 股标的股票。

“价值”一栏为正数意味着一项负债，即组合的建立需要净支出，或者意味着成本，这里不包括交易成本。图 11-5 的例子中，一张行权价为 50 美元的看涨期权的买入价为 3.191 美元，而一张行权价为 55 美元的看涨期权的卖出价为 1.371 美元，因而，套利组合的净成本为 1.820 美元/股，这就是“价值”一栏显示的数字。

“价值”一栏为负数意味着收入，即组合的建立能净收到现金，而不是净支出。有些交易者将其称为“卖出一个组合”。比如，假定一张行权价为 50 美元的看涨期权的卖出价为 3.191 美元，而一张行权价为 55 美元的看涨期权的买入价 1.371 美元，在这种情况下，“期权 1”列与“数量”行的对应单元格中显示“－1”，即卖出一张期权，而“期权 2”列与“数量”行对应单元格中显示“1”，即买入一张期权。本例中，“价值”一栏显示－1.820 美元，这个数字即净收入金额。

(4)套利组合的 Delta。

套利组合页面的另一个特性是“Delta”值，它可以计算“组合的 Delta 值”。下面对“Delta”的分析同样适用于“Gamma”、“Vega”、“Theta”及“Rho”等参数。

套利组合的 Delta 值等于“期权 1”与“期权 2”的 Delta 值的总和。正如单个头寸的 Delta 值反映了标的证券变动一个价位时期权价格的变动情况，套利组合的 Delta 值反映的是在假定其他变量不变的情况下，当标的证券价格变动一个价位时，包含多个组成部分的套利组合的价值会发生多大的变化。

如图 11-5 所示，期权组合的 Delta 值为 0.247，指当标的股票价格上升 1.00 美元时，50～55 美元看涨期权组合的价值将上升约 0.247 美元；如果股票价格下跌 1.00 美元，期权组合的价值也将下降同样的数值。

“乘数”对 Delta 值计算的影响就像其对组合价值计算的影响一样。如果乘数是 1，如图 11-5 所示，计算结果是每单位组合价值变化约为 25 美分，如果乘数是 100，Delta 值为“24.700”，指在不包括交易佣金的情况下，一个期权套利组合价值约变动 25 美元。

（5）加 1 与减 1 键。

套利组合页面右下角有 4 个控制键，点击其中一个看有什么变化。正如预期的一样，点击“价格+1”键，“股票价格”一行的所有单元格将增加 1 美元，并重新计算期权价值与 Delta 值，即组合价值与组合 Delta 值。点击其他 3 个键中的任一个，让股票价格或到期时间变动一个单位，所有的输出结果也将被重新计算。

如果标的证券价格变动（变动整数点）及/或到期时间变动，“+1”与“-1”键的设置使得估算组合价值变动非常简单。例如，假如某一交易者很想知道如果股票价格在 5 天内上涨了 4 美元，那么如图 11-5 所示，50～55 美元看涨期权组合价值将变化多少？要回答这个问题，只需要点击“价格+1”键 4 次（股票价格从 50 美元上升到 54 美元），然后点击“交易日-1”键 5 次（到期时间从 90 天减为 85 天），结果显示组合价值已增加至 2.936 美元。

11.5.4 改变“理论价值”——估算隐含波动率

在套利组合页面上能像单个期权页面一样计算期权的隐含波动率。第一步，点击“价值”一行中某一单元格；第二步，输入期权的市场价格；第三步，按“回车”键。“波动率”将变为输出结果项，这就是已输入期权价格的隐含波动率。如果“波动率%”左边带有星号（*），那么上述计算某一列中期权的隐含波动率不影响其他列中期权的价值。但是，如果改变“波动率%”一行中某一单元格的输入数字，将改变同一行中的其他单元格数字。

11.6 绘制盈亏图

正如前面所提到的，盈亏图可用于教学目的和交易策略分析。Op-Eval4 软件能很快制作与打印在本书中出现的各种图形。制图功能只在讨论组合页面中提供。

请核查图 11－5 中所显示信息以保证其全部正确。如“波动率%”与其他输入项正确吗？再如每一种期权的“数量”正确吗？注意，套利组合页面很容易出错，除非你已非常熟悉页面的布局。当所有的输入项均正确无误，就可以制作看涨期权组合的图形了。

点击屏幕上方菜单中的“图形”项，屏幕上就会出现如图 11－6 所示的图形。

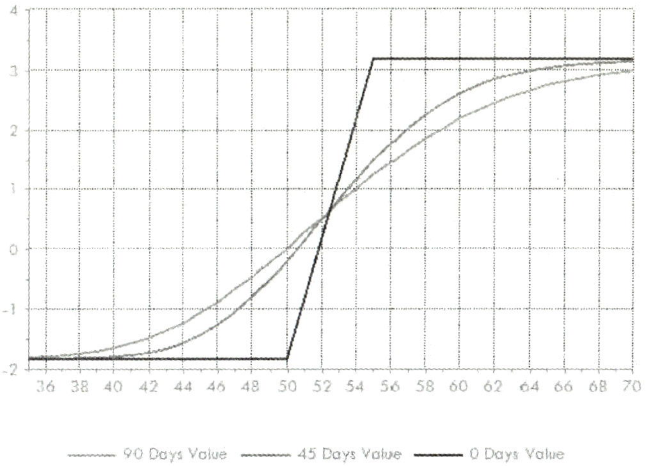

Name	Quantity	Description	Value	Position
Option 1	1	50 Call	3.191	3
Option 2	-1	55 Call	1.371	-1
Option 3	0	50 Put	2.743	0
Option 4	0	55 Put	5.945	0

Underlying at 50

P&&L at 90 days	P&&L at 45 days	P&&L at 0 days
0	0	-2

Total Spread Value: -2

图 11－6　Op-Eval4 软件——理论图形页面

11.6.1 图形页面

Op-Eval4 软件能制作两种不同类型的图形，一种是绘制单个期权或多个期权组合策略的图形，多个期权组合策略包括 1～4 个期权或者最多 3 个期权与 1 只股票，另一种是绘制策略敏感性参数的图形，如大家熟知的“希腊字母”，即 Delta、Gamma、Vega 及 Theta 等参数。这些参数的定义可以通“帮助”文件来查询。为选择你所要的图形，对着图形点击鼠标的右键，然后从选项中进行选择。图下部的图例包含了对策略特征的描述。

所有的组合头寸都必需有相同的标的证券价格（即“股票价格”栏数字一致）、相同的到期时间（即“到期时间”栏数字一致）、相同的股利、相同的“除权日”（如果有的话）以及相同的利率。如果这些输入项不一致，就不能绘制图形。期权合约的规格（标的证券价格、行权价及波动率等）均必需从套利组合页面上输入。只有买入或卖出合约的数量能从理论图形页面或套利组合页面上输入或变更，并需要绘图的组合中“数量”一行必须有一个数字不为零。组合中数量变更可以通过点击组合页面中数量单元格，输入新数字，然后按“回车”键；也可以在理论图像页面点击期权组合的数量，输入新数字，然后按“回车”键变更。

Op-Eval4 软件不能绘制时间套利组合图形；所有的期权都必须有相同的到期时间（即“到期时间”栏数字一致）。

Op-Eval4 软件最多可以绘制 4 个期权组合或 3 个期权加 1 个标的证券组合的图形。“＋”表示长头寸，“－”表示短头寸。数量为不可缺少的输入项。Op-Eval4 软件允许使用者自己设定乘数。因此，在设定数量时要注意，期权和标的证券的单位和乘数要保持一致。图表中有三条曲线：带有直线部分的曲线是到期日时投资策略的图形；中间一条线表示距到期时间一半时（45 天）投资策略的损益，到期时间显示在套利组合页面中“到期时间”栏中，中间这条线还可以通过点击图表右下方的“＋1”或“－1”来重新计算；第三条线指套利组合页面中所显示的距离到期日所剩天数时的投资策略损益。

11.6.2 “快速改变”图形

图形页面的左下方有 4 行用于描述行权价与数量，这些变量来自套利组合页面中期权 1、2、3、4 那 4 列中的相应数字。改变组合某一期权的数量将改变总的持仓情况，Op-Eval4 软件可以立即绘制新持仓的图形。

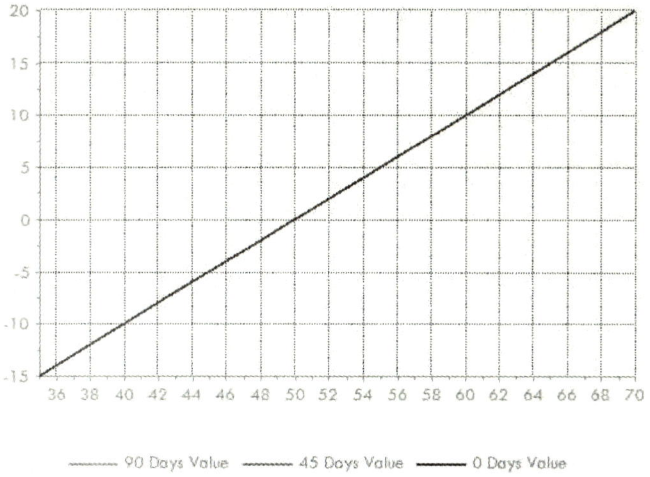

Name	Quantity	Description	Value	Position
Option 1	1	Stock	50.000	50
Option 2	0	55 Call	1.371	0
Option 3	0	50 Put	2.743	0
Option 4	0	55 Put	5.945	0

Underlying at 50

P&&L at 90 days	P&&L at 45 days	P&&L at 0 days
0	0	0

Total Spread Value: -50

图 11-7　Op-Eval4 软件——绘制一只股票多头的图形

11.6.3　绘制标的工具的持仓图形

Op-Eval4 软件能够绘制标的工具的持仓图形。当套利组合页面中“类型”被设定为股票时，图表页面中“合约”将改为“股票”，“价值”栏将显示股票价格。如果“标的”列中的“数量”栏中的数字为“1”，而该“数量”行中其他单元格设置为零，那么此时点击菜单栏中的“图形”项将弹出如图 11-7 所示的页面。这就是标的股票长头寸的图形。

11.6.4　绘制策略的敏感性参数（Delta、Gamma、Theta 及 Vega）

用鼠标右键点击图表，将出现一个弹出菜单，包含“价值、Delta、Gamma、Theta、Vega 及 Rho”等。要绘制某一个参数的图形，只需用左键点击该参数即可。

11.6.5 注意保持乘数一致

Op-Eval4 软件允许使用者为组合的所有持仓调整乘数，这使得该软件既可以在每单位的基础上，也可以在金额的基础上，为组合计算价值或绘制图形。对单只股票及股票期权来说，可能以每股为基础，也可能以金额为基础。因此，正因为有这些特性，在设定“数量”与“乘数”时需要注意期权的数量与标的证券数量的一致性。

例如，假定一个有保护看涨期权组合包含了 100 股股票和一张该股票的看涨期权空头，为这一组合绘制图形的一种方法是将股票的数量设定为 100，代表 100 股，将期权的数量设定为“－1”，代表卖出一张看涨期权，“价值”一栏中的数字则反映了组合的总金额。这样，“乘数”一栏股票对应的为“1”，而看涨期权对应的为“100”，这时“价值”一栏中数字才反映了组合的金额。另一种方法是，为同样的股票多头与看涨期权空头组合绘制每股价值的图形，“数量”栏与股票对应的为“1”，而与看涨期权对应的为“－1”，同时，“乘数”栏与股票及看涨期权对应的均设为“1”，这时“价值”栏中数字反映了组合中每股的价值。

11.7 理论价值表

Op-Eval4 软件为套利组合页面中净持仓创建了一个理论价值表及敏感件参数表（如 Delta、Gamma、Theta 及 Vega 等）。为选择你所需要的表格，先用右键点击表格，然后从列表的选项中进行选择。表格左上方的单元格显示了已计算期权策略的参数类型。所有对软件绘图功能的限制也适用于这项功能。

图 11－8 描绘的是牛市看涨期权组合的价值，这一组合与图 11－5 的套利组合页面及图 11－6 绘制图形的组合一致。如果股价格上升或下跌，或者到期时间流逝，利用理论价值表可以很容易估算出组合价值的变化。而在套利组合页面上通过输入变量来估算市场变化后的结果很费时间。假如市场在一定的幅度内变动，“表格”的特件使其能很快地估算一个潜在策略的盈亏结果。

表格是用与创建图形时套利组合页面中相同的信息编制的，因此，有必要确认所有输入信息与绘制图表的信息一致。时间一列中的天数（90、80 或 70 等）是固定的，使用者不能更改。左列中的股票价格也是由程序根据套利组合页面的股价来给出，使用者也不能更改。但是，软件允许更改波动率，并且使用者可以

Value	90 days	80 days	70 days	60 days	50 days	40 days	30 days	20 days	10 days	0 days
70	4.80	4.85	4.88	4.92	4.94	4.97	4.98	4.99	4.99	5.00
66	4.62	4.67	4.74	4.80	4.86	4.91	4.96	4.98	4.99	5.00
63	4.38	4.44	4.52	4.61	4.69	4.79	4.87	4.95	4.99	5.00
60	4.02	4.08	4.15	4.25	4.36	4.50	4.63	4.80	4.95	5.00
56	3.27	3.32	3.37	3.45	3.54	3.64	3.79	4.01	4.35	5.00
52	2.32	2.31	2.31	2.31	2.32	2.32	2.28	2.24	2.18	2.00
49	1.61	1.57	1.52	1.44	1.36	1.26	1.11	0.90	0.57	0.00
46	0.93	0.87	0.81	0.72	0.62	0.49	0.36	0.20	0.05	0.00
42	0.34	0.30	0.24	0.18	0.13	0.07	0.03	0.01	0.00	0.00
38	0.08	0.06	0.04	0.02	0.01	0.00	0.00	0.00	0.00	0.00

Name	Quantity	Description	Value	Position
Option 1	1	50 Call	3.191	3
Option 2	-1	55 Call	1.371	-1
Option 3	0	50 Put	2.743	0
Option 4	0	55 Put	5.945	0

Volatility	30.00
Precision	2

图 11-8 Op-Eval4 软件——50～55 美元看涨期权组合理论价值表
以每股价值为基础，精确度为两位小数

设定输出结果的小数点位数。这就使得无论是分析低价位的策略还是分析高价位的策略变得比较简单。

注意，理论表中的价值是根据套利组合页面中第一列与“波动率”对应的比率数值计算的，这个比率显示在理论价值表右下方“波动率”单元格中。通过用鼠标左键点击单元格，然后输入新数字就可以改变波动率，或者点击向上或向下箭头也可以改变波动率输入数。即使套利组合页面中各个期权有不同的波动率，理论价值表将根据页面第一列与“波动率”对应的数字重新计算所有期权的价值，这意味着理论价值表中的价值将不同于使用特定波动率计算的价值，也可能不同于在市场上所观察到的价格。因此，当组合中不同期权具有不同的波动率，在使用理论价值表中的价值来分析期权组合策略时一定要特别注意。

11.8 本章小结

开发 Op-Eval4 软件这类计算机程序的主要目的是为了快速计算期权价值并绘制图形，以提高分析的效率，但它们并不能取代决策。

安装程序后，在使用程序分析单个期权或多个期权组合策略前，你必须认真阅读并深入理解免责声明。

单个期权计算页面用于计算看涨期权与看跌期权的理论价值，这些期权有相同的行权价格、标的证券、到期时间等，但有各自的 Delta、Gamma、Theta 及 Vega 参数。

如果页面中的“价值”数字被改变，Op-Eval4 软件将重新计算波动率，这种计算结果就是隐含波动率。

绘图与理论价值表两项功能均要求与套利组合页面有一致的输入项，图中直线代表策略到期时的价值，中间一条线表示距到期时间一半时投资策略的损益，并且中间这条线还可以重新计算，第三条线指套利组合页面中所指距离到期天数时投资策略的损益。

熟悉 Op-Eval4 软件各项功能很重要，因为，如果不熟悉各项页面的设计，很容易在输入信息时出错。但是，一旦你熟练使用 Op-Eval4 软件的各项功能，就会发现在分析期权价格与交易策略时，它是一种很有价值的工具。

第 12 章　期权交易

12.1　引言

买入期权是一种很常用的交易策略，这种策略看上去非常简单，即便加上佣金，买入期权的成本也还是较低，损失风险也有限，如果预测分析正确，则利润会很丰厚。期权交易真的这么简单吗？其实不然，期权交易包含许多技术细节。本章的主要目的就是来讨论这些技术细节。

期权交易者首先想要知道的就是，“如何选择合适的期权？”接下来的问题包括，“如何计算交易结果？”“如何管理好资金？”以及“为何要弄清楚波动率？”

12.2　开始分析

格来格是辛辛那提市的一个很有经验的交易者，他做期权交易之前就做过多年的股票交易，现在做期权交易也已经有 4 年了。格来格订阅了一份每周股票市场图表信息，他每周花 1～3 个小时分析图表，制订交易计划。他通常每月做 1～4 次交易。他最偏爱的交易策略是买入期权，因为这种交易可以锁定风险。

近来，格来格在跟踪一家叫作 Teckco 公司的股票，该股当前价格为 37 美元。今天距 10 月份期权到期日还有 60 天，格来格相信 Teckco 公司股价将最少回升到 40 美元附近。他在考虑是以 3.70 美元的价格买入 10 月份到期、行权价为 35 美元的看涨期权，还是以 1.65 美元买入 10 月份到期、行权价为 40 美元的看涨期权。格来格有 1500 美元可用于本笔交易，因此他可以买入 4 份执行价为 35 美元的看涨期权（370 美元×4＝1480 美元），或者 9 份执行价为 40 美元的看涨期权（165 美元×9＝1485 美元）。格来格很想弄清楚，如果他的预测正确，那么哪种交易策略获利最高？我们来看一看格来格的投资决策过程。

第一步，做市场预测分析。这一步格来格已经完成：他预测 Teckco 公司股价将在 10 天内上涨约 10%，即从 37 美元上升至 41 美元。今天是 Teckco 公司发布盈利报告之前的第 9 天，格来格预计盈利公告发布后股价将上升。为了防止股票价格在盈利公告发布前就上涨，他打算现在就进行投资。市场预测的话题超出了本书的范围，因此，格来格的预测被假定为已经给定，同时也不讨论其预测的有效性。然而，任何一个投资决策的最大风险都是预测发生错误。如果真的发生预测错误，那结果就是毫无疑问带来投资损失。格来格已很清楚这些风险，他在财力上也有能力承担这些风险，因此他准备采取行动了。

第二步，安装启动 Op-Eval4 软件，分析 10 月份行权价分别为 35 美元和 40 美元的两种看涨期权。格来格搜集相关信息后创建了如图 12－1 所示的页面，即 Op-Eval4 软件中的套利组合页面。虽然格来格不想做期权套利交易，但这个页面可以帮助他同时分析两个期权的价格。这比用单个期权计算页面去完成两个期权的计算要节省时间。图 12－1 套利组合页面显示股价为 37 美元、执行价分别为 35 美元和 40 美元、利率为 2%，没有股利，60 天后到期。

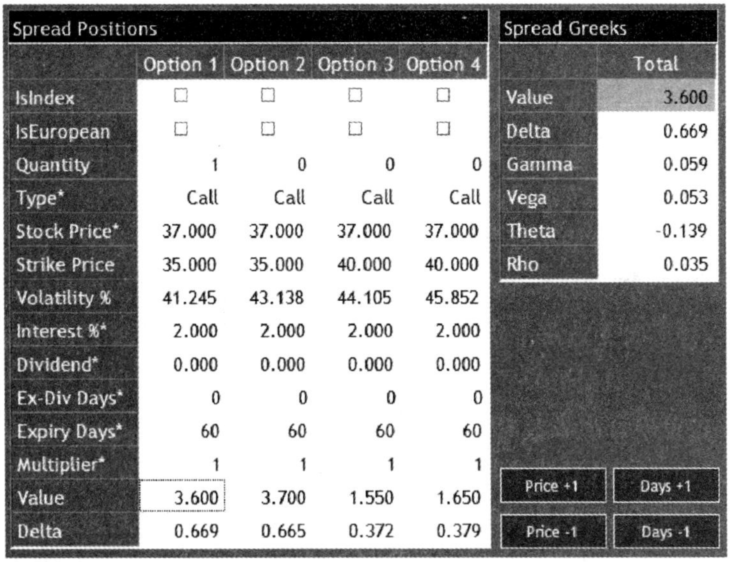

Spread Positions

	Option 1	Option 2	Option 3	Option 4
IsIndex	☐	☐	☐	☐
IsEuropean	☐	☐	☐	☐
Quantity	1	0	0	0
Type*	Call	Call	Call	Call
Stock Price*	37.000	37.000	37.000	37.000
Strike Price	35.000	35.000	40.000	40.000
Volatility %	41.245	43.138	44.105	45.852
Interest %*	2.000	2.000	2.000	2.000
Dividend*	0.000	0.000	0.000	0.000
Ex-Div Days*	0	0	0	0
Expiry Days*	60	60	60	60
Multiplier*	1	1	1	1
Value	3.600	3.700	1.550	1.650
Delta	0.669	0.665	0.372	0.379

Spread Greeks

	Total
Value	3.600
Delta	0.669
Gamma	0.059
Vega	0.053
Theta	-0.139
Rho	0.035

图 12－1　套利组合页面——格来格用于分析 Teckco 公司 10 月份到期、执行价分别为 35 美元与 40 美元的看涨期权

12.3 输入买价与卖价

注意图中第1列与第2列的执行价为35美元，而第3列与第4列的执行价为40美元，同时要注意第1列与第2列“价值”栏的数字分别为3.60美元和3.70美元，这是当前Teckco公司10月份执行价为35美元的期权的买价与卖价。第3列与第4列显示执行价为40美元的看涨期权的买价为1.55美元，卖价为1.65美元。弄清楚期权交易中的买价与卖价很重要，因为非专业的交易者往往在卖价买入期权，而在买价卖出期权。因此，这种差异在分析交易策略时应该考虑在内。

图12-1中最后一个值得注意的地方就是Op-Eval4软件已计算出4种价格下期权的隐含波动率。执行价为35美元的看涨期权的买价与卖价的隐含波动率分别为41.2%与43.1%。而对于执行价为40美元的看涨期权，买价与卖价的隐含波动率分别为44.1%与45.8%。注意，尽管Op-Eval4软件的计算精确到3位小数，但很多交易者发现小数点后面的数字都没必要超过一位。

正如在第4章所解释的那样，隐含波动率是在已知到期天数、利率等输入项的情况下，以期权当前市场价格作为理论价格，通过期权公式计算的波动率百分比。当前隐含波动率水平将用于创建理论价值表，以估算策略结果。还可将当前隐含波动率水平与历史波动率水平进行比较，这样在估算策略结果时也可将波动率预测情况考虑进去。

第三步，假定格来格的预测是正确的，用Op-Eval4软件分别计算10月份到期、执行价为35美元与40美元看涨期权的价格。格来格的预测是Teckco公司的股价在10天内，即距到期日还有50天时将上涨到41美元左右。图12-2显示的是格来格的套利组合页面，其中股价已变为41美元，到期日变成了50美元。正如所料，“价值”栏中将出现新的数字。执行价为35美元的看涨期权的最新买价为6.532美元，而执行价为40美元的看涨期权的最新买价为3.235美元。

当然，真实的期权价格在3美元以下以5美分为最小报价单位，高于3美元以10美分为最小报价单位，因此，格来格必须将其从Op-Eval4软件得到的计算结果进行相应调整，以得到市场中真实的买价。现在软件计算结果分别为6.532美元与3.235美元，经四舍五入，执行价为35美元的看涨期权买价为6.50美元，而执行价为40美元的看涨期权买价为3.20美元。格来格现在已经获得了做出投资决策所需的基本信息。

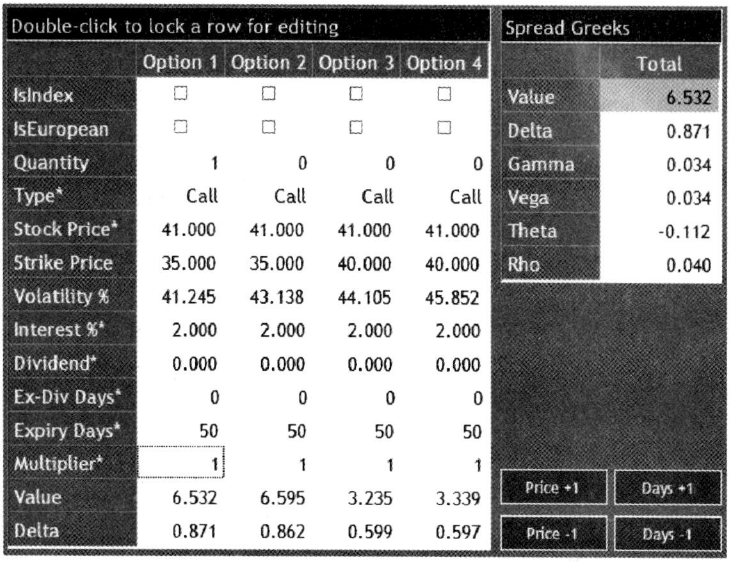

Double-click to lock a row for editing

	Option 1	Option 2	Option 3	Option 4
IsIndex	☐	☐	☐	☐
IsEuropean	☐	☐	☐	☐
Quantity	1	0	0	0
Type*	Call	Call	Call	Call
Stock Price*	41.000	41.000	41.000	41.000
Strike Price	35.000	35.000	40.000	40.000
Volatility %	41.245	43.138	44.105	45.852
Interest %*	2.000	2.000	2.000	2.000
Dividend*	0.000	0.000	0.000	0.000
Ex-Div Days*	0	0	0	0
Expiry Days*	50	50	50	50
Multiplier*	1	1	1	1
Value	6.532	6.595	3.235	3.339
Delta	0.871	0.862	0.599	0.597

Spread Greeks

	Total
Value	6.532
Delta	0.871
Gamma	0.034
Vega	0.034
Theta	-0.112
Rho	0.040

图 12-2　假定格来格预测正确时计算得到的新期权价格

表 12-1 显示了到目前为止格来格所做的分析。

表 12-1　格来格的初步分析

		初始输入值		格来格的预测变化值
输入项	股票价格	37.00	→	41
	执行价	35/40		
	股利	0%		
	波动率	43.10/45.80	→	41.20/44.10
	利率	2%		
	到期日	60	→	50
输出项	执行价为 35 美元的看涨期权	3.70	→	6.50（+70%）
	执行价为 40 美元的看涨期权	1.65	→	3.20（+93%）

如表 12-1 所示，如果格来格预测正确，那么执行价为 35 美元的看涨期权价

格将上升 75%，至 6.50 美元，而执行价为 40 美元的看涨期权价格将上升 93%，至 3.20 美元。这是一个应该购买执行价为 40 美元的看涨期权而不是购买执行价为 35 美元的看涨期权的有力证据，但格来格的分析还没有结束。

格来格的分析基于一个特定的预测，即股价将在未来 10 天内上涨约 10%。很有可能这一预测结果并不正确，因此格来格想要进一步探索各种可能结果。假设股价上涨幅度大于或小于 10%，抑或股价上涨时间超过 10 天。Op-Eval4 软件中的理论价值表就是可以用来帮助进行这种分析的得力工具。

12.4 设定乘数与数量

表 12-1 比较了期权价格变动幅度的大小，这一点很有帮助，但是交易策略既涉及交易金额，也涉及交易数量，因此正确设定套利组合页面以便于分析是很有必要的。

执行价为 35 美元的看涨期权的价格为 6.50 美元/股，因此每张期权合约的价值为 650 美元（不包括佣金），而 4 张期权合约的价值总计达到 2600 美元。执行价为 40 美元的看涨期权的价格为 3.20 美元/股，因此每张期权合约的价值为 320 美元（不包括佣金），而 9 张期权合约的价值总计达到 2880 美元。显然，假定投资金额与风险相同的话，格来格将选择金额较大的。如果他确信数量和乘数是正确的，那么表 12-1 计算的增长比率将与套利组合页面显示的数额一致。由于每张期权合约包含 100 股标的股票，因此乘数应设定为 100。

图 12-3 显示套利组合页面第一列“数量”栏被设为 4，所有“乘数栏均设为 100，同时，第一列的“价值”已被设为“6.50”，以利于更容易地计算 4 张执行价为 35 美元的看涨期权的价格变动情况，注意“价值”“2600”显示在套利组合页面的右上角，位于“总计”下方。这是指 4 张每张价值为 650 美元的期权的总价值为 2600 美元。请记住，格来格是在买价上卖出他的期权。

如果在图 12-3 的第 3 列“数量”行输入“9”（同时将“4”从第一列中删除），结果将显示 9 张执行价为 40 美元的看涨期权的每张合约价值为 650 美元，总价值为 2880 美元。

Spread Positions	Option 1	Option 2	Option 3	Option 4
IsIndex	☐	☐	☐	☐
IsEuropean	☐	☐	☐	☐
Quantity	4	0	0	0
Type*	Call	Call	Call	Call
Stock Price*	41.000	41.000	41.000	41.000
Strike Price	35.000	35.000	40.000	40.000
Volatility %	40.307	43.138	43.504	45.852
Interest %*	2.000	2.000	2.000	2.000
Dividend*	0.000	0.000	0.000	0.000
Ex-Div Days*	0	0	0	0
Expiry Days*	50	50	50	50
Multiplier*	100	100	100	100
Value	6.500	6.595	3.200	3.339
Delta	0.876	0.862	0.599	0.597

Spread Greeks	Total
Value	2,600.000
Delta	350.481
Gamma	13.442
Vega	13.430
Theta	-42.399
Rho	16.123

Price +1 Days +1 Price -1 Days -1

图 12-3　为计算理论价值而创建的套利组合页面

12.5　创建理论价值表格

第四步是创建理论价值表格，这样就可以比较股价与到期日在一定范围内变动时对期权价值的影响情况。图 12-4 与图 12-5 就是格来格分别为执行价为 35 美元与执行价为 40 美元的看涨期权创建的理论价值表。图 12-4 是根据图 12-3 中的套利组合页面创建的；创建图 12-5 所依据的套利组合页面没有在书中列出，因为它与图 12-3 相似，只是第三列“数量”行的数字改为“9”。

格来格如何利用图 12-4 和图 12-5 中的理论价值表格呢？他根据不同的预测，通过向上、向下及向右移动表格中单元格就可以比较各种策略优劣。他预测在距到期日 50 天时股价将上涨至 41 美元，图 12-4 分析了 4 张执行价为 35 美元的看涨期权，计算结果“2600”显示在加标识的单元格中，对应股价为 41 美元，50 天到期。同样，计算结果“2880”显示在图 12-5 中加标识的单元格中。

注意 Op-Eval4 软件通过理论价值表来确定股价不同变动幅度和不同到期日对期权价值的影响，因而很难在表格中找到与预测条件精确匹配的单元格。但

Value	90 days	80 days	70 days	60 days	50 days	40 days	30 days	20 days	10 days	0 days
55	8,081	8,069	8,058	8,048	8,039	8,031	8,023	8,015	8,008	8,000
52	6,895	6,880	6,865	6,852	6,841	6,831	6,823	6,815	6,808	6,800
48	5,345	5,316	5,293	5,271	5,252	5,237	5,225	5,215	5,208	5,200
44	3,852	3,815	3,775	3,733	3,699	3,665	3,637	3,619	3,608	3,600
41	2,823	2,764	2,712	2,658	2,600	2,543	2,489	2,441	2,410	2,400
38	1,908	1,843	1,774	1,700	1,620	1,541	1,455	1,356	1,258	1,200
34	945	879	810	735	654	565	464	348	205	0
30	343	294	248	204	157	108	65	27	3	0
27	119	93	70	50	31	16	6	1	0	0
24	28	18	12	7	3	1	0	0	0	0

Name	Quantity	Description	Value	Position
Option 1	4	35 Call	6.500	2,600
Option 2	0	35 Call	6.595	0
Option 3	0	40 Call	3.200	0
Option 4	0	40 Call	3.339	0

Volatility	40.31
Precision	0

图 12－4　用于分析 4 张执行价为 35 美元的看涨期权的理论价值表

是，表格还是能够提供一些很有价值且简单实用的信息，这比通过在套利组合页面反复输入不同股价与到期时间来手工计算哪个持仓具有最大利润与涨幅要好得多。

12.6　使用理论价值表

以加标识的单元格为起点，格来格可以比较同一行中右边单元格、同一列中上面或下面及靠右的单元格中的数字。加标识单元格同一行中靠右的单元格计算了如果股价上涨时间超过预期时持仓的价值；加标识单元格上方及右上方的单元格计算的是如果股价上涨幅度超过预期但所花费的时间也比预期要长时的持仓价

Value	90 days	80 days	70 days	60 days	50 days	40 days	30 days	20 days	10 days	0 days
55	13,941	13,864	13,783	13,717	13,653	13,605	13,567	13,540	13,520	13,500
52	11,435	11,331	11,221	11,125	11,034	10,955	10,890	10,845	10,820	10,800
48	8,268	8,133	7,993	7,844	7,683	7,549	7,409	7,296	7,224	7,200
44	5,487	5,306	5,115	4,909	4,701	4,490	4,251	3,995	3,736	3,600
41	3,709	3,522	3,324	3,111	2,880	2,625	2,337	1,996	1,571	900
38	2,270	2,091	1,901	1,702	1,498	1,272	1,017	716	361	0
34	975	842	703	584	454	312	193	81	9	0
30	300	228	177	122	76	37	13	2	0	0
27	91	63	41	23	11	4	1	0	0	0
24	18	11	6	2	1	0	0	0	0	0

Name	Quantity	Description	Value	Position
Option 1	0	35 Call	6.500	0
Option 2	0	35 Call	6.595	0
Option 3	9	40 Call	3.200	2,880
Option 4	0	40 Call	3.339	0

Volatility	43.50
Precision	0

图 12－5　用于分析 9 张执行价为 40 美元的看涨期权的理论价值表

值；而加标识单元格下方及右下方单元格计算的是如果股价上涨幅度小于预期且花费时间长于预期时的持仓价值。如果一种策略在各种情况下的计算结果都是最优，那么显然这种策略就是最佳选择。但是，一般情况下，不同策略在不同的条件下有好有坏，那么就需要对预测条件做进一步分析。

格来格发现，观察邻近加标识单元格右边的单元格，在距到期日 40 天时，9 张执行价为 40 美元的看涨期权（图 12－5）仍然优于 4 张执行价为 35 美元的看涨期权（图 12－4），因为 9 张执行价为 40 美元的看涨期权的价值为 2625 美元，而 4 张执行价为 35 美元的看涨期权的价值为 2543 美元。然而，向右再移一个单元格，即距到期日 30 天时，结果发生了逆转。在股价上升至 41 美元，同时距到期日还有 30 天的情况下，4 张执行价为 35 美元的看涨期权价值为 2489 美元，而 9 张执行价为 40 美元的看涨期权价值仅为 2337 美元。

对比图12-4与图12-5后可以发现，如果股价上升至44美元或者更高，那么9张执行价为40美元的看涨期权总是优于4张执行价为35美元的看涨期权。但是，如果股价仅上涨至38美元，那么4张执行价为35美元的看涨期权总是优于9张执行价为40美元的看涨期权。

格来格从这些分析中可以得出什么结论呢？对于是买入9张执行价为40美元的看涨期权还是买入4张执行价为35美元的看涨期权，成功的关键在于他对于股价将在10～20天内上涨10％的预测是否正确。如果预测的正确性是他唯一要考虑的因素，那么格来格现在要做的就是仔细审视他对于Teckco公司股价的预测，然后再决定是买入4张执行价为35美元的看涨期权还是买入9张执行价为40美元的看涨期权。但是，格来格还有一个因素需要考虑。

12.7 改变隐含波动率

有经验的期权交易者都清楚，有时股票盈利公告发布前期权隐含波动率会上升，而在盈利公告发布后则会下降。为什么会发生这种情况？请将期权当作一种保险策略来考虑。如果你生活在海边，预报称本周末将有飓风，那么保险成本上升就是理所当然的了。周末过后，无论有没有刮飓风，保险成本都将顺理成章地回落。在期权市场上，盈利公告就类似于飓风，它有可能导致标的股票价格剧烈波动，所以期权卖方需要更高的期权费来在增大的风险中保护自己。盈利公告发布后，决定期权价格的波动率因素很可能回归到先前的水平。

这意味着，格来格为了做出全面的预测，他必须考虑隐含波动率下降的可能性。他在图12-1与图12-2中的分析发现，执行价为35美元与40美元看涨期权的隐含波动率分别为41.2％与44.1％。格来格的经验告诉他，隐含波动率下降10％是可能的。因此，格来格创建了如图12-6中所示的新套利组合页面，其中股价为41美元、到期日为50天、执行价为35美元与40美元看涨期权的隐含波动率分别为31.0％与34.0％。

在新的、更低的隐含波动率水平下，执行价价为35美元的看涨期权的估算价格为6.20美元，较3.70美元上升了67％；而执行价为40美元的看涨期权的估算价格为2.60美元，较1.65美元上升了57％。这一计算结果将对格来格的决策产生影响，在较低的隐含波动率下，买入4张执行价为35美元的看涨期权要比买入9张执行价为40美元的看涨期权获利更高。

Double-click to lock a row for editing

	Option 1	Option 2	Option 3	Option 4
IsIndex	□	□	□	□
IsEuropean	□	□	□	□
Quantity	0	0	9	0
Type*	Call	Call	Call	Call
Stock Price*	41.000	41.000	41.000	41.000
Strike Price	35.000	35.000	40.000	40.000
Volatility %	31.000	43.138	34.000	45.852
Interest %*	2.000	2.000	2.000	2.000
Dividend*	0.000	0.000	0.000	0.000
Ex-Div Days*	0	0	0	0
Expiry Days*	50	50	50	50
Multiplier*	100	100	100	100
Value	6.252	6.595	2.639	3.339
Delta	0.929	0.862	0.611	0.597

Spread Greeks

	Total
Value	2,374.878
Delta	549.620
Gamma	67.330
Vega	53.127
Theta	-139.025
Rho	27.616

Price +1 Days +1 Price -1 Days -1

图 12-6 隐含波动率下降 10%的套利组合页面

为最终完成分析，格来格创建了如图 12-7 及图 12-8 所示的理论价值表，用于比较在较低隐含波动率下两种投资策略的优劣。有趣的是，如果格来格对于股价及时间的预测都是正确的，但隐含波动率下降了，那么买入 4 张执行价为 35 美元的看涨期权要优于买入 9 张执行价为 40 美元的看涨期权。

Vaue	90 days	80 days	70 days	60 days	50 days	40 days	30 days	20 days	10 days	0 days
55	8,070	8,062	8,054	8,046	8,038	8,031	8,023	8,015	8,008	8,000
52	6,872	6,863	6,855	6,846	6,838	6,831	6,823	6,815	6,808	6,800
48	5,285	5,272	5,260	5,249	5,240	5,231	5,223	5,215	5,208	5,200
44	3,736	3,713	3,690	3,671	3,652	3,637	3,625	3,616	3,608	3,600
41	2,643	2,605	2,569	2,536	2,501	2,470	2,442	2,421	2,408	2,400
38	1,666	1,615	1,568	1,518	1,463	1,403	1,343	1,280	1,225	1,200
34	692	641	587	528	465	396	323	238	127	0
30	177	147	116	91	65	41	20	6	0	0
27	37	28	19	11	6	2	1	0	0	0
24	4	2	1	1	0	0	0	0	0	0

Name	Quantity	Description	Value	Position
Option 1	4	35 Call	6.252	2,501
Option 2	0	35 Call	6.595	0
Option 3	0	40 Call	2.639	0
Option 4	0	40 Call	3.339	0

Volatility 31.00
Precision 0

图 12-7 理论价值表——4 张执行价为 35 美元的看涨期权的价值，隐含波动率为 31%

例如，在格来格的目标价位上，即距到期日还有50天时股价上涨至41美元，图12-7显示4张执行价为35美元的看涨期权的价值为2501美元；图12-8显示9张执行价为40美元的看涨期权的价值为2216美元。观察格来格目标价位附近的所有单元格，都可以发现相同情形，即4张执行价为35美元的看涨期权的价值都要高于9张执行价为40美元的看涨期权的价值。如果股价上涨至44美元，则9张执行价为40美元的看涨期权的价值要超过4张执行价为35美元的看涨期权的价值，但此时股价已超出格来格的预测价位75%。

Value	90 days	80 days	70 days	60 days	50 days	40 days	30 days	20 days	10 days	0 days
55	13,718	13,684	13,654	13,626	13,602	13,580	13,559	13,539	13,520	13,500
52	11,077	11,034	10,989	10,949	10,914	10,885	10,860	10,840	10,820	10,800
48	7,703	7,627	7,546	7,468	7,401	7,336	7,283	7,244	7,220	7,200
44	4,675	4,560	4,438	4,307	4,166	4,034	3,893	3,757	3,643	3,600
41	2,821	2,684	2,539	2,384	2,216	2,030	1,821	1,591	1,296	900
38	1,434	1,313	1,186	1,049	901	738	557	372	155	0
34	406	330	268	205	137	87	41	10	0	0
30	62	40	27	15	7	2	0	0	0	0
27	7	5	2	1	0	0	0	0	0	0
24	0	0	0	0	0	0	0	0	0	0

Name	Quantity	Description	Value	Position
Option 1	0	35 Call	6.252	0
Option 2	0	35 Call	6.595	0
Option 3	9	40 Call	2.639	2,375
Option 4	0	40 Call	3.339	0

Volatility	31.00
Precision	0

图12-8　理论价值表——9张执行价为40美元的看涨期权的价值，隐含波动率为34%

12.8　三因素预测

格来格的分析已表明，期权交易不同于股票或期货交易，因为需要考虑更多的因素。在做预测分析时，期权交易者首先要预测标的股票或指数的价格变动，此外还有两个因素需要考虑。因为期权价格将随着到期日临近而下降，期权交易者必须清楚知道他们期权的到期时间。

对于股票，唯一要考虑的因素就是股价变动方向，而期货合约有到期时间，因而时间是一个考虑因素，但时间对于期货交易不像对期权交易那样重要。股票与期货都不像期权那样，其价格会受波动率因素的影响。

● 波动率

交易者如何预测波动率呢？现在还没有被证明的行之有效的方法，但通过分析隐含波动率的历史变动可以获得一些有用的信息。在做任何预测前，一开始总是收集历史信息。当然，并不能保证这些历史信息（或任何其他信息）一定会带来准确的预测，但对于交易来说，搜集信息、根据所搜信息做出预测并采取相应行动是很自然的过程。

12.9 格来格的决策

格来格已经做了大量分析工作，现在到了该做出决策的时候了。如果他相信隐含波动率将保持不变，那么他将选择买入 9 张执行价为 40 美元的看涨期权。然而，如果他认为隐含波动率可能会下降 10%，那么他将选择买入 4 张执行价为 35 美元的看涨期权。

当然，并不是所有的交易者都像格来格那样解读信息并做出决策，但问题不在于此。本章的目的在于展示格来格的分析与决策过程。

12.10 本章小结

购买期权不同于购买股票或期货合约，因为期权价格变动不同于股票价格或期货价格。对于期权而言，三个方面的预测分析是必要的：①期权交易者首先需要具体地预测标的股票价格；②明确预测时间也是必需的；③预测股价变动后的隐含波动率水平。

第 13 章 垂直价差交易

13.1 引言

价差交易含义广泛，它用于概括形形色色包含多重操作的期权交易策略。有些价差交易既包括期权多头，也包括期权空头。而有些则仅包括期权多头或期权空头。因此，能够理解单个期权的价格变动特征并不能自然而然地让你就能理解价差交易策略中的价格变动特征。

本章旨在解释垂直价差交易策略的特点、分析方法，以及教会你判断在什么市场预测情况下使用价差交易比较适合，什么情况下就不适合使用价差交易。本章内容包括定义某些特殊价差交易策略，分析它们的运作机制，然后讨论选择这类交易策略的动机及市场预测结果，以及其他可能的替代策略的分析。在此过程中，将从多个角度解释价差交易策略，并解释决策过程中所要求的思考方法。

本章中的例子同样不包括交易成本与保证金，然而，因为价差交易包含的期权不止一个，所以其交易成本及保证金要求通常要比单个期权要高。在真实的期权交易策略中，这些方面都必须考虑到。

13.2 垂直价差交易的含义

垂直价差交易指买入一个期权的同时卖出一个相同类型的期权、两个期权的标的证券相同、到期时间相同，但是执行价格不同。“垂直”一词就是指执行价格之间的关系，表示一个期权的执行价格要比另外一个期权的执行价格高些，或位于之上，或“垂直在上”。而且，除另有说明外，一般价差交易都是指一对一的垂直价差，即买入一个期权并卖出一个期权。而比率价差（Ratio spreads）交易，正如其名称所指那样，是指买入（或卖出）一张期权的同时，卖出（或买入）一张以上的另一种期权。

13.3 牛市看涨期权价差交易（Bull Call Spread）

买入一个看涨期权的同时卖出另一个具有相同标的证券、相同到期时间，但执行价格更高的看涨期权的交易策略通常称为牛市看涨期权价差交易。图 13－1 显示的是 70～80 美元牛市看涨期权价差交易。在这个交易策略中，执行价为 70 美元的看涨期权的买入价为 5.50 美元，而执行价为 80 美元的看涨期权的卖出价为 1.50 美元。因此，该价差交易的净成本为 4 美元/股，或总计为 400 美元（不包括佣金）。

牛市看涨期权价差交易从字面看就包含三个要点：①这是牛市看涨期权价差交易，该头寸能否盈利取决于标的股票价格能否上涨。例如，在图 13－1 中，期权到期日只有股票价格位于或高于 80 美元时，该牛市看涨期权价差交易才能获得最大盈利潜力。②该交易策略中只包含看涨期权合约。③这是价差交易，因为其中包括两个执行价格不同的期权。在本例中，价差体现为执行价格分别为 70 美元和 80 美元的看涨期权的执行价格之间的 10 美元差异（或差距）。

牛市看涨期权价差交易有时也被称为借方认购价差（debit call spreads）交易，因为其在建仓时会出现净成本，或净支出。例如，图 13－1 中的价差交易，是以每股 4 美元（总计 400 美元）的净成本（或净支出）买入的。此外，在描述价差交易时通常的惯例是把较低的执行价格放在前面，而不管其是看涨期权还是看跌期权，因此图 13－1 中的头寸可以称之为 70～80 美元牛市看涨期权价差交易组合。

- 到期日盈亏情况——牛市看涨期权价差交易

在到期日，可能出现三种结果：①股价可能位于或低于较低的执行价格；②高于较低的执行价格但低于较高的执行价格；③高于较高的执行价格。图 13－1 中的直线描绘了这三种可能性，如果牛市看涨期权价差交易中的股价在到期日时位于或低于较低的执行价格，则两个期权合约都将到期失效，而为建立该头寸所支出的全部金额，即 400 美元加上佣金，都会损失掉。

如果在到期日股价高于较低的执行价格但低于较高的执行价格，则看涨期权多头（即执行价格较低的期权）会行权，而看涨期权空头（即执行价格较高的期

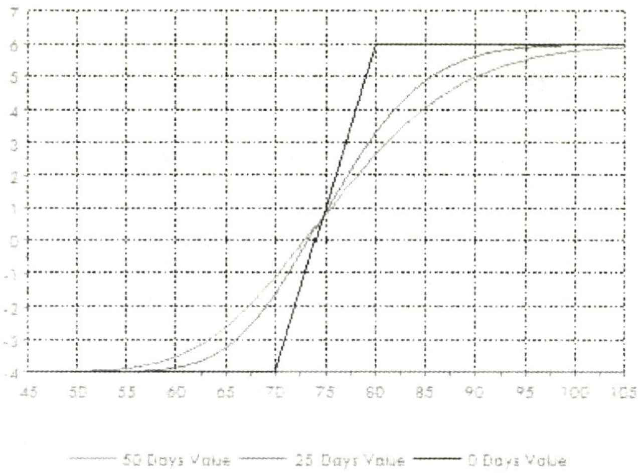

Name	Quantity	Description	Value	Position
Option 1	0	60 Call	13.396	0
Option 2	1	70 Call	5.500	5
Option 3	-1	80 Call	1.500	-2
Option 4	0	90 Call	0.245	0

Underlying at 73

P&&L at 50 days	P&&L at 25 days	P&&L at 0 days
0	0	-1

Total Spread Value: -4

以5.50美元价格买入执行价格为70美元的看涨期权

以1.50美元价格卖出执行价格为80美元的看涨期权

图 13 - 1　牛市看涨期权价差交易理论图形（用 Op-Eval4 软件制作）

权）会到期失效。结果是会建立一只股票多头头寸。到期日牛市看涨期权价差交易的盈亏平衡点是股票价格等于较低的执行价格加上为建仓支付的净期权费。如图 13 - 1 所示，到期日盈亏平衡点的股价为 74 美元，即较低的执行价格 70 美元加上净成本 4 美元。

如果在到期日股价高于较高的执行价格，那么看涨期权多头会行权，而看涨期权空头会被指派行权。例如，如果到期日股价高于 80 美元，那么对执行价为 70 美元的看涨期权行权会造成以 70 美元的价格买入股票，而执行价为 80 美元的看涨期权被指派行权会造成以 80 美元的价格卖出股票，这样每股就净挣 10 美元，即每单价差交易获利 1000 美元。在本例中，建仓成本 400 美元需从 1000 美元获利中扣除，其结果是每股净利润为 6 美元，或该笔交易总共获利 600 美元（不包括佣金）。

请注意，牛市看涨期权价差交易的最大盈利潜力等于执行价格的价差减去建立价差交易的净成本。而且，只有到期日标的股票价格位于或高于较高执行价格之时该交易策略才能获得最大盈利。

13.4　熊市看涨期权价差交易（Bear Call Spread）

卖出一个看涨期权的同时买入另一个具有相同标的证券、相同到期时间，但执行价格更高的看涨期权的交易策略称为熊市看涨期权价差交易。图 13－2 显示的是 70～80 美元熊市看涨期权价差交易。在这个交易策略中，执行价为 70 美元的看涨期权的卖出价为 5.50 美元，而执行价为 80 美元的看涨期权的买入价为 1.50 美元。“熊市”一词的含义是指该交易策略在标的证券的价格下跌时才能获利。如图 13－2 所示，在期权到期日只有股票价格位于或低于 70 美元时，该熊市看涨期权价差交易才能获得最大盈利潜力。

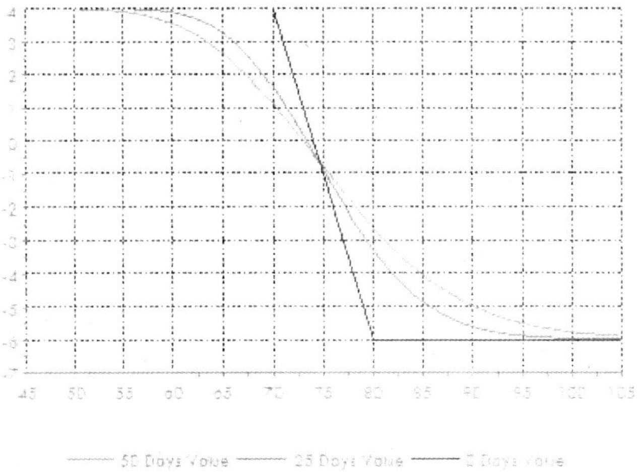

Name	Quantity	Description	Value	Position
Option 1	0	60 Call	13.396	0
Option 2	-1	70 Call	5.500	-5
Option 3	1	80 Call	1.500	2
Option 4	0	90 Call	0.245	0

Underlying at 73

P&&L at 50 days	P&&L at 25 days	P&&L at 0 days
0	0	1

Total Spread Value: 4

以5.50美元价格卖出执行价格为70美元的看涨期权

以1.50美元价格买入执行价格为80美元的看涨期权

图 13－2　熊市看涨期权价差交易理论图形（用 Op-Eval4 软件制作）

熊市看涨期权价差交易有时也被称为贷方认购价差（credit call spreads）交易，因为其在建仓时会出现净期权费收入，或净贷记。例如，图 13－2 中的价差交易是以每股 4 美元（总计 400 美元）的净收入建立的。

● 到期日盈亏情况——熊市看涨期权价差交易

在到期日，同样可能出现三种结果：①股价可能位于或低于较低的执行价格；②高于较低的执行价格但低于较高的执行价格；③高于较高的执行价格。图 13－2 中的直线描绘了这三种可能性，如果熊市看涨期权价差交易中的股价在到期日时位于或低于较低的执行价格，则两个期权合约都将到期失效，而为建立该头寸所获取的全部金额，本例为 400 美元，可以留作收入。

如果在到期日股价高于较低的执行价格但低于较高的执行价格，则看涨期权空头（即执行价格较低的期权）会被指派行权，而看涨期权多头（即执行价格较高的期权）会到期失效。结果是会建立一只股票空头头寸。到期日熊市看涨期权价差交易的盈亏平衡点是股票价格等于较低的执行价格加上为建仓获取的净期权费收入。如图 13－2 所示，到期日盈亏平衡点的股价为 74 美元，即较低的执行价格 70 美元加上净期权费收入 4 美元。

如果在到期日股价高于较高的执行价格，那么看涨期权空头会被指派行权，而看涨期权多头会行权。例如，如果到期日股价高于 80 美元，那么执行价为 70 美元的看涨期权被指派行权会造成以 70 美元的价格卖出股票，而对执行价为 80 美元的看涨期权行权会造成以 80 美元的价格卖出股票，其结果是每股要净支出现金 10 美元，即每单价差交易亏损 1000 美元。在本例中，从建仓时所获收入的 400 美元中减去到期日净现金支出 1000 美元，其结果是每股净损失为 6 美元，或该笔交易总共亏损 600 美元（不包括佣金）。

请注意，熊市看涨期权价差交易的最大潜在损失等于执行价格的价差减去建立价差交易时所获得的净收入。而且，只有到期日标的股票价格位于或高于较高执行价格之时该交易策略才会出现最大损失。

13.5 熊市看跌期权价差交易（Bear Put Spread）

买入一个看跌期权的同时卖出另一个具有相同标的证券、相同到期时间，但执行价格更低的看跌期权的交易策略称为熊市看跌期权价差交易。图 13－3 显示的是 60～70 美元熊市看跌期权价差交易。在这个交易策略中，执行价为 70 美元的看跌期权的买入价为 5 美元，而执行价为 60 美元的看跌期权的卖出价为 1 美元。

熊市看跌期权价差交易有时也被称为借方认沽价差（debit put spreads）交易，因为其在建仓时会出现净成本，或净支出。例如，图 13－3 中的价差交易是以每股 4 美元（总计 400 美元，不包括佣金）的净成本（净支出）建立的。记住，在描述垂直价差交易时通常的做法是把较低的执行价格放在前面，而不管其是看涨期权还是看跌期权。因此，图 13－3 中的头寸可以称之为 60～70 美元熊市看跌期权价差交易组合。

● 到期日盈亏情况——熊市看跌期权价差交易

在到期日，同样可能出现三种结果：①股价可能位于或高于较高的执行价格；②低于较高的执行价格但高于较低的执行价格；③低于较低的执行价格。图 13－3 中的直线描绘了这三种可能性，如果熊市看跌期权价差交易中的股价在到期日时位于或高于较高的执行价格，则两个期权合约都将到期失效，而为建立该头寸所支出的全部金额，本例为 400 美元，都会损失掉。

如果在到期日股价低于较高的执行价格但高于较低的执行价格，则看跌期权多头（即执行价格较高的期权）会行权，而看跌期权空头（即执行价格较低的期权）会到期失效。结果是会建立一只股票空头头寸。到期日熊市看跌期权价差交易的盈亏平衡点是股票价格等于较高的执行价格减去为建仓所支出的净期权费。如图 13－3 所示，到期日盈亏平衡点的股价为 66 美元，即较高的执行价格 70 美元减去净成本 4 美元。

如果在到期日股价低于较低的执行价格，那么看跌期权多头会行权，而看跌期权空头会被指派行权。其结果是本例中将获得每股 10 美元的收益。本例中为建立头寸所支出的 400 美元成本应该从所获 1000 美元收益中扣除，最后结果是获得每股 6 美元（或总计 600 美元，不包括佣金）的纯利。

请注意，熊市看跌期权价差交易的最大潜在利润等于执行价格的价差减去建立价差交易的净成本支出。而且，只有到期日标的股票价格位于或低于较低执行价格之时该交易策略才会实现最大盈利。

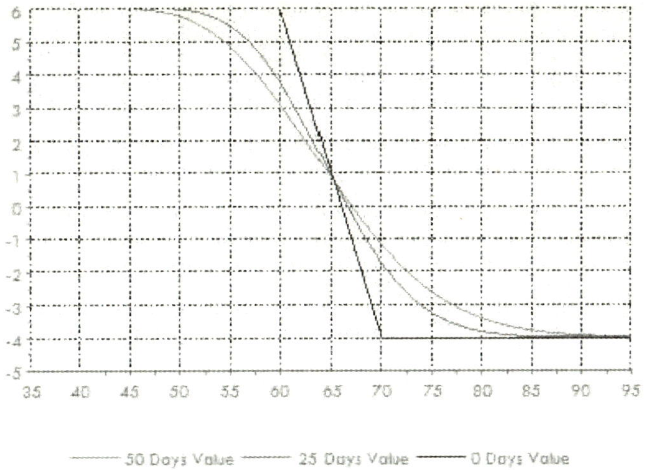

Name	Quantity	Description	Value	Position
Option 1	0	50 Put	0.026	0
Option 2	-1	60 Put	1.000	-1
Option 3	1	70 Put	5.000	5
Option 4	0	80 Put	13.248	0

Underlying at 67

P&&L at 50 days	P&&L at 25 days	P&&L at 0 days
0	0	-1

Total Spread Value: -4

以1美元价格卖出执行价格为60美元的看跌期权

以5美元价格买入执行价格为70美元的看跌期权

图 13－3　熊市看跌期权价差交易理论图形（用 Op-Eval4 软件制作）

13.6　牛市看跌期权价差交易（Bull Put Spread）

卖出一个看跌期权的同时买入另一个具有相同标的证券、相同到期时间，但执行价格更低的看跌期权的交易策略称为牛市看跌期权价差交易。图 13－4 显示的是 60～70 美元牛市看跌期权价差交易。在这个交易策略中，执行价为 60 美元的看跌期权的买入价为 1 美元，而执行价为 70 美元的看跌期权的卖出价为 5 美元。

牛市看跌期权价差交易有时也被称为贷方认沽价差（credit put spreads）交易，因为其在建仓时会出现净期权费收入，或净贷记。例如，图 13－4 中的价差交易是以每股 4 美元（总计 400 美元，不包括佣金）的净收入建立的。同样，在描述垂直价差交易时通常的做法是把较低的执行价格放在前面，而不管其是看涨期权还是看跌期权。因此，图 13-4 中的头寸可以称之为 60～70 美元牛市看跌期权价差交易组合。

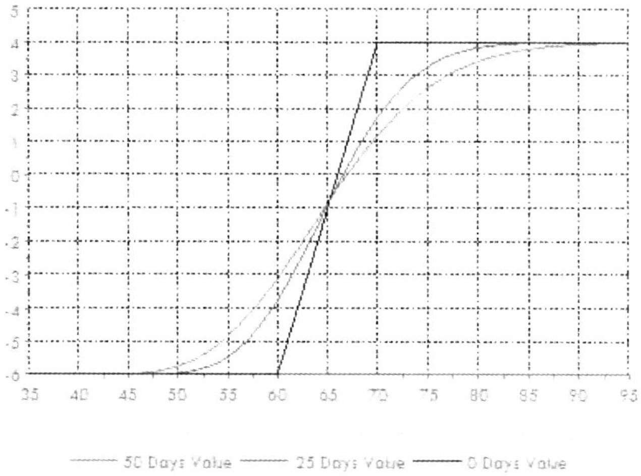

Name	Quantity	Description	Value	Position
Option 1	0	50 Put	0.026	0
Option 2	1	60 Put	1.000	1
Option 3	-1	70 Put	5.000	-5
Option 4	0	80 Put	13.248	0

Underlying at 67

P&&L at 50 days	P&&L at 25 days	P&&L at 0 days
0	0	1

Total Spread Value: 4

以1美元价格买入执行价格为60美元的看跌期权

以5美元价格卖出执行价格为70美元的看跌期权

图 13-4　牛市看跌期权价差交易理论图形（用 Op-Eval4 软件制作）

● 到期日盈亏情况——牛市看跌期权价差交易

在到期日，同样可能出现三种结果：①股价可能位于或高于较高的执行价格；②低于较高的执行价格但高于较低的执行价格；③低于较低的执行价格。图 13-4 中的直线描绘了这三种可能性。如果牛市看跌期权价差交易中的股价在到期日时位于或高于较高的执行价格，则两个期权合约都将到期失效，而为建立该头寸所获取的全部金额。本例为 400 美元（需减去佣金），可以留作收入。

如果在到期日股价低于较高的执行价格但高于较低的执行价格，则看跌期权空头（即执行价格较高的期权）会被指派行权，而看跌期权多头（即执行价格较低的期权）会到期失效。结果是会建立一个股票多头头寸。到期日牛市看跌期权价差交易的盈亏平衡点是股票价格等于较高的执行价格减去为建仓获取的净期权费收入。如图 13-4 所示，到期日盈亏平衡点的股价为 66 美元，即较高的执行价格 70 美元减去净期权费收入 4 美元。

如果在到期日股价低于较低的执行价格，那么看跌期权空头会被指派行权，而看跌期权多头会行权。其结果是每股需支付 10 美元，或每单价差交易需支付 1000 美元。为建立价差交易头寸所获得的净期权费收入，本例为 400 美元，应从到期日支付的 1000 美元中扣除，最终结果为每股净亏损 6 美元，总计亏损 600 美元（不包括佣金）。

请注意，牛市看跌期权价差交易的最大潜在损失等于执行价格的价差减去建立价差交易时所获得的净收入。而且，只有到期日标的股票价格位于或低于较低执行价格之时该交易策略才会出现最大损失。

13.7 交易案例分析——价差交易与买入期权对比

弗兰克是一个活跃的交易者，在其桌面上放有一台报价用的电脑，他经常做期权交易。通常弗兰克持有期权的期间在 30～60 天之间，但如果市场比他原先预测的变化快，他也不介意及时止盈（或止损）。最近，弗兰克非常关注 Riser 公司股票，这是一家盈利增长缓慢但比较稳定且可预期的蓝筹公司。Riser 公司最近的股票价格为每股 31 美元。该公司盈利公告已经发布，但股价没有多大变动，不过，弗兰克预计该股股价很快将有 10%左右的涨幅。多快才会上涨弗兰克说不准，他预测是在 30～60 天左右，他愿意为此投资 2500 美元。弗兰克打算在 Riser 公司股票期权交易中采用牛市策略。

13.7.1 资金管理与策略选择

让我们来看一看弗兰克怎样在大致相同的最大理论风险条件下在不同交易策略之中进行选择的。尽管弗兰克在不同到期日、不同执行价格的看涨期权与看跌期权之间存在很多种选择，但为了简便起见，我们仅分析其中两种策略，即买入 60 天到期、执行价为 30 美元的 Riser 看涨期权与买入 60 天到期的 Riser30～35 美元牛市看涨期权价差交易组合。本例目的是想说明垂直价差交易的价格变动与期权多头的价格变动存在什么不同。尽管本例中是用看涨期权来说明几个重要区别，但这些概念同样适用于看跌期权。

13.7.2 不同交易策略分析

假设弗兰克为本次交易投入2500美元，那么他有两种交易策略可选：他可以买入10张60天到期、执行价为30美元的看涨期权，或者买入14张60天到期的30～35美元牛市看涨期权价差组合。执行价为30美元的看涨期权的成交价格为2.50美元，而执行价为35美元的看涨期权的成交价格为0.75美元。将所投入的全部资金除以每种交易策略的成本，然后取整，就可以得到每种交易策略能够买入期权的最大数量。

将2500美元除以执行价为30美元的看涨期权价格2.50美元，或每张合约250美元，得出可以买入10张执行价价为30美元的看涨期权。同理，可以计算出花费2450美元（14×175美元）能够买入14张30～35美元牛市看涨期权价差组合。不包括佣金的情况下，两种策略的总支出均约为2500美元。

13.7.3 估算结果

为了便于决策，弗兰克用Op-Eval4软件制作了图13－5与图13－6，用于计算在不同市场预测条件下这两种策略的结果。由于除了30～60天外，弗兰克的预测中并没有给出准确的预测天数，图13－5与图13－6给出的价值表将使其易于估算在预计股价上涨10％的情况下，不同持有期限下各投资策略的利润变化情况。

弗兰克相信Riser公司股价在未来30～60天内将有机会从31美元上涨到34美元或35美元。图13－5与图13－6中被标识单元格为每个交易策略的起点位置。如果股价的上涨要花30天，那么买入10张Riser公司执行价为30美元的看涨期权的交易结果显示在图13－5中被标识单元格的上一行右三格的单元格中。图中显示，买入10张Riser公司执行价为30美元的看涨期权的价值为5174美元。然而，图13－6中同样位置的单元格显示，买入14张60天到期的30～35美元牛市看涨期权价差组合的价值为5320美元。

在离到期日只有30天时，两种交易策略的差异并不明显。可以再向右移3个单元格，看看距到期日还有60天、Riser公司股价为35美元时的估算结果。图13－5显示此时10张Riser公司执行价为30美元的看涨期权的价值为5000美元。而图13－6显示14张60天到期的30～35美元牛市看涨期权价差组合的价值为

Value	90 days	80 days	70 days	60 days	50 days	40 days	30 days	20 days	10 days	0 days
50	20,155	20,135	20,117	20,099	20,082	20,066	20,049	20,033	20,016	20,000
46	16,175	16,149	16,124	16,103	16,084	16,066	16,049	16,033	16,016	16,000
42	12,246	12,203	12,160	12,127	12,096	12,071	12,050	12,033	12,016	12,000
39	9,385	9,317	9,256	9,192	9,142	9,095	9,059	9,034	9,016	9,000
35	5,847	5,730	5,627	5,516	5,397	5,285	5,174	5,081	5,021	5,000
31	2,947	2,808	2,659	2,500	2,327	2,137	1,927	1,692	1,388	1,000
27	1,024	914	806	689	564	425	295	156	37	0
23	195	153	115	75	47	23	8	1	0	0
20	30	18	11	5	2	1	0	0	0	0
16	1	0	0	0	0	0	0	0	0	0

Name	Quantity	Description	Value	Position
Option 1	0	27.5 Call	4.152	0
Option 2	10	30 Call	2.500	2,500
Option 3	0	32.5 Call	1.446	0
Option 4	0	35 Call	0.750	0

Volatility	38.53
Precision	0

图 13－5　弗兰克对于买入 Riser 公司 10 张执行价为 30 美元的看涨期权的价值分析，每股成本 2.50 美元，总计投资 2500 美元

7000 美元。两者差异显著。

从这一点来看，假如这些估算结果都是正确的，那么结论就是买入 14 张 Riser 公司的 30～35 美元牛市看涨期权价差组合将赚取更高的利润。

13.7.4　不同的预测结果导致不同的策略选择

假如弗兰克认为预测股价只上涨 10％还是有点儿保守了，因为股价上涨 20％也是有可能的。从被标识单元格上两行单元格中的估计值可以看出，如果到期日前股价上涨到 39 美元，则 10 张执行价为 30 美元的看涨期权价值要高于 14 张 30～35 美元牛市看涨期权价差组合的价值。在新的预测条件下，牛市看涨期权价差交易组合只能屈居第二了。

Value	90 days	80 days	70 days	60 days	50 days	40 days	30 days	20 days	10 days	0 days
50	6,933	6,948	6,962	6,971	6,979	6,984	6,988	6,992	6,996	7,000
46	6,835	6,869	6,907	6,935	6,960	6,977	6,987	6,992	6,996	7,000
42	6,520	6,587	6,666	6,754	6,822	6,895	6,950	6,983	6,996	7,000
39	5,952	6,054	6,173	6,305	6,430	6,570	6,725	6,871	6,977	7,000
35	4,607	4,679	4,756	4,858	4,981	5,127	5,320	5,586	5,981	7,000
31	2,592	2,566	2,528	2,465	2,397	2,329	2,217	2,053	1,778	1,400
27	860	783	688	585	474	361	229	108	18	0
23	111	84	59	36	18	7	2	0	0	0
20	9	5	2	1	0	0	0	0	0	0
16	0	0	0	0	0	0	0	0	0	0

Name	Quantity	Description	Value	Position
Option 1	0	27.5 Call	4.205	0
Option 2	14	30 Call	2.500	3,500
Option 3	0	32.5 Call	1.446	0
Option 4	-14	35 Call	0.750	-1,050

Volatility	40.00
Precision	0

图 13－6　弗兰克对于买入 Riser 公司 14 张 30～35 美元牛市看涨期权价差交易组合的价值分析，每股成本 1.75 美元，总计投资 2450 美元

13.8　改变波动率

如果交易者对市场的变动方向有很强的把握，但却很担心波动率发生不利变动，那么这时该怎么办呢？就如第 12 章中格来格所碰到的情况一样，当市场在焦急地等待盈利报告时，波动率有可能加大。

由于受篇幅所限，本书无法详细解释波动率变动对于垂直价差交易及单纯的看涨期权或看跌期权会产生什么不同的影响，但总的来说，与单个期权相比，一对一的垂直价差交易组合对波动率的变化不是那么敏感。如果交易者认为波动率风险较高时，那么一对一的垂直价差交易可能就是他所需要的交易策略。

13.9 贷方价差交易与卖出不受保护的期权

很多交易者会问，卖出垂直价差组合与卖出不受保护的期权哪个更好？很遗憾，这个问题没有绝对的答案，因为这两种交易策略涉及不同的短期风险与不同的最大理论价值风险。不受保护的股票期权空头面临极大的或无限的风险，这种策略只适合于熟练的投资者，他们在财力上和心理上均能承受这种风险。

两种策略哪个更好？答案是没有“更好”。无保护期权空头和贷方价差交易只不过是提供了两种不同的风险与收益权衡的策略选择。在它们当中选择哪一个完全取决于交易者本人，只能由他自己根据个人对市场的预测及风险承受能力来做出决策。这对于那些想要有一个明确选择方案的投资者而言也许是一个不太令人满意的答案。不幸的是，无论交易的是期权、股票或是期货，在交易中都很少有明确无误的选择，期权的一大优势就在于它为投资者提供了多种不同的选择。但只有交易者自己才能决定对于特定预测条件哪种选择才是“最好的”。当然，风险在于预测错误并招致亏损。

13.10 本章小结

有四种基本的一对一垂直价差交易组合。假定标的证券与到期时间相同，牛市看涨期权价差交易组合包含一个较低执行价格的看涨期权多头和一个较高执行价格的看涨期权空头。熊市看涨期权价差交易组合包含一个较低执行价格的看涨空头和一个较高执行价格的看涨期权多头。熊市看跌期权价差交易组合包含一个较高执行价格的看跌期权多头和一个较低执行价格的看跌期权空头。牛市看跌期权价差交易组合包含一个较高执行价格的看跌期权空头和一个较低执行价格的看跌期权多头。不论其中是含有看涨期权还是看跌期权，通常的做法是在描述垂直价差交易时都把较低执行价格放在前面。

垂直价差交易的价格变动与单个平价期权或价外期权的价格变动特征不同。因此，用于分析单个期权的三部预测技术，即价格预测、时间预测和波动率预测，同样可以用于分析垂直价差交易。不同的预测结果会导致选择不同的交易策略。

垂直价差交易与单个期权交易相比对隐含波动率的变动不是那么敏感。这意味着当预测到隐含波动率可能下降时，垂直价差交易策略可能是一个不错的选择。

卖出垂直价差交易组合与卖出不受保护的期权合约不具有直接可比性，因为它们包含不同的风险和不同的盈利潜力。没有哪一种是“更好的”策略。交易者在面临不同的策略选择时，需要基于对自己预测的信心及个人风险承受能力来做出决策。

第 14 章　跨式组合与勒式组合

14.1　引言

跨式组合和勒式组合的名称可能听起来有些怪异，但是它们与其他期权交易策略并无二致。它们并不比其他策略“更好”，只不过它们提供了又一种选择。理解任何一种策略的权衡是知道何时应用这些策略的关键因素。本章将以与上一章垂直价差交易策略类似的格式进行介绍，先介绍四种策略的盈亏图，然后解释不同策略的运作机制及价格变动特征，最后讨论策略选择的动机。

14.2　多头跨式组合（long straddle）

多头跨式组合是同时买入一张看涨期权与一张看跌期权，它们具有相同的执行价格、相同的到期时间及相同的标的证券。图 14 - 1 描述的是一个执行价格为 50 美元的多头跨式组合，操作方式是买入一个执行价格为 50 美元的看涨期权，期权费为每股 3.50 美元，每张期权合约为 350 美元；同时买入一个执行价格为 50 美元的看跌期权，期权费为每股 3 美元，每张期权合约为 300 美元。因此，组合总成本为每股 6.50 美元，即每一个多头跨式组合的成本为 650 美元。在描述跨式组合时通常的做法是使用执行价格，因为看涨期权和看跌期权的执行价格是一样的。因此，图 14 - 1 中组合头寸可以称为执行价为 50 美元的多头跨式组合（long 50 straddle)。“多头”的含义是指买入两种期权合约。

跨式组合是一个很形象的名称，因为它表示同时占据两边。这种交易策略可以保证无论标的股票的价格是上涨还是下跌都有可能获利。

14.2.1 多头跨式组合——到期日盈亏情况

在到期日，有三种可能的结果：股票价格可能会高于执行价格，也可能会低于执行价格，还有可能会刚好等于执行价格。图 14－1 中的直线显示了这些可能性。如果在到期日股价高于执行价格，那么对看涨期权行权，而让看跌期权到期失效。结果是建立一只股票多头头寸。有效买入价格是执行价格加上建立跨式交易所支出的总期权费。如果在到期日股价高于执行价格但是低于较高的盈亏平衡点，则结果为亏损。在图 14－1 中，到期日时较高的盈亏平衡股价为 56.50 美元。

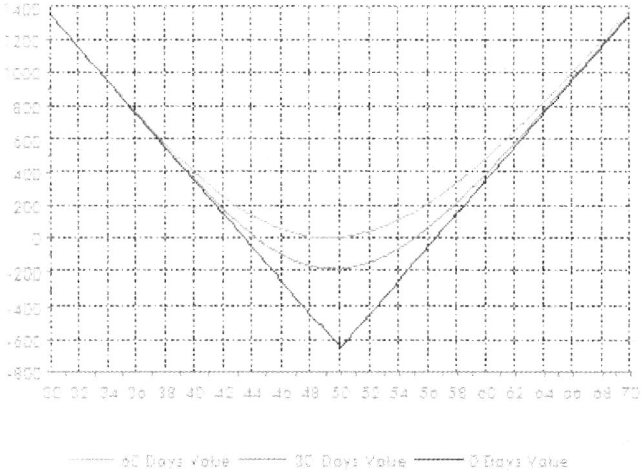

Name	Quantity	Description	Value	Position
Option 1	0	45 Put	0.867	0
Option 2	1	50 Put	3.000	300
Option 3	1	50 Call	3.500	350
Option 4	0	55 Call	1.164	0

Underlying at 50

P&&L at 60 days	P&&L at 30 days	P&&L at 0 days
0	-190	-650

Total Spread Value: -650

买入一张执行价格为 50 美元的看涨期权，期权费为每股 3.50 美元；同时买入一张执行价格为 50 美元的看跌期权，期权费为每股 3 美元。

图 14－1 多头跨式组合

如果在到期日股价低于执行价格，那么看跌期权可以行权，而让看涨期权到期失效。其结果是建立一个股票空头头寸。有效价格等于执行价格减去为建立跨式交易所支付的总期权费。如果在到期日股票价格低于执行价格但高于较低的盈亏平衡点，那么结果就是亏损。如图 14－1 所示，到期日时较低的盈亏平衡股价为 43.50 美元。

到期日的盈亏分析是有意义的，因为它揭示了最好结果和最差结果发生时的股票价格。然而，这种分析却无助于短期交易者理解在到期日之前跨式策略的价值变动情况。接下来的讨论将涉及短期交易者关注的定价事宜。

14.2.2 买入跨式组合

丽萨现在既满怀信心又有点儿心怀忐忑。

丽萨非常自信地预测 Gonzo 公司的股票价格将随着本周盈利报告的发布大幅波动，但她又不确定将向哪个方向变化。她在想："如果是好消息的话，Gonzo 公司的股价将会上涨；如果是坏消息的话，Gonzo 公司的股价将会下跌，但是消息到底是怎样的呢?"因此，她考虑购买一个 60 天到期的 Gonzo 公司执行价为 50 美元的跨式组合。丽萨说："只要 Gonzo 公司股价有变动，我就会获利。"

图 14－2 是对丽萨套利逻辑的确认，但是，如果公司股价变化不够大，那么还是会出现亏损的。图 14－2 显示了用 Op-Eval4 软件创建的理论价值表。每个单元格的值是根据标的股票假定价格及到期时间推算的一份执行价格为 50 美元的跨式组合的价值。丽萨的初始位置是图中被标识的单元格，即一份执行价为 50 美元的跨式组合价值为 650 美元，这时对应股价为 50 美元，距离到期日还有 60 天。

假设波动率、利率和股利均保持不变，图 14－2 中的理论价值表估算了对应与股价变化和不同的到期日天数的情况下，执行价为 50 美元的跨式组合的价值是如何变化的。例如，如果股价在距到期日还有 50 天时的 10 天内上涨了 4 美元，即涨至 54 美元，那么跨式组合的价值为 706 美元。这意味着在不考虑佣金的情况下，将获得 56 美元的利润。但是，如果股价上涨 4 美元需要 30 天，那么跨式组合的价值仅为 588 美元，将亏损 62 美元。

图 14－2 中的表格揭示了跨式组合的一个重要特点。如果买入跨式组合时股票价格等于执行价格，要想获利则必须股价下跌的幅度大于股价上涨的幅度。例如，10 天内股价上涨 8 美元可以导致跨式组合价值上升到 946 美元；然而，股价下跌 8 美元（即跌至 42 美元）则只能使跨式组合的价值上升到 875 美元。导致跨式组合价值这种不对称变动的原因在于期权定价公式中有关股价的假设，即假定股价波动服从对数正态分布（log normally distributed）。这意味着股价上涨的概

率要比股价下跌的概率稍大一些。该假设导致的结果就是看跌期权的时间价值损耗比看涨期权的时间价值损耗要快些，特别是当期权变为价内期权时。

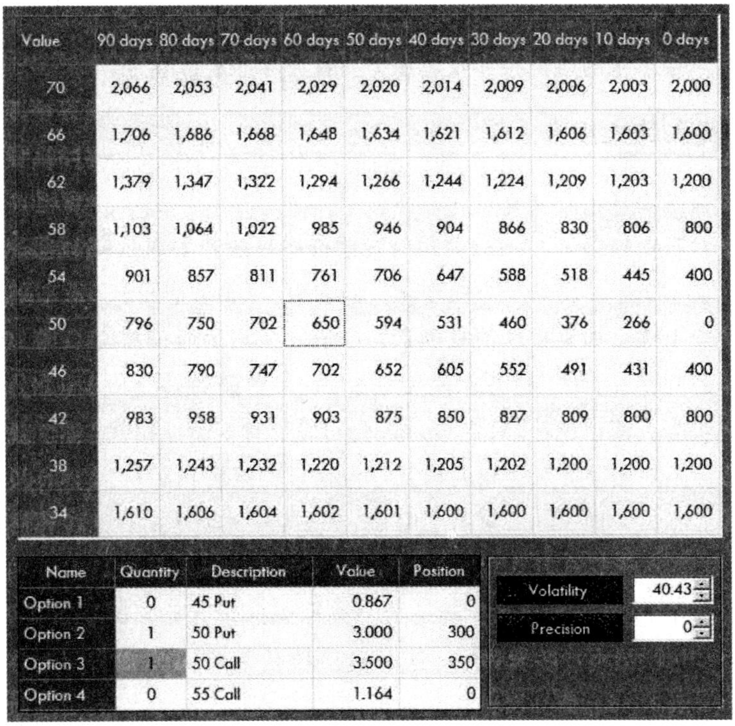

Value	90 days	80 days	70 days	60 days	50 days	40 days	30 days	20 days	10 days	0 days
70	2,066	2,053	2,041	2,029	2,020	2,014	2,009	2,006	2,003	2,000
66	1,706	1,686	1,668	1,648	1,634	1,621	1,612	1,606	1,603	1,600
62	1,379	1,347	1,322	1,294	1,266	1,244	1,224	1,209	1,203	1,200
58	1,103	1,064	1,022	985	946	904	866	830	806	800
54	901	857	811	761	706	647	588	518	445	400
50	796	750	702	650	594	531	460	376	266	0
46	830	790	747	702	652	605	552	491	431	400
42	983	958	931	903	875	850	827	809	800	800
38	1,257	1,243	1,232	1,220	1,212	1,205	1,202	1,200	1,200	1,200
34	1,610	1,606	1,604	1,602	1,601	1,600	1,600	1,600	1,600	1,600

Name	Quantity	Description	Value	Position
Option 1	0	45 Put	0.867	0
Option 2	1	50 Put	3.000	300
Option 3	1	50 Call	3.500	350
Option 4	0	55 Call	1.164	0

图 14-2　Gonzo 公司执行价为 50 美元跨式组合的理论价值表

股价需要变动多少，距到期日需要剩多少天才适合买入跨式组合呢？很遗憾，对此问题并无绝对答案。丽萨需要考虑自己预测的正确性并对潜在盈利和风险进行评估。创建如图 14-2 中所示的估算价值表将有助于她做出决策。

14.2.3　情景测试

Op-Eval4 软件的套利组合页面可以用来帮助“测试”上述理论价值表中没有出现的其他各种情形。例如，假设丽萨预测 Gonzo 公司股价在 20 天内将会上涨或下跌 10 美元，且波动率会下降 5%。正如我们前面所提到的，丽萨对股价变动的预测是基于她自己的主观信念，即认为盈利报告可能很好，也可能很糟糕，而市场会对此做出强烈反应。她对隐含波动率下降的预测是因为她了解到近几天可能是对盈利报告抱有预期该股隐含波动率上升了，但她认为盈利报告发布后隐含波动率会“回归正常”。图 14－3 显示了如何用 Op-Eval4 软件来对她的预测进行测试。

Spread Positions

	Option 1	Option 2	Option 3	Option 4
IsIndex	□	□	□	□
IsEuropean	□	□	□	□
Quantity	0	0	0	0
Type	Put	Call	Put	Call
Stock Price	40.000	40.000	60.000	60.000
Strike Price	50.000	50.000	50.000	50.000
Volatility %	35.000	35.000	35.000	35.000
Interest %*	2.000	2.000	2.000	2.000
Dividend*	0.000	0.000	0.000	0.000
Ex-Div Days*	0	0	0	0
Expiry Days*	40	40	40	40
Multiplier*	1	1	1	1
Value	10.012	0.055	0.151	10.260
Delta	-0.982	0.031	-0.049	0.951

Spread Greeks

	Total
Value	0.000
Delta	0.000
Gamma	0.000
Vega	0.000
Theta	0.000
Rho	0.000

Price +1 Days +1 Price -1 Days -1

图 14－3　丽萨的预测：股价在 20 天内会上涨或下跌 10 美元，且波动率下降 5%

图 14－3 包含 Op-Eval4 软件的一个套利组合页面，其中列 1 和列 2 分析了股价上涨时丽萨的跨式组合价值情况；列 3 和列 4 分析了股价下跌时的跨式组合价值情况。现在第 1 列的“值”显示执行价为 50 美元的看跌期权的价格为 10 美元，此时股价为 40 美元，距离到期日还有 40 天，波动率为 35%，与初始的估计值相比下降了 5%。在第 2 列中，执行价为 50 美元的看涨期权的价格为 5 美分，因此可以算出当 Gonzo 股价为 40 美元时，执行价为 50 美元的跨式组合的价格为 10.05 美元。

第 3 列和第 4 列估算出当股价为 60 美元时，执行价格为 50 美元的看涨期权的价格将为 10.26 美元，而执行价 50 美元的看跌期权的价格将为 0.15 美元，因此执行价为 50 美元的跨式组合的价值约为 10.40 美元。

丽萨从这些信息中可以得出什么结论呢？如果丽萨相信她的预测，那么图

14－3 显示丽萨应该买入 60 天到期、执行价格为 50 美元的跨式组合。因为不论市场是上涨还是下跌都会给丽萨带来盈利。不过，不同的情景会导致不同的结论。丽萨该相信自己的预测吗？这是一个只有她自己基于对自己的信心及风险容忍度才能做出的主观决策。对于所有交易者而言，从中可以得到的重要启示就是跨式交易策略的分析一般包括三方面的预测：①股价变动的预测；②预期变动的时间预测；③隐含波动率的预测。当作跨式交易时，②和③的预测分析尤为重要，因为跨式组合包含两个期权。

14.3 空头跨式组合（short straddle）

空头跨式组合是同时卖出一张看涨期权与一张看跌期权，它们具有相同的执行价格、相同的到期时间及相同的标的证券。图 14－4 描述的是一个执行价格为 50 美元的空头跨式组合，操作方式是以每股 3.50 美元的价格卖出一个执行价格为 50 美元的看涨期权；同时以 3 美元的价格卖出一个执行价格为 50 美元的看跌期权。总共得到每股 6.50 美元的期权费。

14.3.1 空头跨式组合——到期日盈亏情况

在到期日，有三种可能的结果：股票价格可能会高于执行价格，也可能会低于执行价格，还有可能会刚好等于执行价格。图 14－4 中的直线显示了这些可能性。如果在到期日股价高于执行价格，那么看涨期权会被指派行权，而看跌期权会到期失效。结果是建立一只股票空头头寸。有效价格是执行价格加上建立跨式交易所获得的总期权费。如果在到期日股价高于较高的盈亏平衡点，则结果为亏损。如图 14－4 所示，到期日时较高的盈亏平衡股价为 56.50 美元。

如果在到期日股价低于执行价格，那么看跌期权会被指派行权，而看涨期权会到期失效。其结果是建立一只股票多头头寸。有效价格等于执行价格减去为建立跨式交易所获得的总期权费。如果在到期日股票价格低于较低的盈亏平衡点，那么结果就是亏损。如图 14－4 所示，到期日时较低的盈亏平衡股价为 43.50 美元。

如果在到期日股价刚好等于执行价格，那么看涨期权和看跌期权都会到期失效，而最初为建立跨式组合所获得的全部收益。本例中为 650 美元，都可以留作盈利。

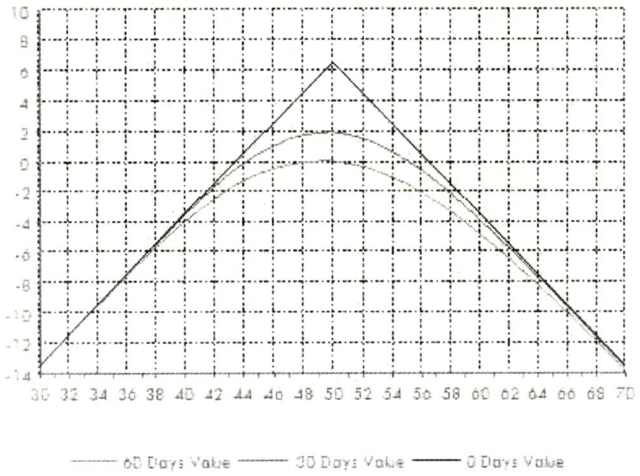

Name	Quantity	Description	Value	Position
Option 1	0	45 Put	1.200	0
Option 2	-1	50 Put	3.000	-3
Option 3	-1	50 Call	3.500	-3
Option 4	0	55 Call	1.500	0

Underlying at 50

P&&L at 60 days	P&&L at 30 days	P&&L at 0 days
0	2	6

Total Spread Value: 6

卖出一张执行价格为 50 美元的看涨期权，期权费为每股 3.50 美元；同时卖出一张执行价格为 50 美元的看跌期权，期权费为每股 3 美元。

图 14－4　空头跨式组合

14.3.2　卖出跨式组合

基本上卖出跨式组合的效果正好与买入跨式组合相反。买入跨式组合的投资者希望股价在任意方向有“大幅”波动且伴随隐含波动率上升，而卖出跨式组合的投资者则希望股价不要出现大的波动且隐含波动率下降。

卖出跨式组合包含两个未受保护的期权空头，所以风险是无限的。因此，使用这种策略进行股票期权交易只适用于经验丰富的交易者，他们在财务上和心理上都能够承受这种风险，而且使用这种策略也得到了所属经纪公司的同意。许多期权交易新手都被包含卖出期权的交易策略所吸引，通常他们的逻辑是这样的，“看我能从时间损耗中赚多少钱!”然而，潜在的收益却也伴随着隐含波动率上升的风险及股价向任何方向大幅变动的风险。

我们建议那些想卖出单个期权或跨式期权组合的交易者要尽量多地去了解他们所卖期权的标的证券的相关信息和这些期权波动率水平的信息。他们要确信自己是在隐含波动率较高时卖出期权。很难保证了解相关信息就一定能够规避损失，但尽可能收集更多信息的目的就是尽量降低亏损风险。

14.4 多头勒式组合（long strangle）

多头勒式组合是买入一张执行价格较高的看涨期权的同时，买入一张具有相同到期日、相同标的证券但执行价格较低的看跌期权。图 14－5 描述了一个 45～55 美元的多头勒式组合，操作方式是以每股 1.15 美元的价格买入一个执行价格为 45 美元的看跌期权；同时以 1.50 美元的价格买入一个执行价格为 55 美元的看涨期权，总成本为每股 2.65 美元。通常在给勒式组合命名时将较低的执行价格放在前面，因此图 14－5 中的组合通常称为 45～55 美元多头勒式组合。"多头"表示两个期权都是买入。我们并不知道"strangel（勒式）"这个词语的起源，但是它开始的几个字母与"straddle（跨式）"相同，所以可能是为了方便而新造此词。

● 多头勒式组合——到期日盈亏情况

在到期日，有四种可能的结果：股票价格可能会高于较高的执行价格，也可能会低于较低的执行价格，还有可能刚好等于任一执行价格或处于两个执行价格之间。图 14－5 说明了这些可能性。如果在到期日股价高于较高的执行价格，那么看涨期权会行权，而看跌期权会到期失效。结果是建立一只股票多头头寸。有效价格是较高的执行价格加上建立勒式组合时所支付的总期权费。如果在到期日股价高于较高的执行价格但低于较高的盈亏平衡点，则结果为亏损。如图 14－5 所示，到期日时较高的盈亏平衡股价为 57.65 美元。

如果在到期日股价低于较低的执行价格，那么看跌期权会行权，而看涨期权会到期失效。其结果是建立一只股票空头头寸。有效价格等于较低的执行价格减去为建立勒式组合所支付的总期权费。如果在到期日股票价格低于较低的执行价格但高于较低的盈亏平衡点，那么结果就是亏损。如图 14－5 所示，到期日时较低的盈亏平衡股价为 42.35 美元。

如果在到期日股价刚好等于任一执行价格或处于两个执行价格之间，那么看涨期权和看跌期权都会到期失效，而最初为建立勒式组合所支付的全部金额都会亏损掉。

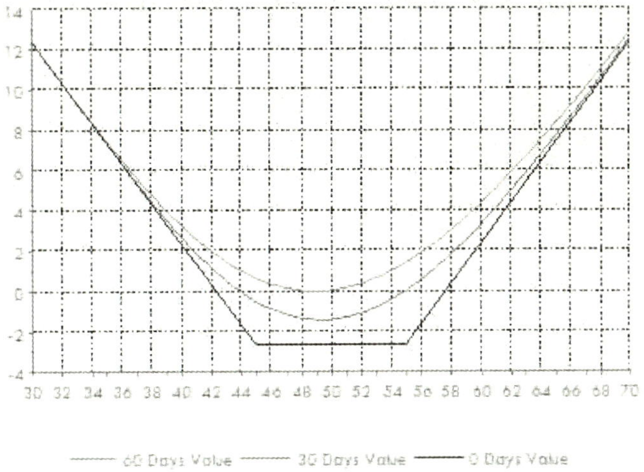

Name	Quantity	Description	Value	Position
Option 1	1	45 Put	1.150	1
Option 2	0	50 Put	3.000	0
Option 3	0	50 Call	3.500	0
Option 4	1	55 Call	1.500	2

Underlying at 50

P&&L at 60 days	P&&L at 30 days	P&&L at 0 days
0	-1	-3

Total Spread Value: -3

以 1.15 美元每股买入一张执行价格为 45 美元的看跌期权，同时以 1.50 美元每股买入一张执行价格为 55 美元的看涨期权。

图 14－5　多头勒式组合

14.5　空头勒式组合（short strangle）

空头勒式组合是卖出一张执行价格较高的看涨期权的同时，卖出一张具有相同到期日、相同标的证券但执行价格较低的看跌期权。图 14－6 描述了一个 45～55 美元的空头勒式组合，操作方式是以每股 1.15 美元的价格卖出一个执行价格为 45 美元的看跌期权；同时以 1.50 美元的价格卖出一个执行价格为 55 美元的看涨期权，总共可以获得 2.65 美元的期权费收入。

- 空头勒式组合——到期日盈亏情况

在到期日，也有四种可能的结果：股票价格可能会高于较高的执行价格，也可能会低于较低的执行价格，还有可能刚好等于任一执行价格或处于两个执行价格之间。图 14－6 说明了这些可能性。如果在到期日股价高于较高的执行价格，那么看涨期权会行权，而看跌期权会到期失效。结果是建立一只股票空头头寸。有效价格是较高的执行价格加上建立勒式组合时所收取的的总期权费。如果在到期日股价高于较高的盈亏平衡点，则结果为亏损。如图 14－6 所示，到期日时较高的盈亏平衡股价为 57.65 美元。

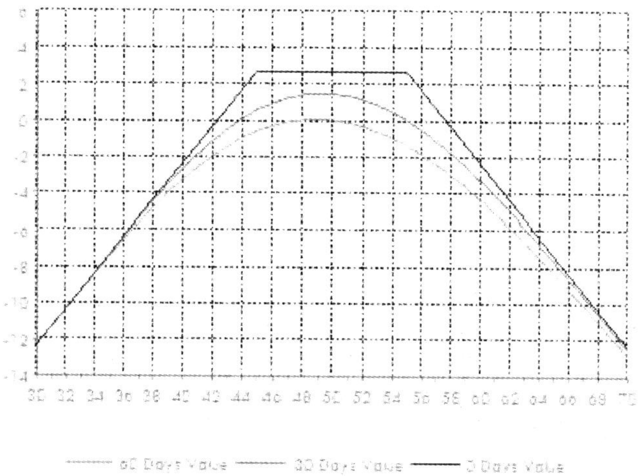

Name	Quantity	Description	Value	Position
Option 1	-1	45 Put	1.150	-1
Option 2	0	50 Put	3.000	0
Option 3	0	50 Call	3.500	0
Option 4	-1	55 Call	1.500	-2

Underlying at 50

P&&L at 60 days	P&&L at 30 days	P&&L at 0 days
0	1	3

Total Spread Value: 3

以 1.15 美元每股卖出一张执行价格为 45 美元的看跌期权，同时以 1.50 美元每股卖出一张执行价格为 55 美元的看涨期权。

图 14－6　空头勒式组合

如果在到期日股价低于较低的执行价格，那么看跌期权会行权，而看涨期权会到期失效。其结果是建立一只股票多头头寸。有效价格等于较低的执行价格减去为建立勒式组合所收取的总期权费。如果在到期日股票价格低于较低的盈亏平衡点，那么结果就是亏损。如图 14－6 所示，到期日时较低的盈亏平衡股价为 42.35 美元。

如果在到期日股价刚好等于任一执行价格或处于两个执行价格之间，那么看涨期权和看跌期权都会到期失效，而最初为建立勒式组合所收取的全部金额即为所得收入。

14.6 跨式组合与勒式组合的对比

比较期权到期日跨式组合和勒式组合的盈亏图可以看出，这两种交易策略提供了完全不同的风险与收益权衡。本部分只讨论多头（或买入）跨式组合与勒式组合的情况，但同样的推理也适用于空头跨式组合与勒式组合。

首先，比较图 14－1 和图 14－5 的到期日盈亏图。买入跨式组合需支付期权费 6.50 美元，而买入勒式组合只需支付期权费 2.65 美元。跨式组合的一个缺点是支出更多，但是它的盈亏平衡点是 56.50 美元和 43.50 美元，差距较小；而勒式组合的盈亏平衡点是 57.65 美元和 42.35 美元，差距较大。跨式组合的两个盈亏平衡点距离较近，这是跨式组合的一大优势。

并且，考虑到买入一个跨式组合的结果可能会是损失所支付的期权费总额，但只有到期日时股价恰好等于执行价格才会发生这种情况。但是，对于勒式组合，股价等于任一执行价格及处于两个执行价格之间时都会产生最大损失。在本章所举例子中，股价在 10 美元范围之内波动，最大的损失都可以发生。无论多头跨式组合发生最大损失的概率有多少，多头勒式组合发生最大损失的概率都要大得多。

结论就是在绝对意义上，两者之间并不存在更优的策略。多头跨式相比多头勒式支出更多，但是到期日时它的两个盈亏平衡点更接近，发生最大亏损的概率也较小。现在分析对于短期交易者这两种策略的潜在利润和风险。

● 价格变动特征——跨式组合与勒式组合的比较

图 14－7 中的表格包含了一个 45～55 美元勒式组合的价值，可与图 14－2 中包含 50 美元跨式组合价值的表格进行比较。假设初始的股价为 50 美元，距离到期日还有 60 天，这在两个表格中都被突出标识了。在任何时间跨度内，股价上涨 8 美元或者下跌 8 美元，都将使得跨式组合的绝对收益值更高。例如，一个 50 天到期、股价为 58 美元的跨式组合价值为 946 美元，涨了 296 美元；相比之下，勒式组合价值为 526 美元，涨了 261 美元。在此例中，更多地投资于跨式组合将会获得更高的利润。但是，如果按百分比计算利润的话，则勒式组合的收益率更

高。在更长的时间维度内，此结论同样适用。例如，距离到期日 20 天、股价为 62 美元的跨式组合价值为 1209 美元，涨了 559 美元，涨幅为 86%；相比之下，勒式组合的价值为 731 美元，绝对价值只增长了 446 美元，但是涨幅为 182%。与之前分析一样，跨式组合的绝对价值增长更多，而勒式组合增长的百分比更高。

然而，在亏损的情况下，结果就不同了。如果距离到期日还有 10 天时股价为 44 美元，那么两种策略都会导致亏损。跨式组合的价值降低为 445 美元，损失 205 美元，在初始的投资上亏损了 31%。相比之下，勒式组合价值降为 100 美元，损失较低，为 165 美元，但是损失百分比更高，达到 62%。

Value	90 days	80 days	70 days	60 days	50 days	40 days	30 days	20 days	10 days	0 days
70	1,594	1,578	1,561	1,547	1,534	1,523	1,513	1,507	1,503	1,500
66	1,247	1,225	1,203	1,180	1,161	1,141	1,125	1,111	1,103	1,100
62	934	905	877	847	817	788	759	731	708	700
58	672	635	600	564	526	487	444	397	347	300
54	485	447	406	362	318	270	220	164	100	0
50	390	348	307	265	221	172	120	68	19	0
46	407	373	337	298	259	218	174	127	76	0
42	542	516	491	464	437	409	380	352	320	300
38	786	772	759	745	732	721	710	703	700	700
34	1,117	1,113	1,108	1,104	1,102	1,100	1,100	1,100	1,100	1,100

Name	Quantity	Description	Value	Position
Option 1	1	45 Put	1.150	115
Option 2	0	50 Put	3.000	0
Option 3	0	50 Call	3.500	0
Option 4	1	55 Call	1.500	150

Volatility	39.90
Precision	0

图 14-7　丽萨对 45～55 美元勒式组合价值的分析

当把损失金额与损失百分比进行比较时，两种策略盈利能力的衡量存在明显差异，因而交易者需要在交易之前设定盈利目标。任何导致青睐于其中某一交易策略的预测，都取决于如何设定盈利目标。

14.7　本章小结

多头跨式组合，包括同时买入相同标的证券、相同到期日、相同执行价格的一张看涨期权和一张看跌期权。空头跨式组合是卖出二者。勒式组合与跨式组合的不同之处在于，它们所包括的看涨和看跌期权执行价格不同。当考虑这些策略时，首先画出到期日盈亏图是很重要的，这样就可以清楚理解最好和最坏的结果。空头跨式组合和勒式组合具有无限风险，只适合于那些有经验的交易者，因为他们能够在财务上和心理上承受这种风险，而且他们使用这些策略得到了所属经纪公司的同意。

研究跨式组合和勒式组合所用的分析方法与之前章节所介绍的方认相同。首先要进行三个方面的预测：标的股票价格的涨跌、时间变化和隐含波动率的变动预测；其次，估算持仓中每个期权的价格，然后计算利润和损失；最后，评估其他策略，选择一个最适合自己风险与回报参数的交易策略。

第四篇　高级话题

这一部分所谓“高级”并不一定意味着额外的风险。不过，该部分所谈的策略既涉及保守型的股票交易策略，也包括不同程度的杠杆的运用。最重要的是，它告诉投资者应该如何监控某一特定交易策略的风险水平，并用实例进行了解释。第 15 章“比例套利”，也是一个新的章节，描述了保守的投资者和激进的交易者从这些鲜为人知的策略中获利的方法。第 16 章“有保护的组合——做多与做空”，还是一个新的章节，讲的是保守型投资者如何低风险地使用一个本来具有高风险特征的期权交易策略，他所要做的仅仅是改变思维方式及资本管理方式。第 17 章是“现金结算指数期权与 ETF 期权”，它以第一版关于指数期权的部分内容开始，随后解释了可能是 20 世纪 90 年代最大的创新：ETF（交易所交易基金）。

第 15 章　比例套利

15.1　引言

比例套利（Ratio Spread）包括买入一定数量的某一期权合约，同时卖出不同数量的另一期权合约。本章主要讨论 1×2 比例套利，即买入一份期权合约，而卖出两份期权合约。这两个期权是相同类型的，即标的证券相同、到期日相同，但执行价格不同。这种类型的比例套利通常因为其执行价格之间的关系被称为垂直比例套利（ratio vertical spread）：一个执行价格高于或垂直在一个执行价格。而买入两份期权、卖出一份期权的交易策略通常称为波动率比例套利（ratio volatility spread）。

本章将举四个例子，说明比例套利是如何使用的，其中三个供保守型投资者参考，一个供激进型投资者参考。同前面章节中的举例一样，这里都不考虑佣金、保证金要求及税收因素。由于比例套利牵涉两个甚至更多个期权头寸，因此交易成本和保证金要求要比单个期权交易高一些。此外，有些比例套利的应用牵涉到无保护的期权空头头寸，而这意味着这类策略只适用于有经验的期权交易者，因为他们获得了经纪公司的特定许可。

15.2　在不增加风险的情况下运用杠杆

给股票多头头寸加一个带看涨期权的比例套利组合策略通常分为三个紧密联系的步骤：第一步，买入股票；第二步，为买入的每 100 股股票购买一份平价看涨期权；第三步，根据买入的每 100 股股票卖出两份价外看涨期权。下面以一位保守型投资者布莱顿为例，看看他是如何使用比例套利策略提高盈利潜力的。布莱顿对一家从事男士成衣批发连锁企业 Tailorco 公司股票的市场走势进行了预测。

今天是 4 月 5 日。Tailorco 股票当前成交价格为 70 美元，其 6 月份到期、执行价格为 70 美元和 75 美元的看涨期权的成交价格分别为 5 美元和 2.50 美元。假定布莱顿预测 6 月份到期时 Tailorco 股票价格会有一定程度上涨，他认为可以以 70 美元每股的价格买入 Tailorco 股票，同时以 5 美元买入一份执行价为 70 美元的看涨期权并以 2.50 美元卖出两份执行价为 75 美元的看涨期权，这样的交易策略比单独买入股票要好。布莱顿为此创建了表 15－1 和图 15－1，说明该交易策略的市场表现（图表中单位为 1 股）。

表 15－1　到期盈亏情况表

以 70 美元的价格买入股票，同时买入 1 张执行价格为 70 美元的看涨期权，卖出 2 张执行价格为 75 美元的看涨期权。

到期时股票价格	股票多头（70 美元/股）盈（亏）	期权多头盈（亏）	期权空头盈（亏）	组合盈（亏）
77.00	＋7.00	＋2.00	＋1.00	＋10.00
76.00	＋6.00	＋1.00	＋3.00	＋10.00
75.00	＋5.00	0.00	＋5.00	＋10.00
74.00	＋4.00)	(1.00)	＋5.00	＋8.00
73.00	＋3.00	(2.00)	＋5.00	＋6.00
72.00	＋2.00	(3.00)	＋5.00	＋4.00
71.00	＋1.00	(4.00)	＋5.00	＋2.00
70.00	0.00	(5.00)	＋5.00	0.00
69.00	(1.00)	(5.00)	＋5.00	(1.00)
68.00	(2.00)	(5.00)	＋5.00	(2.00)
67.00	(3.00)	(5.00)	＋5.00	(3.00)

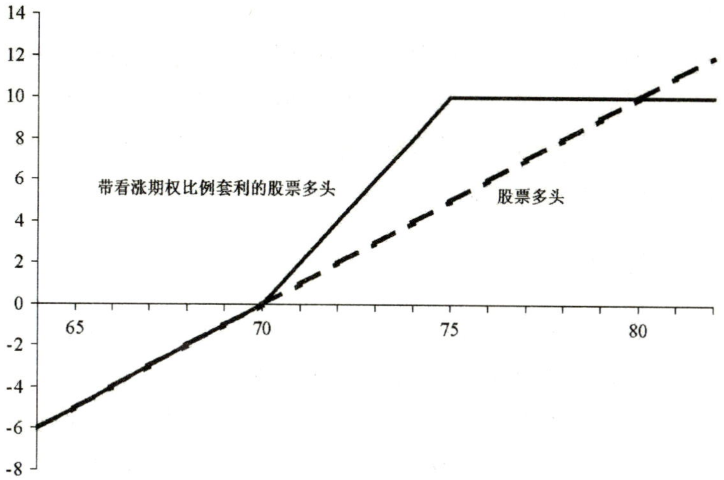

图 15-1　股票多头与带看涨期权比例套利的股票多头盈亏情况比较图

15.2.1　可能性分析

在期权到期日，Tailorco 公司股票价格的可能情形有：①等于或低于 70 美元；②在 70～75 美元之间；③高于 75 美元。布莱顿对每种可能性都进行了分析。

期权合约到期时，如果 Tailorco 公司股票价格等于或低于 70 美元，则所有期权合约的到期价值为零。在本例中，由于比例套利头寸的建立净成本为零（不包括佣金），所以该组合交易的盈亏完全取决于 Tailorco 公司股票的价格。例如，当股价为 67 美元时，损失就是每份组合 3 美元。

期权合约到期时，如果 Tailorco 公司股票的价格介于 70～75 美元之间，则组合的收益是单纯持有股票收益的 2 倍。例如，如果 Tailorco 的股价为 72 美元，则每份组合的收益为 4 美元。其中，一半收益来源于股票价格从 70 美元上涨到 72 美元，另一半收益来源于看涨期权的价值。在这种情况下，执行价格为 70 美元的看涨期权是价内期权，布莱顿必须决定是行权还是平仓。如果选择行权，就必须买入股票，这就要求支付额外的资金。

第三种情形是在期权到期时，Tailorco 公司股票的价格高于 70 美元。如果发生这种情况，则对执行价格为 70 美元的看涨期权行权，而执行价格为 75 美元的看涨期权会被指派行权。行权和被指派行权会导致再买入 100 股股票及卖出全部

200 股股票。其结果就是布莱顿的股票头寸及交易收益全部转化成了现金（但要扣除交易成本）。

还有一种可能是两份空头看涨期权合约中的一个或两个被提前指派行权。尽管提前指派行权不会增加该交易策略的风险，但这可能会让没有经验的期权交易者不知所措。因此，在使用该交易策略之前，有必要了解整个操作过程并提前制订好操作计划以便及时做出应对。

15.2.2 几点结论

从以上观察可以得出四点结论。第一，也是最重要的，该组合中没有不受保护的期权空头。一份看涨期权空头受持有的股票保护，另一份空头受执行价为 70 美元的看涨期权多头保护。第二，在本例中，股价下跌的风险与股票多头的风险相同。第三，如果 Tailorco 公司股票的价格上涨到 75 美元，那么组合盈利要比单纯持有股票高得多。第四，该组合的盈利潜力是有限的。如果股票价格超过期权空头的执行价格，本例为 75 美元，就达到了最大的潜在收益。

15.2.3 权衡取舍

每种交易策略都各有利弊，往股票多头中增加一个比例看涨期权套利组合也不例外。其优点是在股价有限上涨空间内持有股票的收益增加了，但风险没有上升。不利之处在于盈利潜力受到了限制，同时交易成本也增加了。

15.3 股票补救策略

在上述案例中是假定股票和期权的头寸是同时建立的。然而，假定布莱顿是在去年以每股 70 美元的价格买入的 Tailorco 公司股票，而其当前股价为 60 美元。在这种情况下，布莱顿每股亏损 10 美元。他现在对该股未来走势也不那么乐观了，并且改变了预期目标。布莱顿现在认为 Tailorco 公司股票价格会回升到他的买入价格，但不再认为股价会超出 70 美元多少。因此，布莱顿现在只想在该笔投资上不赚不赔即可。尽管有些投资者往往通过买入更多股票使原有持仓翻倍，但布莱顿不想往该股投入更多资金了。相反，他考虑创造性地运用比例看涨期权套利组合来改善自己的处境。

表 15-2 与图 15-2 显示了以 4 美元的价格买入 1 张执行价格为 60 美元的看

涨期权、以 2 美元的价格卖出 2 张执行价格为 65 美元的看涨期权的盈亏情况。首先，盈亏平衡股价从原来的 70 美元下降到了现在的 65 美元。其次，不需要再投入资金（除了交易成本之外）。第三，风险没有翻倍，因为，如果再追加买入 100 股股票的话会使风险翻倍。

该交易策略潜在的不利之处是盈亏平衡就是最好的结果。如果股价上涨到 65 美元以上，就会达成最佳结果。

哪种策略更好呢？是加倍买入股票还是使用比例套利策略？同样，依然没有“更好”策略。每种策略提供的是不同的风险与收益权衡。加倍买入股票可以降低盈亏平衡股价，也可以让盈利潜力不受限制，但却需要增加投资资本，同时也使风险翻倍了。相反，比例套利策略在不增加风险和投资的情况下降低了持股成本，然而也丢失了在股价超过 65 美元时参与股价上涨的机会。因此，没有哪种策略“更好”。选择何种策略取决于投资者的预测、风险容忍度和可用资本。

表 15-2　到期盈亏情况表

初始头寸：以 70 美元的价格买入股票，现在股价为 60 美元，每股亏损 10 美元。

补救策略：以 4 美元价格买入 1 张执行价格为 60 美元的看涨期权，同时以 2 美元/张的价格卖出 2 张执行价格为 65 美元的看涨期权。

到期时股票价格	股票多头（70 美元/股）盈（亏）	期权多头 盈（亏）	期权空头 盈（亏）	组合 盈（亏）
67.00	(3.00)	+3.00	0.00	0.00
66.00	(4.00)	+2.00	+2.00	0.00
65.00	(5.00)	+1.00	+4.00	0.00
64.00	(6.00)	0.00	+4.00	(2.00)
63.00	(7.00)	(1.00)	+4.00	(4.00)
62.00	(8.00)	(2.00)	+4.00	(6.00)
61.00	(9.00)	(3.00)	+4.00	(8.00)
60.00	(10.00)	(4.00)	+4.00	(10.00)
59.00	(11.00)	(4.00)	+4.00	(11.00)
58.00	(12.00)	(4.00)	+4.00	(12.00)
57.00	(13.00)	(4.00)	+4.00	(13.00)

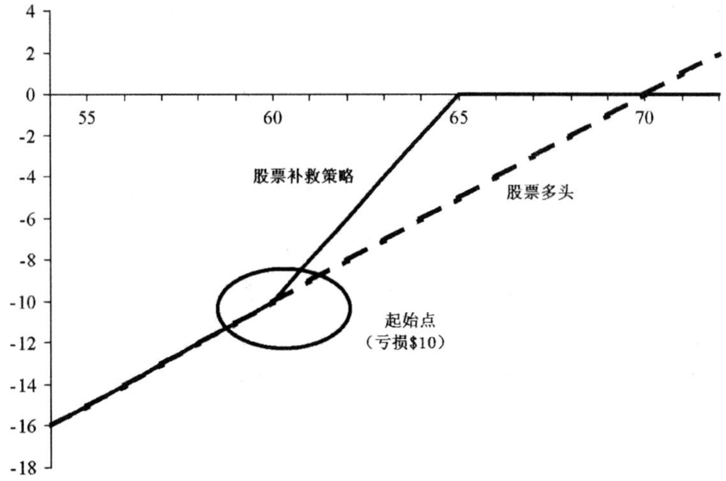

初始头寸：以 70 美元的价格买入股票，现在股价为 60 美元，每股亏损 10 美元。
补救策略：以 4 美元价格买入 1 张执行价格为 60 美元的看涨期权，
同时以 2 美元/张的价格卖出 2 张执行价格为 65 美元的看涨期权。

图 15－2 股票补救策略

15.4 简单卖出看跌期权的一个替代方案

如果一个投资者希望以低于现在市场的价格买入股票，则看跌期权比例套利策略就是卖出有现金保护的看跌期权的一个令人感兴趣的替代方案。凯尔也是一位保守型投资者。他观察到，在近几个月 Rangeco 公司股票的价格一直维持在 45～50 美元之间。现在的股价为 50 美元，但凯尔预计它会再次跌到 45 美元。不过，这次凯尔不仅想买入该只股票，而且还想以低于 45 美元的价格买入该股。

表 15－3 与图 15－3 显示了该策略的盈亏情况。凯尔以 2 美元的价格买入 1 张执行价格为 50 美元的看跌期权，同时以每张 1 美元的价格卖出 2 张执行价格为 45 美元的看跌期权，并假定凯尔为每份比例套利组合留出 4000 美元资金备用，该笔资金用于当看跌期权空头被指派行权时买入 100 股 Rangeco 公司股票。下文还将谈到这点。

表 15－3　到期盈亏情况表

看跌期权比例套利：以 2 美元的价格买入 1 张执行价格为 50 美元的看跌期权，同时以 1 美元/张的价格卖出 2 张执行价格为 45 美元的看涨期权。

到期时股票价格	看跌期权多头 盈（亏）	看跌期权空头 盈（亏）	组合 盈（亏）
35.00	＋13.00	(18.00)	(5.00)
40.00	＋8.00	(8.00)	0.00
45.00	＋3.00	＋2.00	＋5.00
50.00	(2.00)	＋2.00	0.00
55.00	(2.00)	＋2.00	0.00

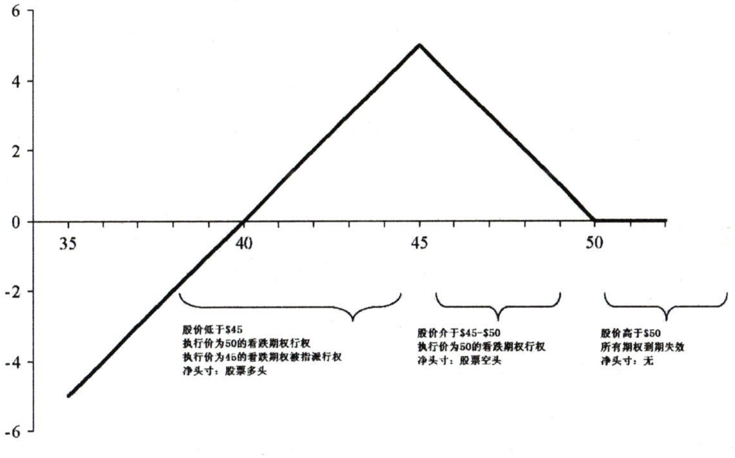

以 2 美元的价格买入 1 张执行价格为 50 美元的看跌期权，同时以 1 美元/张的价格卖出 2 张执行价格为 45 美元的看涨期权。

图 15－3　看跌期权比例套利

● 可能性分析

同样，在期权到期日，Rangeco 公司股票价格可能存在三种情形：①等于或高于 50 美元；②在 45～50 美元之间；③低于 45 美元。

如果期权到期时，Rangeco 公司股票价格等于或超过 50 美元，则所有的期权都将到期无价值。在这种情况下，坏消息是凯尔的预测是错误的，股票价格没有下跌反而是上涨的。好消息是凯尔没有损失。如果股票价格超过 50 美元，除了手续费支出外，没有任何收益或者损失，因为本例中比例套利头寸的建立净现金费用为零。

如果期权合约到期时，Rangeco 公司股票价格介于 45～50 美元之间，则收益等于执行价格为 50 美元的看跌期权的价值。例如，当 Rangeco 公司股票价格为 47 美元时，执行价格为 50 美元的看跌期权的价值为 3 美元/股，或者说一张合约的价值为 300 美元。如果以这个价格卖出看跌期权，则收益就是 300 美元。记住，组合头寸是建立在净现金费用为零的基础之上的。如果对执行价格为 50 美元的看跌期权行权，同时执行价格为 45 美元的看跌期权自动到期失效，那么就会产生股票空头头寸。即使凯尔不通知他的经纪人行权，如果期权的内在价值超过 25 美分，期权也会自动被行权。期权新手必须考虑到各种可能性，尤其是在到期日临近的时候，要密切关注自己的期权头寸情况，以便及时采取恰当的应对措施。

第三种可能性是在期权合约到期时，Rangeco 公司股票价格低于 45 美元，此时会发生两种情况。一是凯尔对执行价格为 50 美元的看跌期权行权，产生 100 股 Rangeco 公司股票空头头寸；二是凯尔的 2 张执行价格为 45 美元的看跌期权空头合约被指派行权，这会导致买入 200 股 Rangeco 公司股票。100 股空头头寸会被对冲掉，另外 100 股股票成为多头头寸。而这正是凯尔想要的结果：以较低价格买入 100 股 Rangeco 公司股票。

在本例中，如果不包括佣金，凯尔的有效买入价格为 40 美元/股。尽管被指派行权的看跌期权空头的执行价格为 45 美元，但凯尔还有在 100 股空头头寸对冲过程中产生的每股 5 美元获利。从执行价格 45 美元中减去利润 5 美元就得到净买入价格为 40 美元。同样，还要考虑看跌期权空头头寸中的一个或两个被提前指派行权的可能性。提前指派行权并不会增加该策略的风险，但它可能会使没有经验的期权交易者感到有点儿复杂。

15.5 作为交易策略的比例套利

如果投资者对期权标的股票或指数的短期预测与比例套利的价格变动一致的话，激进型投资者可以把比例套利作为一项短期的交易策略。考虑到比例套利交易中含有未受保护的期权空头头寸，因此该策略仅适用于经纪公司认可的有经验的投资者使用。

表15-4显示的是一份比例套利交易的理论价值表，该交易是买入1张执行价格为60美元的看涨期权、卖出2张执行价格为65美元的看涨期权。例如，在表中的第8行、第1列，假定标的股票的价格为60美元，30天到期，波动率、利率以及红利情况在表头上方已经给出。尽管单个看涨期权合约的价格并没有显示，但可看出以2.80美元的价格买入1张执行价格为60美元的看涨期权、以每张1.05美元的价格卖出2张执行价格为65美元的看涨期权，不包含佣金，其净支出为0.70美元，0.70就是括号中显示的数值。

表中的数据表明，这种策略能够以净贷记建立或以净借记结束。例如，第1列、第2行中的数据表明，买入1张执行价格为60美元的看涨期权、卖出2张执行价格为65美元的看涨期权，当股票价格为66美元、距离到期日还有30天时，净贷记金额为每股0.25美元，或组合头寸净贷记为25美元。相反，卖出1张执行价格为60美元的看涨涨期权、买入2张执行价格为65美元的看涨期权的净支出为25美元。

表15-4 60～65美元1×2看涨期权比例套利理论价值表

买入1张执行价格为60美元的看涨期权、卖出2张执行价格为65美元的看涨期权的比例套利；波动率40%；利率2%；无股利。

		列1	列2	列3	列4	列5	列6	列7
行	股票价格	30天	25天	20天	15天	10天	5天	到期日
1	67.00	(0.70)	(0.30)	0.10	0.60	1.25	2.00	3.00
2	66.00	(0.25)	0.10	0.50	1.00	1.55	2.40	4.00
3	65.00	0.00	0.35	0.75	1.20	1.80	2.60	5.00
4	64.00	0.35	0.65	0.95	1.35	1.85	2.55	4.00

续表

		列 1	列 2	列 3	列 4	列 5	列 6	列 7
行	股票价格	30 天	25 天	20 天	15 天	10 天	5 天	到期日
5	63.00	0.45	0.75	1.05	1.40	1.80	2.35	3.00
6	62.00	0.65	0.85	1.10	1.35	1.65	1.95	2.00
7	61.00	0.65	0.85	1.05	1.25	1.40	1.45	1.00
8	60.00	0.70	0.85	1.00	1.10	1.15	1.00	0.00
9	59.00	0.65	0.80	0.85	0.90	0.90	0.65	0.00
10	58.00	0.65	0.70	0.75	0.70	0.65	0.35	0.00

表中的数字很难解释，因为盈亏的计算涉及到恰当地结合开仓时的贷记或借记以及清仓时的借记与贷记。以借记开仓意味着现金流出，而以贷记开仓意味着有现金流入。以借记清仓表明现金流入，而以贷记清仓则是现金流出。请看下面两例。

(1) 假设比例套利是以第 1 行、第 8 列中的价格开仓，以第 6 行、第 7 列中的价格清仓。组合头寸是以 0.70 美元的借记开仓，这意味着要支出 70 美元。随后组合头寸以 1.45 美元的借记清仓，这意味着可以收到 145 美元。最终的结果是支付 0.70 美元、收到 1.45 美元，净收入或净利润就是 0.70 美元，或者说组合头寸总收益为 75 美元。

(2) 假设垂直比例套利是以第 1 行、第 2 列中的价格开仓，以第 6 行、第 7 列中的价格清仓。组合头寸是以 0.25 美元的贷记开仓，这意味着要收到 25 美元。随后组合头寸以 1.45 美元的借记清仓，这意味着收到 145 美元。最终的结果是分别收到 25 美元、145 美元，净收入或利润就是 170 美元。

研究表 15 - 4 可以发现，当标的股票或者指数成交价格围绕看涨期权空头的执行价格窄幅波动时，比例套利的效果最好。然而，如果股票价格远离看涨期权空头的执行价格，就会造成损失。此外，就看涨期权比例套利而言，其潜在的损失是无限的。因此，只有当交易者预测股票的价格在看涨期权空头的执行价格附近波动时，才可以使用该策略。

15.6 本章小结

1×2 比例套利策略包括买入 1 张接近价内期权，卖出 2 张深度价外期权。所有期权都是相同类型、具有相同的标的证券以及到期日，但是执行价格不同。该策略可以结合股票多头头寸使用，既可以在股价有限的波动范围内，在不增加风险的情况下提高收益，又可以作为一项股票补救措施。看跌期权比例套利可以用来作为卖出有现金保护看跌期权的替代方案，目的是以更低的价格买入标的股票。最后，如果激进的投资者预测标的证券的价格变动与比例套利策略的价格行为一致的话，就可以利用比例套利作为短期投资策略。但是，交易者必须牢记未受保护的卖出期权存在着极大的风险。对有经验的期权交易者来说，比例套利是一项灵活的期权交易策略。

第 16 章　有保护的组合——做多与做空

16.1　引言

本引言的一个主题是“期权给了投资者或者交易者更多的选择”。另一种说法就是当市场看起来无事可做时，期权可以让你有事可做。简而言之，有保护的组合策略（covered combos）适合于中性市场，也就是在股票投资者或者交易者倾向于对市场采取观望态度时使用。本章将介绍有保护组合策略的运作过程、投资者或交易者该如何运用此策略、资金管理的不同方式以及随着到期日的临近可选择的处理方式。本章还会介绍有保护组合策略的一个变体——有保护跨式（covered straddle）。

16.2　一个三部分策略

有保护组合包栝买入股票、卖出价外看涨期权以及卖出具有相同到期日的价外看跌期权。有保护组合名称的出处不详。有时，买入（或者卖出）具有相同到期日，但执行价格不同。1 张看涨期权合约与 1 张看跌期权合约的策略被称为勒式组合（strangle），本书第 14 章已做过介绍。有保护跨式组合，包括卖出具有相同到期日且执行价格相同的的 1 张看涨期权与 1 张看跌期权。

同时卖出 1 张看涨期权与 1 张看跌期权意味着投资者要承担两个义务：卖出持有的股票的义务（如果看涨期权被指派行权）与买入更多股票的义务（如果看跌期权被指派行权）。尽管本章中的案例都不包括交易成本，但这种操作策略却比典型的买入持有策略要支付更多的交易成本。交易成本和保证金要求会极大地影响这种策略的可用性，因此实盘操作中，应该把交易成本因素考虑进去。

● 未必需要“加保护”

在这个交易策略中，由于看涨期权是根据所持股票的数量一对一卖出的，因此看涨期权空头是有保护的。然而，看跌期权是没有保护的，除非投资者有足够的现金或其他流动性资产可以用来履行买入股票的义务。如果投资者是动用保证金贷款（margin loan）买入股票，或者投资者即使在动用保证金贷款的情况下也没有足够的资金买入股票，那么其看跌期权空头就是没有加保护的。

16.3 盈亏情况

表16-1和图16-1所示的案例中，假设现金（权益资本）为10000美元，利率为4%（年利率），距到期日还有90天，股票价格为52美元，执行价格为55美元的看涨期权的价格为2美元，执行价格为50美元的看跌期权的价格为2美元。为了建立一个有保护组合，投资者先以52美元的价格买入100股股票（共花费5200美元），再以2美元的价格卖出一张90天到期、执行价格为55美元的看涨期权（可得200美元），同时以2美元的价格卖出一张90天到期、执行价格为50美元的看跌期权（可得200美元），再将5000美元现金以4%的年利率投资90天（利息为50美元）。为了简便起见，忽略期权费的利息收入。

表16-1 有保护组合的盈亏情况估算表

以52美元的价格买入股票，以2美元的价格卖出一张90天到期、执行价格为55美元的看涨期权，同时以2美元的价格卖出一张90天到期、执行价格为50美元的看跌期权。

到期日股票价格	100股股票头寸盈（亏）	卖出执行价格为55美元的看涨期权盈（亏）	卖出执行价格为50美元的看涨期权盈（亏）	5000美元以4%的利率投资90天（利息为50美元）	组合盈（亏）
60	+800	(300)	+200	+50	+750
55	+300	+200	+200	+50	+750
54	+200	+200	+200	+50	+650
53	+100	+200	+200	+50	+550
52	0	+200	+200	+50	+450
51	(100)	+200	+200	+50	+350

续表

到期日股票价格	100股股票头寸盈（亏）	卖出执行价格为55美元的看涨期权盈（亏）	卖出执行价格为50美元的看涨期权盈（亏）	5000美元以4%的利率投资90天（利息为50美元）	组合盈（亏）
50	(200)	+200	+200	+50	+250
49	(300)	+200	+200	+50	+50
48	(400)	+200	0	+50	(150)
47	(500)	+200	(100)	+50	(350)
46	(600)	+200	(200)	+50	(550)
45	(700)	+200	(300)	+50	(750)
40	(1200)	+200	(800)	+50	(1750)

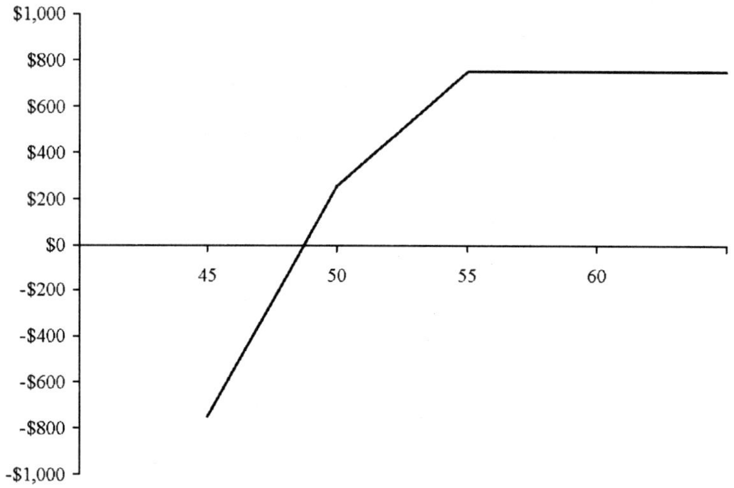

本金：	$10000
买入100股股票	$52.00
卖出1张执行价格为55美元的看涨期权	$2.00
卖出1张执行价格为50美元的看跌期权	$2.00
5000美元以4%的利率投资90天	

图 16-1　有保护组合

在使用这个交易策略之前，必须完全弄懂其运作机制。只有这样，投资者才有可能判断这个策略是否满足自己的需要。下面我们重新仔细研究组合的运作机制，首先是选择一个到期日股票价格，然后再解释每个构成部分会发生什么变化。

16.3.1 期权到期时股价处于50～55美元之间

如果期权到期时，股票价格等于某一执行价格或者是处于两个执行价格之间，则两个期权合约都到期失效，仍然保持股票头寸。收益等于股票价格的变化加上4美元期权费收入再加上现金投资的利息收入。比如，如果股票价格为54美元，则组合收益就是6.50美元，等于股票价格的变化2美元（54-52）加上4美元的期权费收入及利息收入0.50美元。如果股票价格下跌到51美元，则仍旧有3.50美元的净利润，这等于4美元的期权费收入减去股票每股1美元的损失再加上利息收入0.50美元。如表16-2A所示，最后的持仓情况是100股股票加上5450美元的现金。

16.3.2 期权到期时股票价格高于55美元

如果期权到期时，股票价格高于看涨期权的执行价格，则卖出的看跌期权到期失效，卖出的看涨期权被指派行权。在本例中，看涨期权被指派行权的结果是所持有的股票以55美元的价格卖出，可得现金5500美元。期权费所得400美元作为收益保留。该策略的最后一个部分，5000美元的现金赚取了50美元的利息。如表16-2B所示，最后的持仓情况是10950美元现金，其中950美元是未扣除手续费之前的收益。

如表16-2B所示，期权到期时，股票的价格无论是多少，只要高于看涨期权执行价格，所有的收益都是一样的。卖出的看跌期权到期失效，而卖出的看涨期权被指派行权，股票被卖出，最后的持仓是现金。假定这种情况发生，所有的资产都变成了现金，投资者面临的决策是下一步投资什么的问题。不管投资者如何决策，当90天的投资期刚刚结束，便取得了较好的利润。

16.3.3 期权到期时股票价格低于50美元

期权到期时，如果股票价格低于看跌期权的执行价格，则卖出的看涨期权到期失效，而卖出的看跌期权被指派行权。看跌期权被指派行权的结果是以每股50

美元的价格买入100股股票，总的持仓就增加到200股股票。购买股票的资金来自于到期的现金投资。最后的持仓是200股股票以及450美元现金，其中400美元是期权费收入，50美元是利息所得。这笔交易可能是盈利的，也可能是亏损的，主要是根据当时的股票价格而定。

如果期权到期时，股票的价格是49美元，则有保护组合恰好处于盈亏平衡点，不包括50美元的利息收入。100股股票是以每股52美元的价格买入的，另外100股股票是以46美元的有效价格（50美元减去期权费）买入的，平均价格是49美元。如表16-2C所示，最后的持仓为200股股票加上450美元的现金。

16.3.4 与有保护卖出期权的相似之处

有经验的期权投资者可能注意到图16-1与描述有保护看涨期权的图6-1存在相似之处。这些相似之处是第8章讨论的买卖权平价（put-call parity）理论的又一体现。下面的案例说明有保护组合是如何帮助投资者或交易者实现目的的，并不是将焦点集中于解释买卖权平价上。投资目的取决于投资者最初的持仓和市场预测。

除非已经完全熟悉了有保护组合策略的运作机制，否则不要继续下面的案例研究。如果感到混淆，可在确定最后持仓之前简单分析一下每个组成部分。

表16-2 买入股票、卖出期权组合的结果分析

16-2A——期权到期时股票价格介于两个执行价格之间	
看涨期权到期失效、看跌期权到期失效	
股票头寸维持不动（100股）	
总盈（亏）=股票盈（亏）+期权费+利息	
持仓：100股股票多头	
期权费	400美元
货币市场余额	5000美元
所得利息	50美元
	5450美元+100股股票

续表

16－2B——期权到期时股票价格高于看涨期权的执行价格	
看涨期权到期被指派行权、看跌期权到期失效	
卖出股票（100 股）	
总盈（亏）＝看涨期权执行价格－买入价格＋期权费＋利息	
持仓：卖出股票所得现金	5500 美元
期权费	400 美元
货币市场余额	5000 美元
所得利息	50 美元
	10950 美元
16－2C——期权到期时股票价格低于看跌期权的执行价格	
看涨期权到期失效、看跌期权被指派行权	
买入股票（100 股）	
总盈（亏）＝（现在价格－买入价格）＋（现在价格－（执行价格－期权费））＋利息	
持仓：200 股股票多头	
期权费	400 美元
货币市场余额	0 美元
所得利息	50 美元
	450 美元＋200 股股票

16.4　案例 1：以收益为导向的股票投资者

有一个投资者叫约翰，他不是每天都关注股票市场的行情，偏好投资安全的的、支付较高股利的蓝筹股。约翰的主要目的是增加投资组合的收益。他不利用保证金贷款买入股票，但也不是一个买入持有型的投资者。当投资有收益时，他喜欢及时获利了结。现在，约翰手头有 14000 美元现金，想买入 Basic 公司股票，该股当前价格为 68 美元。而其 90 天到期、执行价格为 70 美元的看涨期权的交易价格为 4 美元，另外 90 到期、执行价格为 65 美元的看跌期权的交易价格为 3 美元。约翰预计市场中性，Basic 股票在未来 90 内的价格会在 68 美元附近波动。他所纠结的是现在就买入 200 股股票，还是现在只买入 100 股股票，而等以后以更低的价格买入另外 100 股股票。当然，如果在 90 天之内能以 77 美元的价格卖出股票，实现每股 9 美元的盈利，约翰也会感到很高兴。

根据约翰对市场的预测，以及他愿意在 68 美元附近承担 200 股股票的风险的情况，“买入股票、卖出组合”策略可以帮助约翰得到最好的结果。该策略下约翰可以这样操作：以 68 美元的价格买入 100 股股票，同时各卖出一份执行价格为 70 美元的看涨期权以及执行价格为 65 美元的看跌期权。剩余的 7200 美元留在存款账户中赚取利息。下面分三种情况讨论，以分析该策略是如何帮助约翰实现其目标，即看到期日 Basic 股票价格高于 70 美元，低于 65 美元以及在 65～70 美元之间时会发生什么情况。

16.4.1 期权到期时 Basic 股票价格高于 70 美元

如果期权到期时，Basic 股票的价格超过 70 美元，则执行价格为 65 美元的看跌期权到期失效，而执行价格为 70 美元的看涨期权被指派行权，持有的股票以 77 美元的有效价格卖出，不包含佣金与货币市场账户中的所得利息。计算如下：看涨期权被指派行权要求约翰以每股 70 美元的价格卖出股票，但他保留了看涨期权期权费与看跌期权期权费，因此有 70＋4＋3＝77（美元）。这是约翰的最初目标。他希望卖出初始的 100 股，实现每股 9 美元的盈利。

16.4.2 期权到期时 Basic 股票价格低于 65 美元

如果期权到期时，Basic 股票的价格低于 65 美元，则执行价格为 70 美元的看涨期权到期失效，而执行价格为 65 美元的看跌期权被指派行权，以 58 美元的有效价格（不包括佣金与利息）买入另外 100 股股票。计算如下：看跌期权被指派行权要求约翰以每股 65 美元的价格买入 100 股股票，但他保留了看涨期权期权费和看跌期权期权费，因此有 65－4－3＝58（美元）。这也是约翰初始计划的一部分，即买入 100 股股票之后，能够以更低的价格买入另外 100 股股票。

16.4.3 期权到期时 Basic 股票价格位于 65～70 美元之间

如果期权到期时，Basic 股票的价格介于 65～70 美元之间，此时可以认定执行价格为 70 美元的看涨期权与执行价格为 65 美元的看跌期权都会自动到期失效，而卖出两个期权的期权费得以留作收益。这也符合约翰最初想提高收益的目标。如果发生这第三种情况，约翰的持仓情况就是 100 股股票加上 7700 美元现金再加上货币市场账户中的利息。他现在可以选择再买入另外 100 股股票、卖出另外一个组合或者使用其他交易策略。

期权到期时，不管股票的价格是高于、低于，还是等于70美元，约翰都能够实现最初的目标：增加收入，在90天内实现每股9美元的盈利或以低于68美元的价格买入另外100股股票。

16.5 常见的质疑

以上操作听起来不错，但投资者在第一次接触这种策略时，通常都会有几个这样的疑问。首先，有人会问："如果股票的价格上涨到80美元或90美元甚至更高怎么办？"其次，"如果股票的价格跌到60美元或50美元甚至更低怎么办？"最后，"90天内每股9美元的收益听起来很吸引人，但我怎样才能知道我今年可以再赚取三倍？"下面我们依次讨论这些问题。

16.5.1 股价"大幅"上涨

诚然，与所有包含有保护看涨期权在内的其他策略一样，在上涨的市场中该策略也限制了投资者的盈利潜力。但应记住，约翰的市场预测与投资目标都非常明确，此外，谁应该对错过的市场机会负责呢？是错误的市场预测还是期权策略？如果约翰预测到股票价格会大幅上涨，他会毫不迟疑地选择一开始就买入200股股票而不是100股股票。因此，是不准确的市场预测而不是期权策略应该对错失市场机会负责。

16.5.2 股价"大幅"下跌

类似的答案可以回答关于股价大幅下跌的质疑。如果约翰预测Basic股票价格会急剧下跌，毫无疑问他就不会选择中性看多的市场策略。同样，任何损失都应该归因于不准确的股票选择或市场预测，而不是期权交易策略。

16.5.3 重复实现盈利

虽然不能保证新的90天到期的期权合约的价格与本例中约翰所卖的期权合约价格相同，但对重复获利可能性的关注误解了重要一点。计算盈亏仅是主观投资决策过程中的一个因素，而且不应该过分关注这点。请记住，潜在的收益总是与持有股票的风险相伴的。就约翰而言，他就要承担拥有200股股票的风险。

16.6 平衡好交易策略的利弊

投资决策中最重要的一个方面就是进行市场预测。买入 Basic 股票并卖出执行价格 65～70 美元的期权组合策略与约翰的市场预期相符，但只有约翰自己才知道他对预测有多大信心。关于错失潜在的盈利机会以及股票价格大跌的质疑应归因于市场预测。

有经验的买入持有型股票投资者如果要成功地投资期权，必须让他们的操作风格逐步适应两步思维。发起期权交易意味着在期权到期日时面临不同选择，而这取决于股价的变动情况。期权使用者必须考虑到所有可能的结果并制定相应应对措施。

16.7 案例 2：已有一定获利但难以决断的投资者

拉莫纳是一个投资者，她正面临一个难以决断的“好事”。不久之前，她以每股 20 美元的价格买入了 200 股 Rising Star 股票，现在该股的价格是 44 美元。拉莫纳继续看好该股，希望在 44 美元以上再卖出股票，但直觉告诉她这只股票在再次上涨之前可能会有所下跌。因此，她现在考虑要先将部分收益获利了结。拉莫纳有两种选择：①继续持有，以后再卖出全部 200 股股票；②现在只卖出 100 股，以后再卖出另外 100 股股票。拉莫纳还可以考虑第三种选择，即“买入股票卖出期权组合”的一个变异策略。

在案例 1 中，约翰初始资金是 14000 美元。他最初的交易是以 68 美元的价格买入 100 股股票，同时卖出还有 90 天到期、执行价格分别为 65 美元和 70 美元的期权组合。交易之后，约翰的头寸变为 100 股股票多头，执行价格为 70 美元的看涨期权空头，执行价格为 65 美元的看跌期权空头，以及存款 7200 美元。拉莫纳也可以建立类似头寸，方法就是现在卖出 100 股股票，同时卖出 90 天到期、执行价格为 40～45 美元的期权组合。

我们来看看这个交易策略能否达成拉莫纳的目标：①考虑拉莫纳持有股票的情形；②考虑现在卖出 100 股股票并且以后再卖出另外 100 股股票的含义；③考察运用期权交易策略背景下当 Rising Star 股票的价格在期权到期日分别高于 45 美元、低于 40 美元以及介于 40～45 美元之间将会发生的情形。

如果拉莫纳选择持有股票，那她的决策就是延期卖出股票；最终的卖出价格将取决于 Rising Star 股票的未来市场表现。不可能预先知道持有股票的最终结果会是怎样，但从下文可以看出，期权策略可以提供一个比较基础。

第二种选择的结果，即现在卖出 100 股股票并且以后再卖出另外 100 股股票，同样依赖于股票的未来价格走势。现在持有并等待以后卖出全部股票与现在卖出 100 股股票且以后再卖出另 100 股股票的区别，是要求股票价格达到平均卖出价格水平。比如，拉莫纳现在以 44 美元的价格卖出 100 股股票，并且等股价上涨 4 美元之后以 48 美元卖出另 100 股股票，则平均卖出价格 46 美元就等于现在持有并且等到股价上涨 2 美元后，以 46 美元的价格卖出全部 200 股股票。

如果股票价格下降，上述全部持有或者卖出一半策略也会存在差别。现在持有并以 41 美元的价格卖出全部 200 股股票等于现在以 44 美元的价格卖出 100 股股票且以后，以 38 美元的价格卖出另外 100 股股票。不可能事先知道哪一个策略更好，但我们可以想象出各种情景。如果 Rising Star 股票价格持续上涨，那么以后再卖出 200 股股票的策略最好。然而，如果股价先下跌到 41 美元然后又创出新高，那么现在只卖出 100 股股票并且在 38 美元为另外 100 股股票设置一个止损订单的策略，就比在 41 美元为全部 200 股股票下个止损订单要好。

现在以 44 美元卖出 100 股股票，同时卖出 1 张还有 90 天到期、执行价格为 45 美元的看涨期权及 1 张 90 天到期、执行价格为 40 美元的看跌期权的交易策略并不仅仅是可选的第三种策略。该策略提供了做出进一步抉择的相关信息。期权空头组合确立了两个价格：一是卖出另外 100 股股票的价格，二是重新买回现在卖出的 100 股股票的价格。在拉莫纳的例子中，我们假定 90 天到期、执行价格为 45 美元的看涨期权的价格为 2 美元，而 90 天到期、执行价格为 40 美元的看跌期权的价格为 1.50 美元。

期权到期时，如果 Rising Star 股票的价格高于 45 美元，则看涨期权空头会被指派行权，从而以 48.50 美元的有效价格卖出另外 100 股股票，此有效价格等于执行价格 45 美元加上看涨期权的期权费 2 美元以及看跌期权的期权费 1.50 美元。在此情形下，所有 200 股股票的平均卖出价格为 46.25 美元（100 股以 44 美元卖出，另 100 股以 48.50 美元卖出）。

期权到期时，如果 Rising Star 股票的价格低于 40 美元，则看跌期权空头会被指派行权，从而以 36.50 美元的有效价格买入 100 股股票，此有效价格等于执行价格 40 美元减去看涨期权的期权费 2 美元以及看跌期权的期权费 1.50 美元。

初始的200股股票头寸得以恢复，但拉莫纳将是以36.50美元的价格买回100股股票的，此价格比当前股价44美元要低7.50美元。买回100股股票每股“节省”7.50美元意味着全部200股股票的持有成本每股降低了3.75美元。

现在以44美元卖出100股股票并同时卖出还有90天到期、执行价格为40～45美元的期权组合策略，为拉莫纳提供了另一个选择。如果看涨期权空头被指派行权，则拉莫纳将会以46.25美元的平均价格卖出200股股票。如果到期时两个期权都自动失效，那么拉莫纳将会获得350美元的额外收益。如果看跌期权空被指派行权，则其100股股票每股有7美元的收益，或者说全部200股股票每股可以获得3.75美元的收益。

在哪种情形下有保护组合的表现最好呢？如果股票价格低于46.25美元，那么期权策略会增加收益。如果股票交易价格高于46.25美元，且拉莫纳能够用最优交易决策，那么其他策略都会产生更好结果。不过，在对这种期权交易策略比较了解的情况下，拉莫纳就有了一个参照，即把46.25美元这个股票价格作为她在不同交易策略之间进行选择时主观决策过程的一个重要参考。

16.8 案例3：利用有保护跨式创建一个交易范围

弗洛伊德是一个激进型的交易者，每天都关注股票市场，并且频繁地利用保证金交易。弗洛伊德密切追踪的其中一只股票是Fluctuation公司股票，在过去的12个月中，弗洛伊德持有的Flucluation股票的头寸最少时为零股，最多时达到600股。弗洛伊德一直在对该股进行波段区间操作，大约在55美元时买入Fluctuation股票，大约在65美元附近卖出。该股现在的价格为60美元，弗洛伊德持有300股股票多头。他持有的头寸没有保证金借款，而且货币市场账户也没有多余的资金了。弗洛伊德现在对市场的看法是中性偏看多。卖出3份Flucluation股票执行价格为60美元的跨式组合将对弗洛伊德的激进型交易策略有所帮助。

当前情况是，弗洛伊德持有300股股票，股票现价为60美元，30天到期、执行价格为60美元的看涨期权的价格为2.50美元，30天到期、执行价格为60美元的看跌期权的价格为2美元，基于此，弗洛伊德有三种选择方案：①他可以等待股价上涨，然后再卖出持有的股票；②他可以等待股价回落，然后用保证金贷款再买入300股股票；③他可以卖出3份30天到期的跨式组合，这样也可以达到同样的效果，即使股价没有多大变动。

以2.50美元的价格卖出3张执行价格为60美元的看涨期权，弗洛伊德所要承担的义务是以62.50美元的有效价格卖出他所持有的300股股票。而以2美元的价格卖出3张执行价格为60美元的看跌期权，他所要承担的义务是以58美元的价格再买入300股股票。

不过，卖出3份跨式组合，能从两个期权中都收到期权费，这样卖出股票的有效价格上升到62.50美元，而买入股票的有效价格就下降到55.50美元。如果期权到期时Fluctuation股票的价格高于60美元，则执行价格为60美元的看跌期权到期失效，而执行价格为60美元的看涨期权会被指派行权，弗洛伊德所持有的股票将以64.50美元的有效价格卖出（60美元的执行价格加上看涨期权的期权费与看跌期权的期权费）。弗洛伊德的持仓情况将变为没有股票，全为现金。如果期权到期时Fluctuation股票的价格低于60美元，则看涨期权到期失效，而看跌期权会被指派行权，弗洛伊德将以55.50美元的有效价格买入300股股票（60美元的执行价格减去看涨期权与看跌期权的期权费）。弗洛伊德将持有600股股票并欠下18000美元的保证金贷款。

如果期权到期时Fluctuation股票的价格恰好为60美元，那么可以认为看涨期权空头合约与看跌期权空头合约都将到期失效，因此弗洛伊德可以将450美元的期权费收入留作利润（需扣除佣金）。如果股票价格向下，则风险是他持有600股股票而股价可能急剧下跌。如果股票价格向上，比如超过64.50美元，则存在一个“机会风险”。在这种情况下，卖出跨式组合的效果就不如简单地持有300股股票头寸而不做跨式组合交易的效果好。

卖出跨式组合的效果是否要比简单持有股票更好，这依赖于Fluctuation股票的价格变动情况以及弗洛伊德的交易决策。虽然卖出跨式组合确立的买入价格与卖出价格可以满足弗洛伊德最初的目标，但不可能预先知道这种策略是否就比其他的选择效果更好。

16.9 使用杠杆

弗洛伊德对杠杆的使用改变了有保护跨式组合的风险百分比。当他持有300股股票时卖出3份跨式组合，因其并无现金在看跌期权空头被指派行权的情况下买入股票，所以弗洛伊德的风险就是在盈亏平衡点之下股价每下跌1美元，他就要亏损2美元。图16-2显示了弗洛伊德的头寸盈亏情况，表16-3给出了相应的盈亏计算。

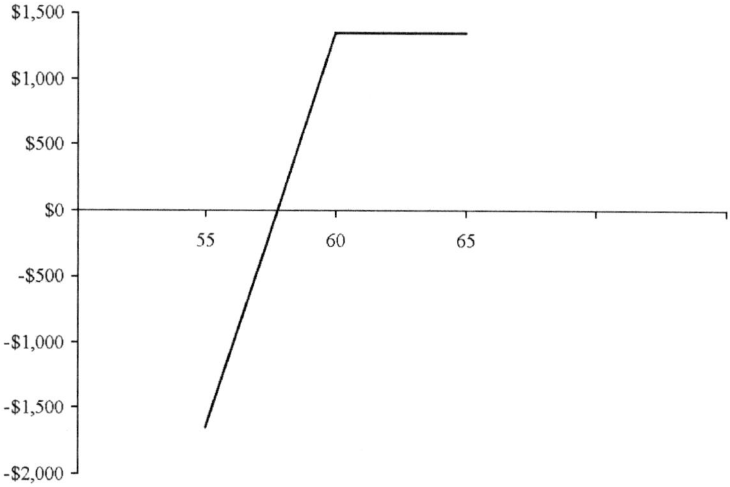

资本金：	$18000
持有300股股票	$60.00/股
卖出3张执行价格为60美元的看涨期权	$2.50/股
卖出3张执行价格为60美元的看跌期权	$2.00/股

图 16－2　弗洛伊德的头寸：买入股票、卖出跨式组合

图 16－1 和图 16－2 的区别在于潜在的收益与曲线的斜率不同。这就是杠杆的特点：高风险、高收益。

表 16－3　弗洛伊德买入股票、卖出跨式组合的盈亏情况

到期时股票价格	300 股股票多头（60 美元）盈（亏）	卖出 3 张 60 美元（2.50 美元）看涨期权盈（亏）	卖出 3 张 60 美元（2 美元）看跌期权盈（亏）	总盈（亏）
64	＋1200	(450)	＋600	＋1350
63	＋900	(150)	＋600	＋1350
62	＋600	＋150	＋600	＋1350
61	＋300	＋450	＋600	＋1350

续表

到期时股票价格	300 股股票多头（60 美元）盈（亏）	卖出 3 张 60 美元（2.50 美元）看涨期权盈（亏）	卖出 3 张 60 美元（2 美元）看跌期权盈（亏）	总盈（亏）
60	0	+750	+600	+1350
59	(300)	+750	+300	+750
58	(600)	+750	0	+150
57	(900)	+750	(300)	(450)
56	(1200)	+750	(600)	(1050)
55	(1500)	+750	(+900)	(+1650)
54	(1800)	+750	(+1200)	(+2250)

16.9.1 到期结果分析

期权到期时，只要股票价格高于 60 美元，则看跌期权空头到期失效，而看涨期权空被指派行权，弗洛伊德持有的 300 股股票被卖出。最终的头寸为持有现金 19350 美元，其中 18000 美元来自以 60 美元的价格卖出 300 股股票的收入，再加上以 2.50 美元的价格卖出 3 张看涨期权的期权费收入 750 美元和以 2 美元的价格卖出 3 张看跌期权的期权费收入 600 美元。为了简单起见，计算时没有考虑交易成本。

期权到期时，如果股票价格低于 60 美元，则看涨期权空头到期失效，而看跌期权空头被指派行权，弗洛伊德需以 60 美元的价格买入 300 股股票。由于弗洛伊德没有额外的现金，所以买入 300 股股票的资金需要使用保证金贷款支付。比如，如果到期时股票价格为 55 美元，则账户权益为 16350 美元。这是用初始投资股票的 18000 美元，加上收到的期权费 1350 美元，减去股票的损失 3000 美元（以 60 美元的价格买入的 600 股股票，现在的价格为 55 美元）。

期权到期时的盈亏平衡股价为 57.75 美元，不包括佣金。因为 300 股股票是以每股 60 美元的价格买入的，而另外 300 股股票是以 55.50 美元的有效价格买入的。

期权到期时，如果股票的价格低于 60 美元，则看跌期权空头被指派行权，结果持仓情况是拥有 600 股股票多头，同时欠 16650 美元的保证金贷款，贷款金额等于以 60 美元的价格买入 300 股股票的成本 18000 美元减去期权费收入 1350 美元。最大理论损失为 34650 美元，即以 60 美元每股的价格买入 600 股股票的成本减去 1350 美元的期权费收入。盈利潜力的增加及潜在损失的扩大都可归因于看跌期权空头。而这正是杠杆的双刃剑作用。

16.9.2 风险评估

关于弗洛伊德的风险可以得出两点结论：①使用杠杆等于以保证金购买股票，即以一个单位的资本买入两个单位的股票。然而，此例中的盈亏平衡股价为 57.75 美元，低于用保证金以 60 美元的价格买入股票的盈亏平衡股价。②57..75 美元的盈亏平衡价格略高于有保护卖出看涨期权组合的盈亏平衡价格 56.50 美元（以 60 美元每股的价格买入股票、以 3.50 美元的价格卖出执行价格为 60 美元的看涨期权）。因此，该策略的风险介于有保护卖出看涨期权的风险与以保证金买入股票的风险之间。

16.10 使用买入股票、卖出跨式的杠杆形式

杠杆的存在可以使任何策略成为一项激进型交易策略，但这仅适合于有保证金交易经验的的交易者。此外，因为买入股票并且卖出一个组合（或者跨式）限制了盈利潜力，因此它是一个收益性策略。最后，如果期权到期时股票价格高于看涨期权的执行价格或低于看跌期权的执行价格，则看涨期权空头或看跌期权空头会被指派行权。因此，这个策略可能包含着几个交易及相关成本。

一个典型的情形就是买入股票并卖出期权，然后通过期权的行权指派卖出或买入股票，再然后卖出股票或卖出更多的期权。因此，这个策略的杠杆形式仅适合这类交易者：他们密切关注市场、积极管理头寸并且股票和期权的交易量足够他们获得佣金折扣。

需要额外注意的一点是：具有利用保证金买入股票、短期交易经验的激进型交易者的一个特征是能够果断地止损。使用杠杆会使损失急剧增加，唯一的补救措施就是迅速采取行动，也就是卖出股票，或至少是买入防御性看跌期权用来限制损失的扩大。

16.10.1 基于中性看空预测的交易

劳拉是一个激进型交易者，拥有资本 30000 美元，她在市场中既做多也做空。劳拉也利用保证金交易，给自己的交易资本加上杠杆。现在劳拉预测市场上大部分股票都只会在一定区间内震荡，但她认为 Dropco 股票的价格下跌的可能性要大于上涨的可能性，该股当前价格为 75 美元。因此，劳拉决定使用前面提过的有保护组合策略的一种中性看空变体策略。

劳拉交易策略的第一步是以 Dropco 股票的当前价格 75 美元卖出 400 股股票空头。第二步是卖出执行价格为 70～80 美元的期权组合，其中包括以 2.50 美元的价格卖出 4 张执行价格为 70 美元的看跌期权以及以 3 美元的价格卖出 4 张执行价格为 80 美元的看涨期权。图 16－3 描绘了劳拉的头寸盈亏情况，表 16－4 则给出了相应的盈亏计算。

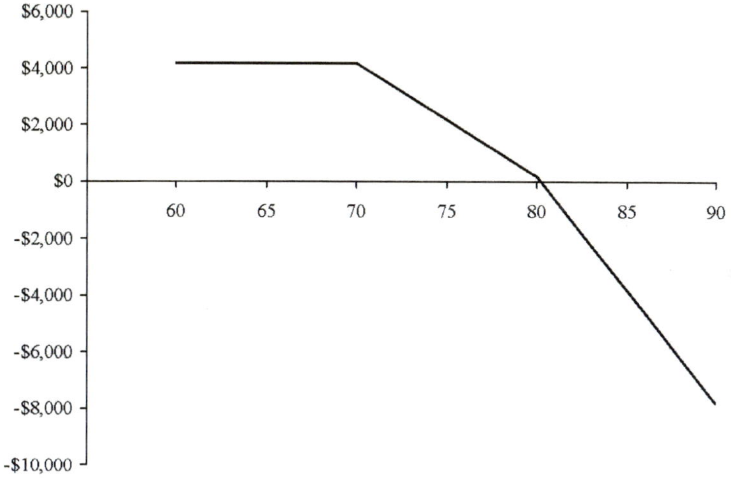

资本金：	$30000
卖出400股股票空头	$75.00/股
卖出4张执行价格为80美元的看涨期权	$3.00/股
卖出4张执行价格为70美元的看跌期权	$2.50/股

图 16－3 劳拉的头寸：卖出股票、卖出期权组合

16.10.2 可能的结果

如果与劳拉的预测相反，Dropco 股票价格上涨了，则期权到期时的盈亏平衡股价为 80.25 美元，不包括佣金。如表 16－4 中第三行所示，该价格是卖空 800 股股票的平均价格，也是看涨期权被指派行权的有效交易价格，其中以每股 75 美元的价格卖空 400 股股票，再以每股 85.50 美元的价格卖空另外 400 股股票。期权到期时，如果股票价格高于 80 美元，则看跌期权空头到期失效，而看涨期权空头被指派行权。看涨期权被指派行权的结果是 400 股股票被空。劳拉总共将会持有 800 股股票空头。

表 16－4 劳拉卖出股票、卖出期权组合的盈亏情况

到期时股票价格	400 股股票空头（75 美元）盈（亏）	卖出 4 张 80 美元（3 美元）看涨期权盈（亏）	卖出 4 张 70 美元（2.50 美元）看跌期权盈（亏）	总盈（亏）
90	(6000)	(2800)	＋1000	(7800)
85	(4000)	(800)	＋1000	(3800)
80.25	(2100)	＋1100	＋1000	0
80	(2000)	＋1200	＋1000	＋200
75	0	＋1200	＋1000	＋2200
70	＋2000	＋1200	＋1000	＋4200
65	＋4000	＋1200	(1000)	＋4
60	＋6000	＋1200	(3000)	＋4

16.10.3 劳拉面临被追缴保证金的风险

如果股票 Dropco 的价格高于 80 美元，则劳拉面临的风险是卖空的 800 股股票的损失无限大。事实上，如果股票的价格高于 80 美元，则劳拉的经纪人必然要求她追加保证金，因为她账户中 30000 美元的股本金不足以支撑每股 80 美元的 800 股股票的空头头寸。通常情况下，股票的保证金要求是市场价值的 50%，但有些经纪人的要求可能更高。劳拉每股 80 美元 800 股股票的市场价值为 64000 美

元，50%的市场价值就是 32000 美元。如果劳拉收到追加保证金通知，那么她既可以增加现金投入也可以平掉部分或者全部头寸。以高于 80 美元的价格平仓很可能造成损失，这种可能性是劳拉在采用这个策略之前必须想到的。她也必须决定自己准备承受这种风险。

如果期权到期时股票价格低于 70 美元，则看涨期权空头到期失效，而看跌期权空头被指派行权。结果是以每股 70 美元的价格买入 400 股股票。买入的股票将会对冲掉劳拉的股票空头头寸，使她除了现金之外再无其他头寸，并且可以获得不错的利润。比如，如果到期时股票价格是 66 美元，账户中的资本将达到 34200 美元。计算如下：初始资本 30000 美元，加上股票盈利 2000 美元（400 股股票每股盈利 5 美元），再加上期权费收入 2200 美元。

16.10.4 劳拉对风险的态度

由于卖空股票与杠杆的存在，使得卖空股票与卖空组合的交易策略仅适合激进型的交易者，因为他们得到了经纪公司的特别许可。此外，这个策略可能包含着多个交易及相关的费用，因此这个策略仅适合密切关注市场、积极管理头寸并且股票和期权的交易量足够他们获得佣金折扣的交易者。

16.11 本章小结

有保护组合与有保护跨式的基本形式包括以一半的资金买入股票，同时卖出 1 张看涨期权与 1 张看跌期权。剩余的资金放在账户中赚取利息，或者是当卖出的看跌期权被指派行权时购买股票。这是一个收益导向型的交易策略，适合对市场的预测为中性，并且希望在预测范围的低位买入、高位卖出的股票投资者或交易者。卖出期权产生的有效买入与卖出价格可以用来作为主观决策的参考价格。如果手中没有足够的现金购买股票，则卖出看跌期权的义务不能受到真正的保护。

有保护组合与有保护跨式策略含包括杠杆与卖空股票在内的变化策略，这些变化包括利用所有的现金买入（或卖空）股票，同时卖出组合或跨式。如果期权被指派行权，新的股票头寸会要求利用保证金或保证金贷款。利用杠杆可以改变盈亏平衡价格，会增加风险百分比。它也增加了追加保证金或被迫强制平仓的风险。因此，包含杠杆的变化仅适合于得到经纪人许可的有经验的交易者。

第 17 章　现金结算指数期权与 ETF 期权

17.1　引言

20 世纪 90 年代，金融产品创新的一个重要趋势是向指数化发展。通过开发出与不同市场指数相联系的投资工具，很多财务经理的市场目标从“击败市场”转变为“匹配市场”。尽管第一只指数化产品在 20 世纪 80 年代甚至更早就被创设出来了，如先锋标准普尔 500 指数基金、基于价值线指数的堪萨斯城交易所期货合约、基于 S&P 500 指数的芝加哥商品交易所期货合约、基于 OEX 指数的芝加哥期权交易所现金结算期权等，但是直到 20 世纪 90 年代，新的指数化产品才大规模推出。交易所交易基金（ETFs）自 20 世纪 90 年代中问世后，交易量急剧增加。

本章不是关于现金结算指数期权与 ETF 期权的权威性论文，而是在前面已经介绍的股票期权的基础上，介绍这些期权独特的方面，为短线交易者提供几点建议。首先介绍现金结算的指数期权，然后讨论 ETF 期权。在每一部分，首先讨论普通的股票期权与基于指数系列产品期权合约设定的主要区别；其次，讨论它们与普通股票期权在理论定价方面的某些差异；最后，讨论短线交易者在实际运用基于指数系列产品期权时经常遇到的某些复杂问题。

17.2　现金结算指数期权基础知识

指数期权的理论比较简单：投资者和交易者可以只关注整个市场而不是个股。理论上讲，指数期权的运作机理与普通股票期权相同，所以指数期权的交易方式理论上也与普通股票期权相同。当然，实际操作过程与理论分析还是有点儿差异的。

现金结算指数期权的设计易于理解也易于交易。价格报价与普通股票期权相同：以美元报价，高于 3 美元以 10 美分为最小报价单位，低于 3 美元以 5 美分为最小报价单位。每份指数期权合约的实际价格等于 100 美元乘以报价价格，就像股票期权的价格一样。因此，成交价格为 4.50 美元的 OEX600 看涨期权合约的价格就是 450 美元，不包括交易成本。执行价格间距因期权合约不同而不同，因为标的指数水平从 40～2000 美元不等。比如，流行的 OEX 指数期权的执行价格间距是 5 个点（600，605，610 等），然而其他指数期权的执行价格间距可能是 10 个点或者 25 个点。

小贴士 指数期权：期权价格等于 100 美元乘以报价价格（与普通股票期权相同）。

现金结算指数期权的标的资产价值等于指数水平乘以 100 美元。比如，如果黛比持有 QRS 股票期权，而 QRS 股票每股交易价格为 63 美元，则期权的标的资产价值是 6300 美元。类似地，如果黛比持有 OEX 指数期权，而 OEX 指数现在为 621.50 点，则期权的标的资产价值等于 62150 美元，即 100 美元乘以 621.50。随着指数的涨跌，标的资产价值也相应增加或减少。

17.2.1 市场也有宽基指数期权与行业指数期权

指数期权的普及导致越来越多的指数期权的产生，如宽基指数期权与行业指数期权。宽基指数是为整个市场的决策而设计的，而行业指数或称窄基指数是为特定行业而设计的。后面会解释，宽基指数期权有特殊的税收安排。

典型的宽基指数期权有 DJX 期权，标的是道琼斯工业平均指数；SPX 或标准普尔 500 指数期权；以及 RUT，罗素 2000 指数期权。部分行业指数期权有 OIX，或 CBOE 原油指数期权；MVB，摩根斯坦利生物技术指数期权。

17.2.2 现金结算指数期权与股指期货期权

投资者不要将本章所讨论的现金结算指数期权合约与 CME（芝加哥商品交

易）、CBOT（芝加哥期货交易所）或者堪萨斯城期货交易所交易的期货合约及期货期权合约搞混淆。现金结算指数期权只能通过获得美国证券交易委员会（SEC）许可的经纪人交易，这些经纪人也可以从事股票交易业务。而期货合约与期货期权仅能通过获得美国商品期货交易委员会（CFTC）许可的期货经纪人交易。

小贴士 现金结算指数期权在 SEC 监管的期权交易所交易。

小贴士 股指期货期权在 CFTC 监管的商品期货交易所交易。

17.2.3 现金结算

现金结算指数期权与普通股票期权的一个显著区别就是当期权被执行时交割的资产的不同。当然，对于股票期权而言，标的资产就是股票。然而，对于指数期权来说，标的工具是基于指数水平的现金价值。指数由不同数量的不同股票组成。如果构成指数的股票组合，那是一个既麻烦成本又高的过程。正是由于这个原因，才发展出了现金结算方式。

小贴士 股票期权可以交割股票。指数期权用现金结算。

现金结算意味着行权时，期权卖方支付价内总额给期权买方。价内总额以美元计算，等于 100 美元乘以被执行期权的内在价值。就指数看涨期权来说，价内总额等于指数结算价格与合约执行价格之差乘以指数乘数。就指数看跌期权来说，价内总额等于合约执行价格与指数结算价格之差乘以指数乘数。

指数的结算价格可以由下午市场收盘时的价格决定，如 OEX 期权（所谓的“下午结算”），或者由期权到期后周五的开盘价格决定，如 SPX 期权（所谓的“上午结算”）。

例如，李是一个股指期权交易者，对市场是看涨的，以 6.50 美元的价格买入一张 3 月份到期的执行价格为 640 点的 OEX 看涨期权，总计花费 650 美元。如果到期时结算价格为 654 点，李的看涨期权会有 14 点的价内，会被行权。李会收到 1400 美元，即 14 乘数 100 美元的价内总额。本例中李的利润是 750 美元（1400－650）。此外，如果到期时指数结算点位是 643 点，则看涨期权行权时，李可以收到 300 美元（3×100），这样李的投资就亏损了 350 美元（650－300）。第三种可能是到期时指数结算点位低于 640 点，在这种情况下，李的看涨期权是价外期权，到期无价值，这样李为购买期权合约所支付的 650 美元就会全部亏损掉。

当李行权时，谁会被指派行权呢？如同普通股票期权一样，指数期权卖方也会收到指派行权通知，这样他们就必须承担履行合约条款的义务。就指数期权而言，随机挑选的被指派行权期权卖方以现金支付价内总额。

17.2.4 指数期权的高杠杆性

杠杆意味着两个相关的证券会经历不同的价格变动幅度。假如某只股票的成交价格为 50 美元，而该股执行价格为 50 美元的看涨期权的交易价格为 3 美元。如果期权到期时，股票价格上涨 10%至 55 美元，而执行价格为 50 美元的看涨期权的交易价格为 5 美元，上涨了大约 67%。同样，假如期权到期时股票价格下跌 10%至 45 美元，则执行价格为 50 美元的看涨期权是价外期权，会到期无价值，意味着损失为 100%。因此，看涨期权相对于标的股票具有杠杆性，因为它的价格变化从百分比来看要大得多。

理解杠杆这一概念是很重要的，因为人们常把指数期权与普通股票期权的价格进行比较。现金结算指数期权的绝对价格通常要高于股票期权的绝对价格。然而，这样的比较并没有考虑标的价值的比率和潜在的杠杆比率。

> **小贴士** 90 天到期 500 指数看涨期权：10 美元；90 天到期执行价 50 美元股票看涨期权：3 美元。哪一个更“便宜”？

举例说明现金结算指数期权与股票期权的比较有多么困难。考虑一个执行价格为 500 点的指数看涨期权，当指数为 500 点时，其交易价格为 10 美元；一个执行价格为50美元的股票看涨期权，当股票价格为50美元时，其交易价格为3美元。从初始价格来看，指数看涨期权可能看起来比股票看涨期权价格更高。然而，当从期权价格与标的资产价格的比例以及潜在的杠杆比率角度来考虑，则指数期权就要比股票期权便宜得多。

首先，执行价格为50美元的股票看涨期权，交易价格为3美元，是标的资产价格的6%。然而，执行价格为500点的指数看涨期权的价格仅为标的指数的2%。其次，期权到期时，如果指数上涨10%到550点，执行价格为500点的看涨期权价值为50美元，比最初的10美元增加了400%。而期权到期时，如果股票价格上涨10%到55美元，执行价格为50美元的看涨期权的价值为5美元，只比最初3美元增长了67%。

尽管执行价格为500点的指数看涨期权要比股票看涨期权价格高，但它的价格与标的指数的比例要小于执行价格为50美元的股票看涨期权。此外，指数看涨期权要比股票看涨期权具有更高的杠杆率。下文会解释这一点。

17.2.5 指数期权的低波动性

考虑这样一个问题：一只典型股票上涨或下跌10%与一个代表性指数上涨或下跌10%相比，是具有更大可能性、更小可能性还是相等的可能性？

特定事件会影响一家公司，一般性事件会影响整个市场。在特定事件或者一般性事件的影响下，一家公司股票的价格都有可能上涨或下跌10%；但一般性事件对所有公司的影响程度并不相同。因此，要让指数变动达到10%，则某些构成指数的股票的价格变动必须超过10%。因此，单只股票价格变动10%的可能性要远大于一组股票或一个指数变动10%的可能性。

既然期权与保险策略相似（第2章已经解释过），那么指数与单只股票相比经历大的波动的可能性要小（刚刚解释过），因此指数期权比股票期权要“便宜”一些，并不是从绝对价格方面来说，而是从所占比例方面而言。上述执行价格为500点的指数看涨期权是标的指数价值的2%，而执行价格为50美元的股票看涨期权是标的股票价值的6%。这说明指数期权具有更高的潜在杠杆率。相对百分比只是描述相对价值的一种方式。此外，还有从数学上来讲更加复杂的比较方式，即用潜在的价格变动，也就是波动率来进行比较。

17.3 “便宜”与杠杆率

指数期权的高杠杆性可以吸引短线交易者买入期权，但期权卖方相应的也要承担更高的风险。因此，投机性卖出指数期权是一种不应该轻易去做的交易行为。卖出指数期权的风险，同卖出没有任何保护的期权的风险一样，投资者在采用这种交易策略之前必须完全理解并进行彻底分析。

● 行权方式——美式与欧式

众所周知的 OEX 指数期权是美式期权，允许提前行权。其他指数期权，如 SPX 和 RUT 期权，是欧式期权，不允许提前行权。既然行权方式随指数期权合约不同而不同，因此，对于期权交易者来说，在卖出指数期权之前有必要完全理解该策略中所包含的风险。

(1) “有保护”与“无保护”的指数期权。

现金结算这一特征对于卖出美式指数期权有重要的意义。卖出美式指数期权可以不需要保护，但在类似的使用股票期权的交易策略中，这些期权必须要受到保护。

传统上，有保护看涨期权是一个看涨期权空头头寸，与之相联系的至少有下述三种头寸之一：股票多头、执行价格更低的另一个看涨期权多头或者执行价格相同的另一个看涨期权多头。如果看涨期权空头被指派行权，既可以通过卖出自有股票进行，也可以通过执行一个看涨期权买入股票进行交割（尽管在某些罕见的情况下，这种方式不可行，如要约收购期满）。对于股票期权而言，价格的波动不会对看涨期权的卖方造成风险，因为有股票能够交割而不必介意价格的波动。

比如，亚当是一个股票期权价差交易者，他以 3 美元的价格买入 1 张执行价格为 50 美元的 XYZ 看涨期权，以 2 美元的价格卖出 1 张执行价格为 55 美元的看涨期权，总的价差成本为 1 美元。假如在到期前两个星期的一个上午，亚当收到执行价格为 55 美元看涨期权空头合约的指派行权通知，而前一个交易日 XYZ 的收盘价格为 70 美元。如果执行价格为 50 美元的看涨期权的收盘价格为 20 美元，而执行价格为 55 美元的看涨期权的收盘价 15 美元，则亚当会收到 50～55 美元看涨期权价差交易的利润 4 美元，或者说这笔交易浮盈为 400 美元。如果 XYZ 早上的开盘价格为 62 美元，比上一交易日的收盘价格下跌 8 美元，则执行价格为 50

美元的看涨期权可能以12美元左右开盘，比上一个交易日收盘价下跌8美元。这样的事件不会影响亚当，因为指派行权通知要求他以每股55美元的价格交割股票，而买入执行价格为50美元的看涨期权给他一个权利以50美元的价格买入股票。在这种情况下，亚当通过要求行权以50美元的价格买入股票用于交割，以满足以55美元交割股票的指派行权要求。因此，亚当仍可以实现每股4美元的盈利，尽管股票价格在一夜之间急剧下跌。

小贴士 指数期权价差，期权空头不一定需要“有保护”。

然而，如果相同情形发生在现金结算的美式指数期权，结果会有很大不同。美式指数期权空头并不需要通过拥有较低执行价格的指数期权来加以保护，因为每个交易日标的指数的波动都会影响收到或支付的现金数额。被指派行权的指数期权卖方要到第二天才能用拥有的指数期权来行权，而到那时很可能指数水平已经发生了变化。

举例来说，假如亚当不是做XYZ股票期权的价差交易，而是以3美元的价格买入1张执行价格为650点的美式指数看涨期权，以2美元的价格卖出1张执行价格为655点的看涨期权，这样就建立了一个价差为1美元的650～655点指数看涨期权价差交易。

如果在某决定性的交易日，指数以670点收盘，执行价格为600点和650点的看涨期权的收盘价格分别为20美元与15美元，如果卖出的执行价格为655点的看涨期权被指派行权，则亚当会被要求每股支付15美元（总计1500美元）现金给执行价格为655点看涨期权的买方。因为亚当要到次日早上才会收到指派行权通知，因此，他不能对买入执行价格为650点的看涨期权行权，故也不能保证收到按上一交易日指数结算价格670点来计算的每股20美元（总计2000美元）盈利。亚当今日行权能收到的现金数量是由行权当天的指数结算价格决定的。如果今天指数结算点位没有变化，仍为670点（或更高），则对执行价格为650点的看涨期权行权会收到2000美元（或更多），足以满足上一交易日被指派行权要支付的现金数量。然而，如果第二天指数急剧下跌，以662点收盘，对执行价格为650点的看涨期权行权每股只会收到12美元，总共1200美元，不足以弥补被要求行权的 1500 美元现金支付。

如果发生这种情况（也就是指数收在 662 点），则以 1 美元（总共 100 美元）买入的指数看涨期权价差组合会导致损失 400 美元！执行价格为 650 点的看涨期权买入价格为 3 美元，最后价格为 12 美元（要求行权），实现 900 美元利润。然而，执行价格为 655 点的看涨期权，以 2 美元价格卖出，最后价格为 15 美元（被指派行权），损失了 1300 美元。因此，净损失为 400 美元，其中 100 美元是建立最初价差交易头寸的净成本，300 美元是执行价格为 655 点的看涨期权被指派行权与随后对执行价格为 650 点的看涨期权要求行权的收支差额。

（2）欧式指数期权垂直价差交易。

欧式指数期权得以发展的一个原因是垂直价差套利的损失有可能超过它的成本。由于欧式期权合约不允许提前行权，即使这类期权与美式期权的到期时间相同，则刚才所谈到的由提前行权引起的各种问题在欧式指数期权中也不存在。因此，考虑采用指数期权价差交易策略的交易者，不管是买入价差组合还是卖出价差组合，我们建议可以先试着用欧式指数期权做做。不过，做欧式指数期权交易也有几点注意事项需要谨记。

由于能够提前行权这一特征具有价值，故美式指数期权通常要比相应的欧式指数期权的价格高些。因此，指数期权价差交易者可能会发现欧式期权价差交易的价格会略微低于美式期权价差交易的价格。指数价差交易的买方毫无疑问会认为这是优点，但价差交易的卖方会认为这是一个不利因素。

（3）欧式期权——独特的定价特征。

欧式期权不能提前行权，这对深度价内的欧式期权会有一定影响。它们可能会出现折价交易，即使距离到期日还有相当长的时间。读者应该还记得，期权以平价交易，说明价内期权没有时间价值，或者是期权刚好以它的内在价值交易。但对于欧式期权来说，它可能以低于内在价值的价格交易，这是因为套利者不能提前行权，因此对期权的询价与报价中已经包含了持有成本。

小贴士 深度价内欧式指数看跌期权可能会以低于平价的价格交易。

讨论持有成本与套利超出了本书的范围，但深度价内欧式指数期权可能会以低于平价的价格进行交易。这点可以通过 Op－Eval4 软件观察到。打开单个期权计算页面，确保“指数”、“欧式”出现在上方单元格中。然后输入下述信息：“股票价格”，25；“执行价格”，50；“波动率％”，30；“利率”，1.5；“股利”，0；“距离到期天数”，90。从计算结果可以看出执行价格为 50 美元的看涨期权与看跌期权的价格分别为 0.000 与 24.8154。执行价格为 50 美元的看跌期权的价格大约低于其内在价值 0.20 美元。这样，从理论上讲，套利交易者可以以 24.80 美元的价格买入执行价格为 50 美元的看跌期权，以 25 美元的价格买入股票，这样可以赚取 0.20 美元的无风险利润以及在剩余 90 天之内的股利。然而，由于这 0.20 美元大约等于融资购买股票加上股利所需资金在 90 天内的利息成本，因此套利交易者实际上会报出比 24.80 美元更低的价格来买入执行价格为 50 美元的看跌期权。对指数期权交易者来说，最重要的结论就是欧式期权的理论价值要低于它们的内在价值。

对于非专业期权交易者而言，认识这些概念是很重要的，因为在选择交易策略与预测交易结果时，必须认真考虑市场上欧式期权与美式期权在定价方面的差异。

17.4 宽基指数期权的税收安排

期权行业协会出版的 2003 版《税收与投资》小册子中有如下规定：

“盯市”和“60/40”安排适用于“宽基”的美国股票指数期权……要求享受盯市安排的资产一般必须在税务年度的最后一个交易日以合理的市场价值按“平仓”处理，即使它们还没有被实际“平仓”……复合收益或损失均按净值结算，净收益或净损失中的 60％按长期资本收益或损失处理，另外 40％按短期资本收益或损失处理。

芝加哥期权交易所的网站 www.choe.com 提供这个小册子。

17.5 利用 Op-Eval4 软件为指数期权定价

从理论上来讲，利用 Op-Eval4 软件为指数期权定价是很简单的。然而，还是存在几个实际操作问题。

17.5.1 执行价格与距到期日天数

最容易确定的输入信息就是执行价格和距到期日天数，因为指数期权就是靠它们的到期月份及执行价格来区分的。Op-Eval4 软件的使用者只需要数一数距到期日的剩余天数就可以了。

17.5.2 利率

尽管从理论上讲，确定股利与利率是很复杂的，但 Op-Eval4 软件的使用者能够比较容易地找到令人满意的近似值。理论上，正确的利率指的是资金的成本，或者是指数套利交易者借贷资金的利息。利用这些资金，指数套利交易者买入（或卖出）构成指数的股票，同时卖出（或买入）指数期权，利用价格的差异获取收益。这个利率的一个比较好的近似值就是 90 天国债收益率，它被广泛地发布在各种商业杂志上。Op-Eval4 软件的使用者应该知道如何找到 90 天国债收益率，并确保使用最新利率。

17.5.3 股利

从理论上计算一个指数的股利收益率是很复杂的，因为每个公司支付股利的时间各不相同。Op-Eval4 软件中的公式假定股利是连续且全年均匀支付的，尽管这种差异听起来有点儿重要，但幸好通常是没什么影响的。股利因素被充分分摊了，因此 Op-Eval4 软件的使用者就不必过分关注这个问题了。可以使用每周一《华尔街日报》《投资者商业日报》或 Barron 提供的指数收益率数据。

17.5.4 指数水平或股票价格

使用 Op-Eval4 软件为指数期权定价，在确定指数水平或股票价格的适当值时，必须要特别当心。对于普通股票期权而言，标的股票的价格比较容易观测到，但对于指数期权来说，情形就会更复杂一些。尽管标的指数水平可以容易地观测到，并且大多数情况下可以直接使用，但有时候这个数字并不是合适的值。对指数期权定价的详细解释超出了本书的范围，然而对于其复杂性进行简单讨论还是可以办到的。

第 8 章中讨论的买卖权平价的概念，说明看涨期权、看跌期权的价格以及标的股票的价格之间有着一定的联系，会存在某种套利机会。不管何时，只要价格超出合理范围，专业交易者会调整他们的出价、报价，迫使价格回归到合理的范围。股票指数期权与股票指数期货合约之间也存在一定的套利机会，但详细解释这些内容已经超出了本书的范围。因此，股票指数期货的价格在其理论价值之上或之下波动都会影响股票指数期权的价格。

小贴士 股票指数期货的价格会影响股票指数期权的价格。

只要股票指数期货合约以接近理论值的价格交易，股票指数期权就可以用现在的指数水平来定价，这就像股票价格一样。然而，如果股票指数期货市场上的供求关系的变化使得这些合约以高于或低于其理论价值的价格充分成交，那么专业的期权市场做市商就会根据股票指数期权与期货合约之间的套利关系进行报价。这样，如果在期权定价模型中用当前指数水平当作“股票价格”来计算，就会使得指数期权的价格超出合理范围。当这种情况出现时，指数期权交易者必须调整“股票价格”，并小心解读他们从 Op-Eval4 软件中获得的信息。

为了理解如何对“股票价格”进行必要调整，有必要简要解释股指期货的定价过程。

（1）计算“合理”的股指期货价格。

简单地说，期货合约的“公允价值”为：

现货价格＋持有成本＝期货价格

如果期货价格被高估了，套利交易者就会借资金买入标的资产并且卖出期货合约。在期货合约交割日，他们会交割标的现货资产，收到与卖出期货合约等值的现金，支付借贷的本息后，剩余的就是利润。

如果期货的价格被低估了，标的资产的购买者可以通过买入期货赚取利息而获利，不必买入标的资产持有。

对于股票指数期货而言，由于存在着股利，因此需要调整给定的公式。套利交易者收到的股利就是其收入，它有效地降低了持有成本。因此，股票指数期货的公式为：

现货价格＋持有成本－股利＝期货价格

持有成本和股利通常是以年利率的形式出现，必须调整它们以适合特定的时间周期。对于特定的时间周期，股票指数期货的公式变为：

$$现货价格+（现货价格\times（持有成本-股利）\times\frac{到期天数}{1年的天数}）=期货价格$$

（2）实例分析。

例如，为利用这个公式大致估算一个指数期货合约的合理价值，做如下假设：

距离到期日天数：47

短期国债利率：5.2%

指数的股利收益率：2.8%

指数的现货价值：440.00

指数期货合约的合理价值大致估计为：

$$440.00+（440.00\times（0.052-0.028）\times\frac{47}{365}）=441.36$$

（3）信息解读。

如果期权合约以接近 441.36 美元的价格交易，则现在的指数水平 440.00 点就可以作为“股票价格”用在 Op-Eval4 软件中。47 天到期、执行价格为 440 美元的看涨期权价值比 47 天到期、执行价格为 440 美元的看跌期权的价值约高 1.36。而且，如果输入指数期权的实际市场价格，这时 Op-Eval4 软件就可以精确计算隐含波动率。

然而，如果指数期货合约的成交价格不在 441.36 点附近，那么标的资产的价格就必须进行相应的调整。比如，如果股指期货合约的交易价格为 443.36 点，比合理价值高 2 个点，那么从理论上来讲，在 Op-Eval4 软件中输入的“标的价格”就应该提高到 442.00 点。理论上，期权价格现在与买卖权平价是一致的。

（4）现实世界中的实际问题。

虽然理论上以上所说一切都是令人满意的，但现实世界中还是存在若干实际问题。当期货合约以相当大的溢价或折价交易时，市场可能会很狂热。“很狂热”意味着会出现无规律的价格波动以及由于委托过多而造成的可能延迟。因此，很难正确地判定股指期货的交易价格或标的指数水平，因为市场变动太快了，而且毫无规律。这种情形在理论上是不可能的，但在实际中确实会存在。

尽管 1987 年 10 月市场发生的事件是极个别事件，但确实有些时候狂热的交易活动会使得股票指数期货与股票指数期权的交易价格明显不同于理论计算的价格。指数期权交易者必须意识到这类市场事件的风险，并做好相应的准备。

（5）无法从价格差异中获利。

即使发现了刚刚描述的价格差异的情形，但事实上非专业交易者是不可能利用这种机会的。唯一能够从这种价差中“无风险”获利的方法就是建立套利组合。但这对于非专业交易者也是难以实现的，原因有二。首先，非专业交易者的佣金或其他交易费用通常高于观测到的价差能够带来的获利潜力。其次，在狂热的市场中，以观测到的价格提交订单并得以成交的可能性很小。

（6）买入低估值期权的谬误。

有人认为可以通过买入“低估值期权”来从价差中获利，这种观点来源于对期权定价理论的一种错误理解。某个期权（既可以是股票期权也可以是指数期权）在某个特定时刻会显得价值低估了，这仅仅是因为定价模型在这一时刻产生了一个更高的“价值”。在其他条件不变的情况下，买入该期权合约的交易者只有在期权价格回归其“理论价值”时才能获利，但其他条件不可能永远不变，特别在刚刚描述的那种狂热的市场背景下。

“价值低估”在本文中的含义是指一个期权的隐含波动率低于它的预期波动率。在本例中，“回归其理论价值”意味着期权的隐含波动率上升到预期水平。这就是所谓的 Vega 效应，Vega 指的是由于波动率变化而引起的期权价格的变化。然而，即使隐含波动率可以向预期水平变化，但标的指数也有可能向相反的方向变动。由于标的资产价格的变化而引起期权价格的变化被称为 Delta 效应。如果 Delta 效应要高于 Vega 效应，那么“低估值期权”的买入者就会遭受损失。

17.6　指数期权与波动率变动

指数期权交易中另外一个复杂的因素是波动率的变动水平。如前所述，隐含波动率是判断期权现在市场价格是否合理的一种波动率。隐含波动率，从某种意义上来说，代表了可能变动的“市场观点”。因此，随着市场观点的变化，隐含波动率水平也会发生变化。不断变动的隐含波动率水平是指数期权的一个特征。

● CBOE 的波动率指数——VIX

指数期权隐含波动率水平的一个度量方式是 CBOE 的波动率指数（VIX）。这个指数通过加权计算所有 SPX 期权的隐含波动率得到。有些期权交易者利用 VIX 作为指数期权隐含波动率的一个通用指标。图 17-1 显示了 2002—2003 年两年内 VIX 每天的水平。图中 VIX 的信息显示隐含波动率变化频繁且幅度较大。

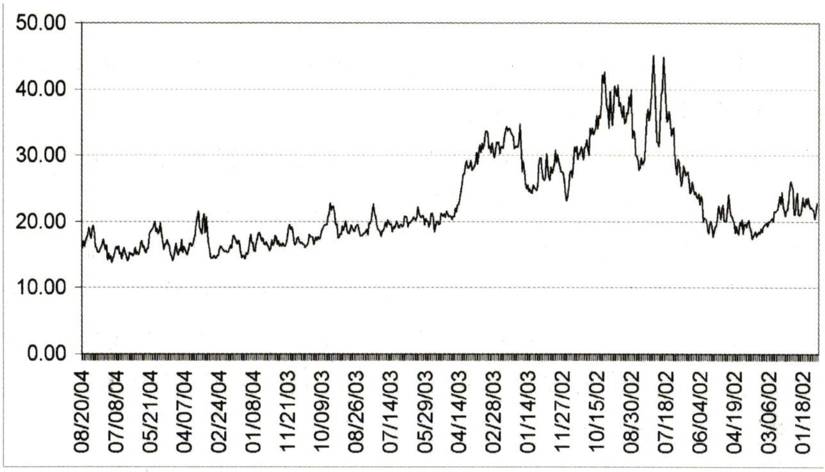

图 17-1　VIX2002—2003

17.7　三步预测法

需要牢牢记住上面所讨论的指数期权的复杂性。最容易影响期权价格变化的三个因素分别是指数水平、距到期日天数和隐含波动率。期权交易者应尝试预测所有三个因素，而不仅仅是预测标的指数的点位。对于长期期权来说，利率的变化也会产生显著影响，因此长期期权的交易者应增加第四个预测因素。

考虑做指数期权交易的投资者可以遵循下面的三个步骤：第一步，用当前期权价格与到期时间确定隐含波动率。这可以借助 Op-Eval4 软件进行计算，假定市场状况正常，股指期货合约以合理价值交易。第二步，预测指数水平的变动情况，发生变动的预计时间，以及期末的隐含波动率水平。第三步，根据上述预测变化利用 Op-Eval4 软件估算期权价格。如果计算结果表明会亏损或盈利不高，那么就不应该做这笔交易。

刚刚描述的三步预测法包括搜集信息、进行具体预测及估算结果。这是一个认真仔细、深思熟虑的过程，而不是冒险冲动的过程。

17.8 交易所交易基金

交易所交易基金，简称为ETFs，是一种信托证券，代表一揽子股票组合，用于跟踪特定指数的价格表现或收益。

ETFs不是共同基金。尽管不同共同基金的规则稍有不同，但投资共同基金都是将资金直接交给共同基金，由共同基金的经理投资股票、债券、流动性产品或其他产品，具体投资标的取决于共同基金章程规定的目标。共同基金的单位价值，也就是所谓的资产净值（NAV），按规定的时间间隔计算，如可以根据每天股市的收盘价计算。投资者投资共同基金被称为买入共同基金的份额。要从共同基金回收资金，投资者需要通知共同基金想卖出多少份额，然后共同基金根据下一个NAV计算的金额将资金汇入投资者账户。

ETFs的运作与共同基金是不同的。ETFs的份额代表一个信托所有权的一部分，该信托持有各种证券组合，是为跟踪某一指数而设计的。ETFs份额可以在交易所交易，就像普通股票一样。公开交易的结果导致ETF的价格产生波动，使其可能高于或低于信托所持标的资产净值。理论上，投资者可以直接按照资产净值与ETF基金管理者进行交易，但是最低交易量是非常大的——通常要求达到50000份以上。在实际运作中，只有具备足够财力的个人或机构才能够直接与基金管理者交易。

与共同基金相比，EFTs有四个优点和四个缺点。优点就是在交易期间能够买入或者卖出、能够卖空、费用很低以及根据某些税务专家的观点，通常比共同基金更易处理税务问题。请务必咨询税务顾问让其评估你的投资税收状况。

ETFs的缺点有：①买入与卖出都涉及经纪人佣金。而直接投资不收手续费的共同基金则无佣金问题。②上文已经提过，ETFs并不总是以净值交易。这可能是优点也可能是缺点，具体如何取决于相对现在指数水平的特定交易价格。③从实际运作方面看，个人投资者必须在市场上买入或者卖出份额，与基金管理者直接交易则要求拥有足够多的资金。④交易ETFs时存在“损耗（slippage）”。损耗是指交易中存在出价和要价的差额，这种差额形成额外的成本。

很多发行人都发售ETFs，他们都有注册名称。比如，iShares又称为“投资股份”，是巴克莱集团的注册商标。目前已经发行的iShares ETFs基金超过了50只。HOLDRS又称为持有公司存托凭证，是美林证券公司的注册商标。VIPERS

又称为先锋指数参与凭证，是先锋公司的注册商标。

17.8.1 ETFs 期权

ETFs 交易像股票交易一样，所以 ETFs 期权的运作也类似于股票期权的运作。它们是实物交割，这意味着行权和被指派行权会产生标的证券的实际交易。ETFs 期权也是美式期权，因此也可以提前行权。某些 ETFs 也存在长期期权 (LEAPS)。

17.8.2 交易策略

适用于 ETFs 期权的交易策略包括所有适用于股票期权的策略，自然也需要进行权衡。个股期权交易时的隐含波动率通常要高于 ETF 期权。因此，有保护的期权卖方或其他期权的卖方可能更倾向于做个股期权。然而，高隐含波动率使所拥有的股票具有更高风险的征兆。与分散化投资组合相比，更高的盈利预期可以看作是对承受更高风险的补偿。

投资者必须自己决定更适合于哪个市场：是个股期权还是某些市场指数期权？这是个人投资者或交易者必须亲自做出的决定。有些人更习惯于交易“市场”。当然，这些人还是必须确定具体是哪些“市场”：是由大蓝筹公司构成的道琼斯工业平均指数期权还是标准普尔 500 指数期权？还是其他一些宽基指数期权或行业指数期权？也有一些人认为他们对某家公司有了足够了解，熟知其背景、经营模式，对该公司的未来经营业绩也很有信心，因此把交易的重心放在个股期权上。决定是做指数期权、ETFs 期权，还是个股期权没有什么对错之分，这完全只是一个个人选择的问题。

17.9 本章小结

期权可以基于很多市场指数和交易所交易基金上市交易。这些期权使得投资者和交易者可以将投资集中于整个市场而不是特定的公司。从理论上讲，指数期权与普通的股票期权完全相同。但是，指数期权现金结算的特征以及股指期货合约的存在意味着在现实操作中指数期权与股票期权之间存在着区别。而 ETF 期权就同股票期权一样，都是美式期权，要进行实物交割。

Op-Eval4 软件可以用来为指数期权定价，但交易者必须知道相关期货合约的合理价值以及这些合约现在的市场价格。如果两者近似相等的话，那么现在的指数水平就可以用来作为 Op-Eval4 中的“股票价格”。否则，就必须进行适当调整。

指数期权的波动率是变化的，这是需要考虑的一个重要因素。CBOE 波动率指数可以用来作为现在隐含波动率水平的度量标准。当交易短期指数期权时，交易者应预测指数水平、时间期限以及隐含波动率水平。长期期权交易者还应增加对利率的预测。

第五篇　投资与交易心理

这一部分的第 18 章“期权投资与期权交易的区别”对本部分标题做了最好的诠释。第 19 章“新手入门”同第一版内容基本一致，它为期权的初次使用者提供了关于如何去做的实战建议，要求他们要仔细地研究股票市场，确立目标，然后选择股票导向型策略。第 20 章“学会交易”也是一个新的章节，为被交易吸引的人提供了一些实战建议。

第18章　期权投资与期权交易的区别

18.1　引言

金融市场由三类截然不同的参与者组成：投资者、投机者和做市商。尽管各种类型的市场参与者都是为了追求利润，但他们进入市场的方式不同、交易策略不同、时间维度不同、利用杠杆程度不同，而且衡量收益的方式也不同。一个通常的误解就是期权仅仅能够用来投机，然而事实远非如此。实际上，本书的主题是讨论期权在长期投资计划中所起的重要作用。因此，区分投资策略的风险特征与目标、投机策略的风险特征与目标，以及做市商的风险特征与目标是非常重要的。

18.2　期权给了投资者更多的选择

尽管关于如何区分三种不同类型的市场参与者可以写整整一章的内容，但此处仅谈几点重要的区别。投资者一般有更长的时间维度，他们按市场平均水平来衡量投资结果，不会对投资的资本加杠杆，通常以市场上的卖价买入、以买价卖出。投资者运用期权策略来降低风险、提高股票组合的投资收益，他们不会使用保证金贷款来加大杠杆。从第2章（盈亏图）中可以得到如下信息：期权给投资者提供了更多的选择——更多可供选择的风险组合。如果没有期权，股票市场投资者就只有三种选择：买入股票，买入国债，或买入两者的组合。期权投资的挑战在于要求投资者了解每个策略能够达到的投资目标并为自己的市场预测匹配恰当的交易策略。遗憾的是，期权作为风险管理和投资工具的价值仍然没有被许多投资者发现。

小贴士 期权为投资者提供了更多选择。

与投资者不同，投机者致力于与短期市场风险博弈，他们相信“高风险、高回报”，并且频繁地利用保证金交易。此外，投机者将期权交易作为一项与股票交易不相关的独立交易活动。与投资者唯一类似的是，投机者也是以市场上的卖价买入，并以市场上的买价卖出。

做市商的运作属于第三种方式，这种方式不大容易被期权交易新手所理解。期权做市商试图赚取报买价与报卖价之间的价差。他们主要寻求套利机会，并试图通过头寸的管理，避免承担市场的方向性风险。做市商从每笔交易中仅希望有微小获利即可，但他们希望交易量足够大。有关做市商的话题本书不做讨论。有兴趣的读者可以参阅谢尔登·纳坦恩伯格的著作。

18.3 投资者与交易者的动机比较

从对卖出看跌期权策略的态度中就可以看出投资者与投机者动机的不同。卖出看跌期权的投资者是预测市场将会反弹。如果预测正确的话，他将以更低的价格再买入看跌期权或看跌期权到期失效，这都可以达到获得最大化潜在收益的目的。投机者没有兴趣买入标的股票，仅仅希望从期权价格的预期短期变化中获利。收到指派行权通知对投机者来说是一个不好的事情。

小贴士 看跌期权空头被指派行权总是“坏事”吗？

相比较而言，投资者的目标是以“好的价格”买入“好的股票”。因此，当投资者卖出看跌期权时，他是希望看跌期权被指派行权从而买入标的股票。是的，投资者真的希望被指派行权。这是与投机者的最大不同。对于投资者而言，行权和被指派行权被认为是一件好事，或至少是可以接受的事情。

小贴士　你的思维方式必须改变吗？

如果你很难接受这一观点，即把看跌期权空头被指派行权看作是一个积极事件，那么说明投机思维在你身上根深蒂固。要想彻底理解如何运用期权交易实现投资目标，在考虑使用期权时就有必要先消除“投机心态”。

投资者可以利用期权保护或者提高标的股票的头寸。利用期权保护头寸的例子是买入所持股票的看跌期权；该策略限制了风险，并且同时允许投资者继续参与股价上涨的收益（不过要扣除看跌期权的交易成本）。提高头寸的例子是当持有标的股票时卖出看涨期权并希望被指派行权。如果股票期权被指派行权，就可能出现比现在的股票价格更有利的卖出价格。如果看涨期权到期无价值，那也会增加收入。当然，以上交易策略都有不同的风险与收益权衡。买入看跌期权进行保障需要付出成本；而持有股票时卖出看涨期权则限制了盈利潜力。

18.4　投资者不使用杠杆

利用投资资产进行杠杆投资是属于投机者的交易活动。当买入股票时，通过使用保证金贷款就可以完成典型的杠杆投资：借入资金，利用1美元的资产买入2美元的股票。后果是任何价格变动都会产生更大的收益或者更大损失。相比较而言，投资者在买入股票时支付全部资金，不将他们的投资暴露在杠杆风险之下。

- 当期权头寸不加杠杆时

期权到期时，如果对价内期权行权，就会产生股票交易。如果期权头寸与标的股票存在着一对一的关系，或投资者有足够的资金支付所需买入的股票头寸，则这些期权策略就不含杠杆。

看一个例子，投资者约翰的货币市场账户中有7000美元现金（或者国债），他还持有1张执行价格为70美元的Power Industries股票看涨期权合约，每股价格为5美元，总共支付了500美元。如果对这张看涨期权合约行权，约翰有足够的资金支付股票金额。此外，如果期权到期时是价内的，约翰计划行权，因为他想在他的长期投资组合中增加Power股票。这个策略，买入看涨期权与短期国债，正如第 5 章所讨论过的那样，为约翰锁定了风险，但代价是如果看涨期权行权，需要以更高的有效价格买入股票。为了了解约翰总的头寸中并没有杠杆化头寸，可以看看如果期权到期时 Power 股票的价格为 60 美元时，约翰的头寸将会是多少。约翰不会对看涨期权行权，仅仅损失了支付给该期权的期权费 500 美元，这还不到其投资资本的 10%，也小于如果他用 7000 美元买入 100 股股票所造成的损失 1000 美元。

现在再看莎伦的例子，她基于现货账户中的 100 股 Egan Enterprises 股票卖出了一张看涨期权。莎伦对于期权的这种运用称为有保护的卖出。在前面第 6 章和第 7 章中已经讨论过，有保护卖出带来了潜在更高的卖出价格或潜在地增加了收益，其代价是限制了潜在盈利能力。期权到期时，如果股票价格高于执行价格，则看涨期权合约会被指派行权，莎伦将要卖出 Egan 股票、收到现金。这个策略没有包含杠杆。事实上，莎伦运用有保护看涨期权策略的风险要低于只直接持有 Egan 股票的风险，因为她收到的看涨期权期权费可以降低她的净投资成本。

再看第三个例子，黛布拉持有 1000 股 Peters Consulting 股票，该股现在的交易价格为每股 30 美元。如果黛布拉使用第 8 章讨论的保护性看跌期权策略，她会买入 10 张执行价格为 30 美元的看跌期权，这样就锁定了她投资 Peters 股票的风险。如果股票 Peters 的价格下跌了，黛布拉就可以对看跌期权行权，从而以 30 美元的价格卖出她的股票。这个头寸也没有加杠杆，因为看跌期权是基于所持有的股票 1∶1 买入的。

18.5 投资策略与投机

第二部分所讨论的策略都是投资性策略，至少有三个原因。①它们都是以股票为导向的，它们都包含了标的股票或目标是以“好的价格”买入或卖出标的股票。什么算“好的价格”是每个投资者必须独立做出的主观判断。②第二部分中的策略都不含有杠杆，投资者要么是已经持有了标的股票，要么是拥有足够现金（或流动性资产）购买股票。③从第 5 章至第 10 章讨论的所有交易策略都可以在许多经纪公司的现货账户中建立。也许这一点是最重要的，因为现货账户交易能够满足经纪公司使用的最低风险参数，从而能够被最大数量的期权交易新投资者所使用。

小贴士 在现货账户中就可以建立基本的期权交易策略。

第三部分讨论的投机策略与第二部分存在几个方面的不同。①投机性预测具有独特的性质。短期交易者需要预测三个方面，包括特定的股票价格预测，特定的时间框架，以及关于隐含波动率如何变化的看法。②第三部分中每个交易策略的介绍都包括了短期期权价格行为的讨论。短期交易者必须了解第4章中讨论的Delta与时间损耗的含义，他们必须对不同到期月份、不同执行价格的不同期权合约的价格表现有着实事求是的预期。③投机者管理他们交易资产的方式与投资者的方式有着很大的不同。投机者们必须很勤勉地决定将多少资产用于一项交易，并且必须随时关注何时该获利了结、何时该斩仓止损。

18.6 本章小结

金融市场包括投资者、投机者和做市商之间的互动，他们出于不同的动机买入或卖出期权。投资者寻求能够保护或增加持有股票收益的交易策略。相比较而言，投机者追求的仅仅是短期交易利润。做市商基于套利机会确定报买价格和报卖价格，他们尽力避免承受市场风险。

是否使用杠杆是投资者与投机者之间的最基本区别呢？投机者喜欢杠杆，而投资者则不然。投资为导向的期权策略满足两个标准中的一个：①期权头寸的存在是建立在标的股票一对一基础之上的；②投资者拥有足够的现金能够完全支付期权行权或被指派行权时所产生的股票头寸。

期权交易对于投资者与投机者都有作用，可能是因为投机思想根深蒂固，很多期权交易者都倾向于投机性操作。因此，投资者的挑战就是要先改变思维方式，以便能够有效利用期权实现长期投资目标。

第 19 章　新手入门

19.1　引言

每个人都应有一个全面的个人理财计划，不管是保守型的投资者还是激进型的投机者，理财计划都要包括投资组合的增长预期与投资资金的分配方案。选择投资标的的标准应该记录在案并认真遵守。任何理财计划只有持之以恒并严守纪律才能保证长胜不败。

在做期权交易时，计划和纪律尤为重要。期权的应用范围非常广泛，如果投资者没有分析某个策略是否符合自己的整体计划，就盲目地一头扎进期权交易中，那他简直是在招来灾难。当然，制订计划完全是个人行为，没有什么正确或错误之分。但是，无论投资者经验如何，有些指导原则是所有的投资者必须事先知道的。本章将为期权交易或投资的新手提出若干建议，回顾传统的投资方式，讨论四种不同类型投资者可能运用的最合适的策略，最后介绍一种策略选择的系统化方法。

19.2　初学者的思路

期权交易不是投资的第一个步骤。第一步应该是总体了解一下金融市场，特别是股票市场。具备基本的股票投资经验绝对是必须的。在做第一笔期权交易之前，在一定程度上，投资者应该已经承受过股票市场投资不可避免的“各种风风雨雨”以及各种“不能容忍的命运”（有好的也有坏的）。

获取足够的知识以达到能够购买股票的程度并不是很多投资者所担心的巨大而费时的任务。第一件事情就是了解若干公司——其股票的历史价格、过去的业绩表现、其产品与市场份额以及企业发展前景。每周阅读报纸的商业版一到两次，索取并阅读年度报告，在谈话中提起投资的话题等，这些都是很好的开始学习投资的方式。很多人都有好的想法并喜欢谈论投资，但却不情愿提出这个话题，因为都有这种感觉："只有少数人投资"或者"没有人喜欢谈论市场"。通常的情况是，只有当少数人打破坚冰，才可能开启这个新的、令人感兴趣的话题。

学会投资是一个逐渐的过程，但投资新手必须要学会一项重要的原则——要有耐心。就像俗语所说的，"罗马不是一天建成的"，没有人能够在短时间内完全"了解市场"。

第二步是逐步形成如何选择好股票的方法。不管是用基本面分析法，还是技术分析法，抑或是把这两种方法结合起来使用，好的选股方法加上市场预测经验将会提高投资者制订投资决策计划方面的信心。没有这些基础，任何期权交易新手注定会失败。具备一定的经验与耐心之后，大多数人都会逐步形成良好的投资技巧。此外，在决策制定与股票选择过程中逐步培养出来的技巧将会是投资者终生受益的个人财富，而不仅仅是在投资方面。

19.3　投资范围

投资范围包含对风险与收益的考量，市场上从低风险、低回报产品（如大额存单和短期国库券）到高风险、高回报产品（如高风险股票、投机性期权策略和垃圾债券等）应有尽有。与之相关但却不同的一个概念是投资目标，即"收益型"或"增长型"目标。

按照惯例，理财顾问会建议投资者根据个人的实际情况在投资标的中选择风险不同的产品，实现资产多样化。他们也建议设置一定限制，既包括对风险的限制也包括对某一特定投资标的和某一类型投资额度的限制。表19-1显示了某些投资目标及其相关的投资类型。

表19-1　投资目标及示例

投资目标	示例
"激进型"资本增长	新发行产品，投机性产品
"高质量"资本增长	成长型蓝筹股

续表

投资目标	示例
平衡型资本增长及收益	股利增长型股票
“高”收益	公用事业股票，公司债券
保守型资产增长及收益	短期国库券，大额存单

19.4 风险分级

通常，理财规划师建议将投资的大部分投入低风险产品，小部分投向较高风险的产品，如图 19-1 所示。尽管每一类别投资额的具体占比不尽相同，但主要理念是投资要根据个人的投资目标和风险承受能力分散到不同风险级别的投资标的当中。例如，一个年轻人，他的投资是为 30 年之后的退休生活准备积蓄，因此他可以将投资的大部分投向增长型产品；而一个年长者，将要退休或已经退休，就可能将投资的大部分额度投向收益型和保守型产品。

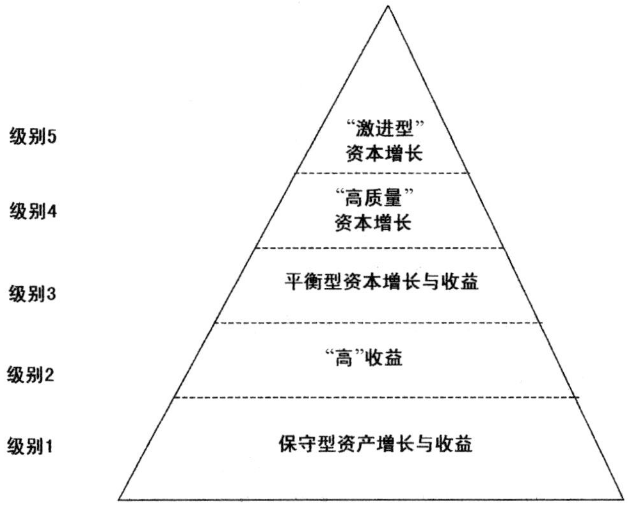

图 19-1　投资风险的分级

● 期权与风险分类

有些人可能认为期权仅适用于风险分级中的最高等级——级别 5，并不是这样的。

第 5 章至第 10 章中讨论的现货账户期权策略可以用于各个风险级别的交易策略。例如，有保护卖出策略（第 6 章）就是一个包含股票所有权的收益型策略，在这个策略之中，买入股票的同时一对一地卖出看涨期权。由于持有标的股票作为保障，所以基本是“无风险”的，故有保护卖出策略的风险等级可能是级别 2 或级别 3。

买入看涨期权与短期国库券（第 5 章）以及配对看跌期权（第 8 章）都是获取股票的短期风险管理技术。请记住，使用期权用于投资还是投机目的取决于投资者买入标的股票的意愿与能力。因此，这些策略的风险等级可能是级别 2、级别 3 或级别 4。

风险等级最高的期权策略是用保证金账户进行交易以及第 11 章至第 16 章所讨论的策略。

19.5 四类主要的投资者

由于投资者的投资目标、风险偏好及财务状况存在很大的区别，因此不太可能建立一套适用于所有投资者的投资指南。所以，我们把投资者分为四种不同的类型，并针对每种投资者分别提出适合他们的策略。这四类投资者是初级投资者、收益型投资者、增长型投资者和资本雄厚的投资者。

19.5.1 初级投资者

初级投资者明显缺乏经验，并可能投资资金也不充足，因此他们首先必须确立好目标。很难确定初级投资者在选择含有期权的交易策略之前所要求的投资资金的具体数目。但是，很多理财顾问都建议初级投资者首先要有部分流动性存款，为应对俗话常说的不测风云。接着，通常建议初级投资者要“从长期成长的角度仔细选择你的投资品种”。对于年轻的投资者，也常推荐他们使用个人退休账户，因为能够享受一定的税收优惠。

对于初级投资者来说，有保护卖出是一个非常适合他们的策略，原因至少包括两点。①它是股票导向的。“股票导向”的意思是，如果标的股票选得好的话，该策略成功的可能性是很高的。因此，随着投资者对市场的了解，其选股能力也逐渐得到提高，而有保护卖出策略的盈利性也随之增大。②如果静态收益率和或有行权收益率是已知的（并且被认为是可以接受的），则有保护卖出策略就有一个明确的目标和容易度量的结果。对初级投资者来说，这些都是很重要的特性。此外，有保护卖出策略是一个好的初级策略，还因为其长达 2～4 个月或更长时间的时限教会初级投资者要学会忍耐。还有一点就是，有保护卖出策略可以运用于延迟缴税个人退休账户，很多年轻人在这些账户中有长期存款。

有保护卖出策略也有助于初级投资者获取决策的经验，因为在每一次期权到期时都必须做出决策。期权到期时，如果股票价格低于执行价格，看涨期权到期失效，则投资者必须在单单持有股票、卖出另一张有保护看涨期权以及卖出股票、进行其他方面的投资之间进行决策。当到期日临近时，如果股票的价格高于执行价格，则必须对是否行权做出决策，这在第 7 章中已经做过解释。如果发生提前被指派行权，则必须在重新买入股票与转向其他投资产品之间进行决策。在做有保护卖出策略的第一年里，初级投资者的经验会显著地增加。这类投资者一年内可能要做出 3～4 次投资决策，而买入持有型投资者可能只会做出一次决策。

初级投资者什么时候购买看涨期权？一种情况是当购买股票的资金预期可以获得但现在没有时。在这种情况下，如第 5 章所解释的那样，可以买入平价或价内看涨期权。选择期权到期月份时就选择购买股票所需资金在到期日或到期日前可以到手的那个月份。通过这种方式得到股票后，就没必要再对所持有的这只股票使用期权了，因为“往组合中增加一只优质长线股”的目的已经达到了。

请注意，不建议初级投资者使用交易或投机策略，因为他们应当将时间用于研究市场寻找高质量的投资工具上。运用恰当的话，期权可以帮助投资者实现风险管理或收益增加的目标，从而在长期投资计划中起到一定作用。

19.5.2 收益型投资者

收益型投资者可能已经退休或正经历较高的短期消费，如子女在上大学。不管是什么原因，收益型投资所需要的策略不再仅是有保护的卖出策略。基于非杠杆卖出看跌期权策略（第 9 章）是第二种收益型策略，无杠杆的有保护跨式组合与有保护组合策略（第 16 章）是第三种收益型策略。计算收益时必须包括所有的交易成本，投资者也必须记住这些策略都包含了持有标的股票的风险。因此，选股和管理自己的投资一直是其中重要的一环。

19.5.3 增长型投资者

增长型投资者有很多机会利用期权来实现投资目标。当选择的股票是高风险性的级别 4 或级别 5 时，投资者可以利用买入看涨期权与短期国库券来实现短期风险管理的目标。如第 5 章所讨论的那样，看涨期权是锁定风险分享预测股票价格上涨收益的一种方式。如果预测是正确的，可以通过对看涨期权行权买入股票，所需资金为投资短期国库券的资金。在看涨期权合约的有效期内，投资者心里就不用那么紧张了，因为他知道风险仅限于支付的看涨期权的期权费。

如果交易者对是否卖出股票犹豫不决，那么不管它的风险等级是多少，第 8 章讨论的保险策略也可以为其实现短期风险管理的目标。

当预测市场为中性时，增长型投资者可以卖出看跌期权，买入短期国库券（第 9 章），作为限价买入订单的替代方案。

在股票价格上涨有限的时候，以看涨期权比例价差策略买入股票可以实现增加利润的目标，并且风险也没有增加。充分了解这个策略的增长型投资者可能会发现，有时候基于他们的市场预测，可以给现有股票头寸增加一个看涨期权比例套利策略，这样能够增加他们的盈利机会。例如，如果已经持有 200 股股票，可以按如下方案使用期权交易：买入一张平价看涨期权，卖出两张价外期权。这个看涨期权比例套利策略仅包括 100 股股票，为持仓的一半。如果股票价格如预料的那样上涨，则在这 100 股股票有限的价格上涨范围内利润得以增加。如果股票价格上涨幅度超过预期，则另外 100 股股票能够得到充分程度的上涨。必须考虑交易成本问题，期权到期时，如果股票价格高于看涨期权空头的执行价格，则对看涨期权多头行权，而看涨期权空头会被指派行权，100 股股票被卖出。这些可能性都必须事先考虑到并为此做好计划。

19.5.4 资本雄厚的投资者

这类投资者被认为有多种不同目标及风险等级的投资。遗憾的是，在这种情况下，很多人一开始想问的问题就错了。他们经常会问："我应该在期权交易上投资多少钱?"这是个错误的问题，因为重点应该放在投资目标、市场预测以及特定投资机会的判断上。这些投资者应该将期权与如何实现他们的投资目标联系起来，而不是将期权作为一个独立的投资工具来考虑。

资本雄厚的投资者可以使用本书中所介绍的全部期权交易策略，只要使用恰当就可以了。对于投资者资产中的收益型部分，有保护卖出策略、卖出看跌期权并买入短期国库券策略和买入股票并卖出跨式策略，这都属于非杠杆性策略，都可以实现收益的目标。

当预测市场需要进行短期风险管理时，买入看涨期权与短期国库券或买入配对及保护性看跌期权都是可以考虑的适当策略。对增长型资产使用看涨期权比例价差策略可以在有限的价格上涨期间增加盈利机会。

对于风险级别 4、级别 5 的投资产品，资本雄厚的投资者可以使用第 11 章至第 16 章讨论过的相关交易策略。

19.6 策略选择框架

所有四种类型的投资者都应了解自己的重点并仔细考虑具体该选择何种策略。下面介绍的是一个简单的策略选择四步法。目的是为了帮助所有投资者与交易者在给定的预测背景下，能够思路清晰地逐步形成现实的预期并选择合适的交易策略。

四个步骤为：①了解你的状况；②清晰地表达你的市场预测；③确定你自己的具体目标；④选择策略，如果预测准确，则该策略会实现你的目标。

19.6.1 了解你的状况

很多投资者想当然地认为他们了解自己的状况。既然使用期权要求特殊的思维方式，因此，对一些情况进行点评还是有价值的。“我看多后市”不是现实状况，而是一种预测。“我想增加收益”不是现实状况，而是一个目标。现实状况是“我有投资资金”，或者“我持有的股票现在盈利了，希望卖出”，或者“我持有的股票亏损了”。在相同的预测背景下，这些不同的状况可能会导致不同的策略选择。

19.6.2 清晰地表达你的市场预测

前面已经讨论过清晰地表达市场预测的概念。仅仅“看多”对于期权投资或交易来说表达的还不够具体。“在接下来的 3～5 周内，该股股价会从 51 美元上涨至 54 美元”，或者“从现在起至到期日为止，股票的交易价格不会高于 40 美元”。这些就是表达清晰的市场预测。

19.6.3 确定你的具体目标

这与买入并持有型投资者的目标完全不同。具体目标的例子有，“我想以51.50美元的价格卖出我的股票”，或者“如果股票价格像我预料的一样上涨，我想在不增加风险的前提下，为我的投资加点儿杠杆”，或者“我准备以28.75美元的有效价格买入股票”。相反，仅仅想要“赚钱”等对选择特定期权策略来说，目标就不够具体了。

19.6.4 选择符合投资目标的策略

前面三个步骤可能会也可能不会导致最终选择某个交易策略。图19-2说明了自身状况、市场预测与投资目标是如何导致策略选择的。这种选择仅是理论上的；在实际运用时还必须充分考虑实际价格及佣金后才能做出选择。

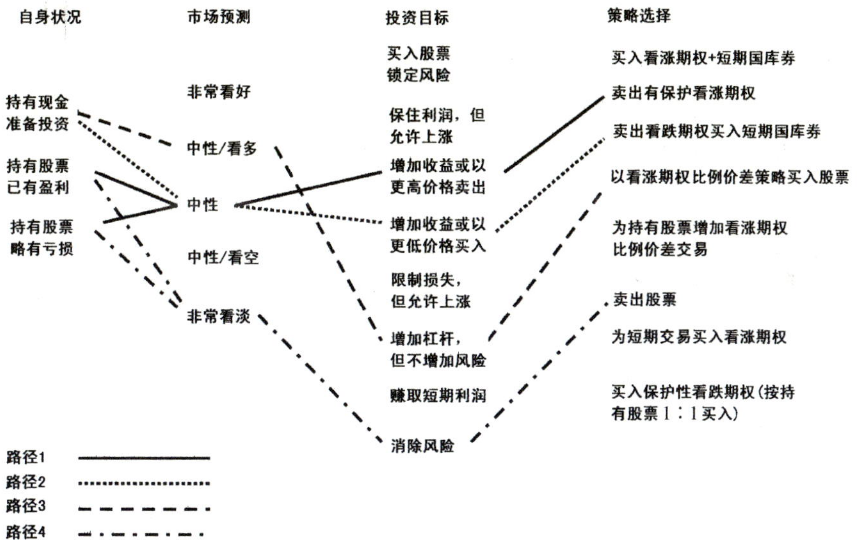

图19-2　策略选择的四步法

图19-2中的路径1显示对于持有股票并预测市场为中性的投资者，卖出有保护的看涨期权可以实现增加收益或以更高价格卖出股票的目的。需要注意的是，路径1既可以从持有股票处于盈利状态开始，也可以从持有股票处于亏损状

态开始。

路径2的起点为“持有现金准备投资”。在这种情况下，如果投资者认为市场是中性的，则卖出看跌期权并买入短期国库券可以实现增加收益和以低于市场价格买入股票的目的。路径3的开始位置与路径2相同，但是中性偏看多的市场预测与在不增加风险的基础上使用杠杆的目标，使得选择的策略变为“以看涨期权比例套利策略买入股票”。

路径4显示这个过程并不总是导致选择期权策略。如果一个持有股票的投资者特别看空后市，不管现在持有的股票是盈是亏（路径4有两个起点），其目标是消除风险，那么此时卖出股票就是一种合理策略。请记住，保护性看跌期权，如果行权，可能会导致以比现在的市场价格更低的有效价格卖出股票，因此并不能消除风险。

19.7 本章小结

期权并不是投资的第一步。在考虑投资期权之前，投资者必须对金融市场有一个整体了解，尤其是股票市场。

期权可以用来实现所有风险级别的投资目标。有保护卖出策略是收益型策略，适用于风险级别2和级别3。买入看涨期权与短期国库券以及配对看跌期权都是为获取股票而设计的短期风险管理策略，这些策略能够用来进行风险级别为2、3和4级的投资。第11章至第16章中的策略都是潜在风险级别5中的策略，但是部分策略也适宜于级别为2、3和4级。

有保护卖出策略是保守型且是以股票为导向的，初级投资者应考虑从有保护卖出策略做起。有保护卖出策略和卖出看跌期权且买入短期国库券可以实现收益型投资者的目标。以看涨期权比例套利买入股票可以帮助增长型投资者对部分投资增加杠杆。当新建头寸时，可以考虑买入看涨期权与短期国库券。所有的期权策略都适合于资本雄厚的投资者，因为他们的投资是分散在不同等级的风险标的中的，包括多种不同的投资目标。

一个简单的四步策略选择方法可以帮助投资者进行有条理的思考并形成切合实际的预期。这四步是：①了解你的状况；②清晰地表达你的市场预测；②确定你自己的具体目标；④选择策略，如果预测准确，则该策略会实现你的目标。

第 20 章　学会交易

20.1　引言

交易对许多人具有极大的诱惑力。交易中没有顾客、没有供应商、没有雇员，也没有老板。交易者甚至能够自己规定自己的工作时间，但有经验的交易者会说："交易是一条通往安逸生活的艰难之路。"交易是艰苦工作、持之以恒和严格自律的有机结合。交易者必须能够严格遵守纪律，只有这样才可以客观地做出交易决策，而不是感情用事。当然，直觉也会起到重要作用。如果不感情用事，那么直觉是什么？

本章将提供如何学会交易的几个思路。在这有限的篇幅里不可能回答所有的问题，甚至也不可能提出所有的问题。但是，对初学者提出一些指引还是可行的。本章的部分内容改编自本书作者的另一部著作《股指期权交易》。

20.2　交易选择是个人行为

尽管具体讨论市场预测问题超出了本书的范围，但对一些技巧略做点评还是可以的。任何人都可能有预测正确的时候，但这是他运气好还是真的聪明呢？大多数成功的交易者工作都很努力，他们不断地研究市场，阅读各种书籍，善于接受新的观点。他们有自己一套预测市场方向和市场情绪的独特方法，他们根据各种指标而不是冲动来做交易。即使他们努力工作、严格自律，也还会存在亏损交易，但努力工作和严格自律会在较长时间内和众多交易中提高他们的成功机会。因此，交易者必须逐步形成一套合理的、可重复的市场预测和交易选择方法。

有很多市场预测的方法，常用的方法包括技术分析、趋势跟踪、区间交易、移动平均线交叉以及诸如随机指数和相对强弱指标等方法。哪一种方法效果最好呢？在作者看来，所有这些方法都有作用，只要交易者能够把它用好就行。没有哪一种市场预测或交易选择方法可以在任何时间或任何市场使用。根据市场预测选择方法、严格遵守操作纪律，并且能够敏锐察觉到什么时候该、什么时候不该根据“信号”采取行动等，这些因素使得交易更像一门艺术，而不是一种科学。

每种生意既有主观因素也有客观因素，交易也不例外。主观因素有时被称为行业“艺术”。客观因素指的是“科学”。设计服装、调制咖啡或生产其他消费产品是“艺术”，但使它具有规模效应则是“科学”。交易者的艺术是逐步形成一种预测股票的方法，这通常是一个不断进化的过程。期权交易者的“科学”是了解期权价格的变动特征并对交易策略的盈利潜力做出合理预期，尽管这带有一定的主观因素，但这些都是一套系统方法中的基本构成要素。

20.3 交易是一种商业行为

交易或投机是一种商业行为，包括先买入后卖出行为，或者先卖出后买入行为，其目标都是为了获利。有些人反对将交易称为商业行为，但是任何活动的成功都需要一套深思熟虑的计划。很难想象一家大公司不提前考虑清楚盈利预期和潜在问题就新建一家工厂；也很难想象一个成功的推销员不做好销售计划并跟踪联系。交易也不例外。不管你是偶尔交易还是经常交易，或者是做专职交易，都需要制订一个计划，这个计划要包括某些基本要素。

业余交易计划的第一个要素就是要分配足够的时间给交易活动。每天或每周能花费多少时间进行交易呢？有些交易者每周仅花费 2～3 小时交易，但也取得了良好的成效。关键是要适合自己。

所谓的交易癖好者可能每天只花费几分钟时间检查自己的持仓情况，然后每周二晚上花费一个小时的时间以及每周六上午花费两个小时的时间进行深入研究，以便产生新的想法。这样每个月的时间合计将会到达 16 个小时以上。

第二个要素是兴趣。要有兴趣研究市场，如果在周二晚上和周六上午工作是出于兴趣的话，就不会认为花费这么多时间是一种负担。然而，如果两三个星期过去了，而你既没有查看过你的持仓情况，也没有产生什么新的想法，那么事实胜于雄辩，可能你并不真的想成为一个交易者。

第三个要素是足够的资金。对于开始交易的资金数量并没有什么具体的规定。然而，你的资金必须足以经受住学习阶段的损失。必须牢记，用于交易的资金是风险资本，它不应该包括其他类型的资金，如应对紧急情况的储蓄，为退休准备的长期投资或为买房特意准备的储蓄。

交易计划中的第四个重要因素是得到稳定可靠的信息。你是从新闻中还是从网络上得到交易信息的？你如何检查你现在的持仓情况？当参加交易时，你如何判断股票或期权的价格已经达到了买入或卖出的目标价位？你获得这些信息的费用是多少？在考虑新的交易想法时，你所面临的信息可能会很多，因而很容易迷失在其中。交易者在一个下午听听股市广播，看看电视节目，读本股市方面的杂志，可能就会产生一二十个交易想法。这就引出交易计划中下一个重要因素。

形成一个交易选择的客观方法是很有必要的。如何从一个又一个消息来源产生的许许多多交易想法中进行挑选呢？如前所述，逐步形成一个个人的交易模式开始时会占据大部分的时间，但随后执行你的交易计划就是一个重复的过程了。首先，你听到一个想法，随后你制订详细计划，再然后将计划付诸实施，最后，你选择接受或拒绝这个想法。也许你决定等到目标价位的到来，但如果达到目标价位后，你又该如何去做呢？

交易计划的最后一个要素是要有现实的收益目标。一个只有 1 万美元交易资本的交易者不要期望一年就赚取到 100 万美元，而拥有 100 万美元的交易者应该预期收益超过 1 万美元。与有经验的交易者相比，新交易者设置一个适度的目标更加合理，但重要的是要有目标。盈利目标是要争取完成的目标，它是衡量交易者做得“好”与“坏”的基础。如果目标完成，它也会给交易者带来满足感。

尽管每一笔交易开始时，交易者都确信一定会盈利，但刚刚讨论的盈利目标应该是一系列交易或一段时间内的目标。例如，交易者可以把目标设定为“10 笔交易的平均利润达到 10%”，或者“接下来的 6 个月或者一年内盈利 15000 美元”。

“利润占投资资本的百分比”是衡量投资是否成功的典型指标，但这对交易来说并不适合。交易需要花费时间，因此，目标利润还应该考虑交易者的时间价值以及目标回报率。有人认为，还应该包含一定的风险补偿，因为并不能保证所有交易都可以成功。

看这样一个例子。某投资者交易资金为 5 万美元，一年之内赚取的税前收益为 1 万美元。从一方面来看，收益率是交易资金的 20%，而另一方面，如果交易者每周花费 10 个小时研究市场，或者说一年 520 个小时，那么 1 万美元的获利按小时工资算还不到每小时 20 美元的“薪金”。就此而论，该盈利并不是那么令人印象深刻。不过，确立收益目标是交易计划中的一个重要组成部分。设置交易目标是相当主观的。每一位交易者都应仔细考虑他希望实现的现实目标是什么，他的交易计划应与这个目标相一致。

20.4 优秀的交易者的特征

根据作者的经验，优秀的交易者具有三个关键特征：期望成功的企业家精神，热爱他们交易的市场，以及对待金钱的冷静态度。

交易需要创业精神，因为交易者必须愿意拿自己的资产去冒险。企业家也以喜爱他们所从事的事业而著称。对市场的热爱完全来自于内心，没有任何外部的因素，比如老板的压力，能够迫使人们把交易工作做好。交易者完全是出于一种内在的动力去寻找交易机会。交易者会兴致勃勃地逐步形成一套自己的交易方法，看着市场涨涨跌跌，建仓、清仓。如果交易者热爱这个过程，那么获利的交易是对交易者的鼓励，亏损的交易可以看作是学习经验的一个过程。“了解市场”的渴望会给交易者提供足够的动力，从而使他们在很多人遭遇挫折的市场中做得更好。

● 对待金钱的冷静态度

既然交易是与赚钱有关，有些人可能会想为什么要逐步养成对金钱的冷静态度。回顾那些在理财方面取得极大成功的人士。亨利·福特是一个工程师，他的兴趣在于制造汽车；迈克尔·乔丹喜欢篮球；比尔·盖茨对电脑着迷。只有他们的激情才能够引燃创造力，并去克服成长道路上的各种障碍。金钱只是激情的一个副产品，而不是它的中心。值得一提的是，即使这样的人没有在金钱上取得很大成功，那么他们从热爱的活动本身就可以获得极大的乐趣，从而让他们充满满足感。不管从哪个角度来说，他们都胜利了。

这就意味着打算从事交易的人要扪心自问：“我热爱交易吗？我喜欢紧跟市场吗？我是否愿意承受肯定会遭遇的挫折？我愿意坚持下去吗？交易有那么有趣吗？”这些都是只有本人才能回答的问题。因此，审视自己的内心，想想自己是否真的有那么热爱交易。体验一下交易的整个过程，做个市场预测、评估可选方案、选择交易策略、建立一定仓位、体会市场涨跌、清掉所持头寸。留心在此过程中你的行为、你的情绪。你兴奋吗？你全神贯注吗？有趣吗？或是乏味吗？

我们做我们喜欢做的事，之所以如此是因为我们享受这个过程，并不是完全因为金钱。当然，如果我们不能赚到钱，我们也不会持续很长时间。因此，掌握一定技巧是很重要的。

20.5 学习交易的技巧

认为有些人是“天生交易者”的看法是错误的。交易技能可以通过学习获得。交易者可以习得的三个关键技能分别是依靠本能交易的能力，不受过去过度影响向前看的能力，以及严格遵守交易纪律的能力。

20.5.1 依靠本能交易的能力

若不能花费几天甚至几个小时去想某个交易决策，则不管一种交易方法如何特殊，条件总不会十分完美。因此，交易者必须逐步养成“扣动扳机”的能力，即凭本能发起交易，在不完美的条件下依靠本能行事的能力。

20.5.2 不受过去过度影响，向前看的能力

向前看是一种基本能力，因为，如果交易者心理上受到上一次交易不利结果的打击从而一蹶不振，那么就不可能取得连续的成功。有些交易会出现亏损，而有些交易会在只获得部分潜在利润时就被清仓了，这都是令人沮丧的经历，但却不可避免。交易者必须向前看，客观地寻找下一个交易机会，而不管上一次的交易结果如何。

20.5.3 严格遵守交易纪律的能力

交易纪律指愿意以客观事实为导向，而不是以情感为导向。要想某个交易技术获得成功，交易者要根据自己交易系统的原则发起交易。当终止盈利头寸的信号发出或很明显市场预测错误时，就必须及时清仓，而不要考虑盈亏情况如何。否则情感会控制一切，令不幸的交易者随着市场的波动而急剧地反复变化。

假如交易者是以创业的精神进行交易，那么这三个技能：按本能交易、向前看和按原则交易就能够在交易过程中学习到。尝试做些交易，一开始时，交易量可以小一些，一次做一个或两个合约，主要关注开仓和清仓的过程，不要过度关注收益情况。每次新的投机活动都需要投资，这意味着期权交易中可能会有一系

列亏损的交易。

当你认为条件合适时，就可以开始交易，练习依靠本能交易的技能。当其中一个参数符合条件时，就平掉头寸，练习按照原则交易的技能。通过聚焦下一个交易机会，你又练习了不受过去过度影响而向前看的能力。

如果你熟练掌握了交易技能，并且能够适当地运用它，那么在一系列交易之后你就很有可能实现盈利。但是，交易活动并没有任何保证，不可能每次交易都会盈利，盈利也不会快速实现以满足不耐心初学者的期望。然而，经过连续的努力，结果总会慢慢好起来。

20.6　交易心理

的确，学习交易很困难，实施起来甚至更难。这是因为交易所包括的思维模式和节奏与其他任何活动所要求的都不相同。因此，交易者必须有意识地培养一种健康的交易心理。这包括摒弃旧的、没有效果的心理习性，并以新的思维方式来替代它们。比如，格言“东西还没坏，就别急着去修它”并不适用于交易。短期趋势不会永远持续，一笔赚钱的交易在获利状态下如果没有密切关注并及时获利了结，就有可能迅速变成亏损的交易。因此，交易者要像对待亏损交易一样对待盈利交易，因为不管是哪种情况，随着到期时间的来临，那笔交易总会终止或被平掉。“如果一个头寸处于有利的状态，请关注它，并随时准备清仓”可能更适合于交易活动。

交易活动与其他活动之间的另一个区别是事后认识的作用。在大多数活动中，对于任何人来说，回顾、查看另一种选择的结果是不可能的。但是，交易者可以百分之百地知道本来应该怎么做。看一看现在的价格就知道如果选择另外一种交易策略会有什么结果。交易活动令人纠结之处就在于总会有些策略产生盈利更高的结果，但却很少（如果有的话）有人能够以最低的价格买入或以最高的价格卖出。事后诸葛亮就是交易的真实写照。适应这种现实既困难又很重要。否则，交易者就会浪费大量宝贵的精力，沉湎于“应该……，要是……”的无尽后悔当中。

20.6.1　比例思维

交易者必须接受这个理念，即他们必定有一部分交易会盈利，但也有一部分交易会亏损。尽管这看起来是显而易见的，但是比例思维的概念和含义常常被交易新手所忽视。

心理上接受这个理念意味着损失是可以正常接受的，当市场预测发生改变或达到止损点时，就要客观地对亏损头寸进行清仓。尽管交易者对每笔交易都怀有相同的信心，但有经验的交易者都是基于现在的市场条件与他们的预测做出决策，而不是依赖上一笔交易的结果。

如果交易者心理上没有完全接受比例思维，则在交易中会表现出不同的行为。在交易获利之后，他们倾向于迅速建立一个新的头寸；而在交易亏损之后，他们往往会等待很长的时间。他们往往也倾向于继续持有亏损的头寸，寄希望于“它会涨回来的”，从而扭亏为盈。他们好像在说：“我没有做错，只不过做早了。”的确，市场有时能够涨回去，但在有些时候，损失会持续增加，导致发生巨额亏损。

随着时间的推移，我们所要计算的结果是所有交易的净结果。因此，交易者必须学会接受小的损失并期待下一个交易机会。对于初始交易者，这意味着两件事情：第一，当开始交易时就设立止损点；第二，如果达到了止损点，则客观地认亏了结头寸。

20.6.2 建立信心

敢于大胆地说“赚了一些，亏了一些”比较容易，但要在做了一系列交易之后有些赚了有些亏了，还能实际上控制住自己的情绪就不是那么容易的事了。因此，对于初学者来说，询问在亏损交易之后如何建立必要的信心继续进行交易，就是情有可原的了。交易信心的建立通常依赖于三个因素：对过去市场行为了解，小规模交易，及选择交易的合理方法。

对市场历史走势有所了解有助于交易者建立信心，是因为在金融市场上，历史往往会重演的。如果交易者对历史价格波动有一定认识，并知道当预测技术给出错误信号时最坏情形如何，那么他就比较容易度过困难时期。这些认识可以通过研究市场、了解市场历史走势和记住观察到的价格波动来得到。随着时间的推移，可以学到更多关于“典型事件”和“罕见事件”的知识。

在不稳定的市场中，压力是很大的。重仓交易者承受的压力自然比轻仓交易者大得多。在这种市场一个以微小亏损了结头寸的交易者会懂得这种经历并没有想象中的那么可怕。此外，该交易者心理上也会相对放松，这样也有助于他客观地思考问题。初始交易者尤其要牢记这一点，因为亏损过大总是很令人气馁的事情。

系统的交易方法是增强信心的第三个关键因素。这种方式意味着是出于特定原因进行交易而不是仅凭预感。系统的方法会增强交易者的信心，使其相信决策成功（即获利）的概率要大于错误（即亏损）的概率。因此，逐步形成一套预测市场的合乎逻辑的技能是必须的。

20.6.3 平衡与专注

我们在这里讨论的话题值得投资者深入学习与思考。对于热爱这个过程的人来讲，交易更多的是一种兴趣而不是一项工作。然而，专注于交易活动也不能让它变成一种困扰。交易仅仅是包含其他兴趣的正常生活中的一个部分。专注于交易意味着要了解现在的市场状况，但它并不意味着所有时间都用于交易。每周花费 2～4 个小时，即每天花 15～30 分钟可能就足够了。没有必要每天甚至也不需要每周都去进行交易。有时候可以不开仓就坐在旁边看看。而且，短暂脱离积极交易的紧张环境对交易者的精神来说还有好处，这有可能使他精神振作地回到市场中，准备开始新的交易。

20.7 本章小结

学习交易是困难的，实施起来更加困难。因为交易所包括的思维方式和节奏与其他很多活动所要求的都不同。交易过程中经历的冲动也会影响学习过程。这意味着交易者必须力求树立一种健康而客观的心理状态。交易者也必须逐步形成一套自己感到有信心的市场预测方法，使正确的预测远远大于错误的预测。基于客观标准并且按照交易原则执行的交易有可能出现亏损，但一系列这样的交易产生净收益的机会要比一系列完全凭运气的交易产生净收益的机会大得多。尽管交易要求相当多的精力，但不应沉湎于交易中。交易活动仅仅是包含许多其他兴趣的正常生活的一部分。

没有人能保证一定成功，但任何人以足够的资金、以一定的节奏并努力按照原则去尝试交易，则都有成功的机会。

本书按照一个被证明行之有效的学习使用期权的逻辑进行设计。①画出损益图，并掌握行权和指派行权的运行机理。②了解投资与投机之间的区别。③使自己适应投资交易股票与投资交易期权之间在心理上的区别。④提前确定一个具体目标，选择一个交易策略。如果你的预测是正确的话，这个策略将会实现你的目标。⑤交易者必须提出在到期之前期权价格如何变动的现实预期。

通过牢记这些原则，通过获取经验、培育耐心，并且通过合理的方式选择股票和交易策略，任何投资者都会在期权世界中获得成功。

术语对照表

A

Account equity	账户权益
Account value	账户价值
Adjusted covered writes	调整有保护卖出（期权）
Aggressive capital growth	激进型资本增长
American-style options	美式期权
Assignment notice	指派行权通知
At the money	平价（期权）

B

Balance	平衡
Balanced capital growth and incomes	平衡型资本增长与收益
Barron's	《巴伦周刊》
Basic option strategies	基本期权策略
Bear call spread	熊市看涨期权价差交易
Bear put spread	熊市看跌期权价差交易
Beginning investor	初级投资者
Bell-shaped curve	钟形曲线
Beta	贝塔值
Binomial option-pricing model	二项式期权定价模型
Bull call spread	牛市看涨期权价差交易
Bull put spread	牛市看跌期权价差交易
Buying calls	买入看涨期权

BXM Index	BXM 指数

C

Call buyer	看涨期权买方
Call delta	看涨期权 delta 值
Call option	看涨期权
Call owner	看涨期权持有者
Call plus T-bill strategy	看涨期权与短期国库券组合
Call writer	看涨期权卖方
Called-at-dividend return	股利回报看涨期权
Cash account	现货账户
Cash-secured put writing	卖出有现金保护的看跌期权
Cash-settled index options	现金结算指数期权
CBOE BuyWrite Monthly Index (BXM Index)	芝加哥期权交易所 BuyWrite 月度指数（BXM 指数）
Collar	衣领策略
Commissions	佣金
Computer software package	计算机软件包
Conservation of capital and income	保守型资本增长与收益
Covered calls	有保护的看涨期权
Covered combo	有保护的组合
Covered put	有保护的看跌期权
Covered straddle	有保护的跨式组合
Covered writing	有保护的卖出期权
Credit call spread	贷记看涨期权价差组合
Credit put spread	贷记看跌期权价差组合

D

Debit call spread	借记看涨期权价差组合
Debit put spread	借记看跌期权价差组合

Deep in-the-money European-style index options	深度价内欧式指数期权
Delta effect	Delta 效应
Discipline	操作纪律
Discounting cash flows	现金流贴现
Dispassionate attitude toward money	对待金钱的冷静态度
Dividends	股利
DJX index oplions	道琼斯指数期权
Dynamic markets	动态市场

E

Effective purchase price	有效买入价格
Effective selling price	有效卖出价格
End-of-year strategy（LEAPS）	年末策略
Enhancement	增强
Entrepreneurs	企业家
ETFs	交易所交易基金
European-style options	欧式期权
Exchange-traded funds（ETFs）	交易所交易基金
Exercise price	执行价格（行权价格）
Exercise style	执行方式（行权方式）
Expected volatility	预期波动率
Expiration date	到期日
Expiration worthless	到期无价值（到期失效）

F

Focusing	专注
Forecasting technique	预测技术
Four-step outline for learning options	学习期权的四步提纲
Future volatility	未来波动率
Futures contracts	期货合约

G

Greeks	希腊字母
Growth-oriented investor	增长导向型投资者
Guidelines	指南（指引）

H

Hectic trading activity	过热的交易活动
Hierarchy of investment risk	投资风险分级
High-beta，high-volatility stock	高贝塔值、高波动率股票
High income（as goal）	高收益（作为目标）
High-quality capital growth	高质量资本增长
High-volatility strategy	高波动性策略
Hindsight	后知之明
Historical volatility	历史波动率
HOLDRS	持有公司存托凭证
Hypothetical spread	假想价差组合

I

If-called return（if-called rale of return）	或有行权回报率
Implied volatility	隐含波动率
In the money	价内（期权）
In-the-money call	价内看涨期权
Income-oriented investor	收入导向型投资者
Index call spread	指数看涨期权价差组合
Index dividend yield	指数股利收益率
Index option spread	指数期权价差组合
Index options	指数期权
Initial margin	初始保证金
Instinct	直觉
Insurance analogy	保险类比
Intrinsic value	内在价值

Investing strategies	投资策略
Investment trade-off	投资权衡
iShares	巴克莱公司的投资基金

K

Know your situation	了解自身状况
Knowledge of past market behavior	了解市场历史走势

L

LEAPS	长期股票期权
LEAPS covered write	LEAPS 有保护卖出期权
Learning to trade	学会交易
Leverage	杠杆
Limit-price buy order	限价买入订单
Long	多头
Long and short stock positions	股票多头和空头头寸
Long call	买入看涨期权
Long put	买入看跌期权
Long stock	股票多头
Long stock plus long put	买入股票同时买入看跌期权
Long stock plus short call	买入股票同时卖出看涨期权
Long the market	市场多头
Looking forward	向前看
Low-beta，low-volatility stock	低贝塔值、低波动率股票

M

Maintenance margin	维持保证金
Margin（margin deposit）	保证金（保证金存款）
Margin account	保证金账户
Margin and related terms	保证金及相关术语
Margin call	追加保证金通知

Margin debt	保证金债务
Margin loan	保证金贷款
Marginable transaction	保证金交易
Market forecasting	市场预测
Market inefficiency	市场无效率
Market makers	做市商
Market participants	市场参与者
Married put	配对看跌期权
Minimum commission charges	最低交易费用
Minimum margin	最低保证金
Monday-morning-quarterback-type thinking	自作聪明的事后诸葛亮式思维
Multi-year giving program	多年赠予计划

N

Naked calls	无保护看涨期权
Natenberg，Sheldon	谢尔顿·纳坦恩伯格
Net asset value（NAV）	资产净值
New LEAPS options	新 LEAPS 期权

O

OEX index options	标准普尔指数期权
Offsetting position rules	平仓规则
On margin	（用）保证金交易
Onc-by-two（1×2）ratio spread	1：2 比例价差交易
Op-Eval4	Op-Eval4 软件
Op-Eval4 setup disk	Op-Eval4 软件安装光盘
Option	期权
Option price	期权价格
Option strategies	期权策略
Option volatility	期权波动率
Options Clearing Corporation	期权结算公司

Options on ETFs	ETF 期权
Out of the money	价外（期权）

P

Passion	热情
Percentage thinking	比例思维
Personal financial planning	个人理财规划
P. L. diagram	盈亏结构图（损益图）
Plus one/minus one buttons	加 1/减 1 键
Premium	期权费
Price	价格
Profit-and-loss diagram	盈亏结构图
Profit-and-loss grid	盈亏格子
Protective put	保护性看跌期权
Pulling the trigger	扣动扳机
Put buyer	看跌期权买方
Pul-call parity	买卖权平价
Put delta	看跌期权 delta
Put option	看跌期权
Put owner	看跌期权持有者
Put seller	看跌期权卖方
Put writer	看跌期权卖方

Q

Quantity discount	量多打折
Quiz	小测验

R

Ratio spread	比例价差交易
Ratio vertical spread	垂直比例价差交易
Ratio volalility spread	波动率比例价差交易

Risk	风险
Risk/reward spectrum	风险/回报全景分析
Rolling up	向上滚动
Rolling	滚动
Rolling down	向下滚动
Rolling out	向外滚动
Root symbols	根码
RUT options	RUT 期权

S

Selecting strategies	选择交易策略
Selling short	卖空
Short	空头
Short and long stock positions	股票空头与多头头寸
Short call	卖出看涨期权
Short put	卖出看跌期权
Short stock	股票空头
Short straddle	卖出跨式组合
Short strangle	卖出勒式组合
Short the market	市场空头（看空市场）
Short uncovered options	卖出无保护期权
Single Option Calculator	单个期权计算（页面）
Slippage	延误
Software package	软件包
S&P 500 Index options（SPX）	标普 500 指数期权
S&P 500 Total Return Index（SPTR）	标普 500 总回报指数
Specific objectives	具体目标
Spectrum of investments	投资系列
Speculators	投机者
Spread	价差组合
Spread delta	价差组合 delta

Spread Positions page	价差组合计算页面
Starting up	开始（交易）
Static return（static rate of return）	静态回报率
Stock index futures	股指期货
Stock repair strategy	股票补救策略
Stocks that got away	错过的（好）股票
Stop-loss order	止损订单
Straddle	跨式组合
Stragle	勒式组合
Strategies	（交易）策略
Strike price	执行价格

T

“Taxes and Investing”（pamphlet）	《税收与投资》（小册子）
Terminology	术语
Testing scenarios	测试情景
Theoretical Graph page	理论价值绘图页
Theoretical-Value Table	理论价值表
Theta	Theta（希腊字母）
Time value	时间价值
‘Trade at 25 percent volaiility”	“在25％波动率交易”
Trade-off	权衡
Trading discipline	交易纪律
Trading Index Options（Bittman）	《指数期权交易》（彼特曼著）
Trading options	期权交易
Trading plan	交易计划
Trading psychology	交易心理
Trading skills	交易技巧
Trading small	小额交易
Trading strategies	交易策略
Trading the range	区间交易

Transaction costs	交易成本
Types of investors	投资者类型

U

Uncovered call	无保护看涨期权
Uncovered put	无保护看跌期权
Undervalued option	低估值期权
Unhedged risk	未对冲的风险
"Using a 30 percent volalility"	"用 30%的波动率"

V

Vega	Vega（希腊字母）
Vega effect	Vega 效应
Vertical spread	垂直价差交易
VIPERs	先锋公司发行的 ETF 基金
VIX	波动率指数
Vocabulary of options	期权词汇
Volatile markets	波动大的市场
Volatility	波动率
Volatility percentage	波动百分比

W

Wall Street Journal	《华尔街日报》
Wash-sale rule	虚假交易规则
Well-capitalized investor	资本雄厚的投资者
Whaaley，Robert	罗伯特·维力
Work-leisure balance	工作休闲平衡
Writing puts	卖出看跌期权